누구도
대신
살아 주지 않는다

브라이언 트레이시 지음

박선령 옮김

Original English language edition published by G&D Media. Copyright © 2023 by Brian Tracy Korean-language edition copyright © 2025 by HAUM. All rights reserved. Copyright licensed by Waterside Productions, Inc., arranged with Danny Hong Agency

이 책의 한국어판 저작권은 대니홍 에이전시를 통한 저작권사와의 독점 계약으로 ㈜하움출판사에 있습니다. 신저작권법에 의해 한국 내에서 보호를 받는 저작물이므로 무단전재와 복제를 금합니다.

누구도 대신 살아 주지 않는다
작은 실천으로 원하는 삶에 다가가는 법

오픈도어북스는 ㈜하움출판사의 임프린트 브랜드입니다.

초판 1쇄 발행 25년 06월 11일
　　2쇄 발행 25년 07월 09일

지은이 ｜ 브라이언 트레이시
옮긴이 ｜ 박선령

발행인 ｜ 문현광
책임 편집 ｜ 이건민
교정·교열 ｜ 신선미 주현강 남상묵 황윤
디자인 ｜ 양보람
마케팅 ｜ 박현서 김다현
업무지원 ｜ 이창민

펴낸곳 ｜ ㈜하움출판사
본사 ｜ 전북 군산시 수송로315, 3층 하움출판사
지사 ｜ 광주광역시 북구 첨단연신로 261 (신용동) 광해빌딩 6층 601호, 602호
ISBN ｜ 979-11-7374-070-1(03190)
정가 ｜ 16,800원

이 책의 전부 또는 일부 내용을 재사용하려면 사전에 저작권사
㈜하움출판사의 동의를 받아야 합니다.
오픈도어북스는 참신한 아이디어와 지혜를 세상에 전달하려고 합니다.
아이디어와 원고가 있으신 분은 연락처와 함께 open150@naver.com로 보내 주세요.

누구도 대신 살아 주지 않는다

차례

들어가며 | 성공의 열쇠를 쥐게 된 당신에게 · 8

제1장 / 삶의 시야를 넓힐 잠재력에 눈떠라

기대가 태도를 낳는다 · 14 | 자아가 당신의 현실을 만든다 · 15 | 소득의 안전지대에서 탈출하라 · 16 | 명확한 이상은 성공의 열쇠다 · 18 | 내면의 거울을 들여다보라 · 19 | 삶의 질을 높이는 자존감 · 19 | 자아의 탄생 · 21 | 성격은 타고나지 않는다 · 24 | 오래된 족쇄들 · 25 | 자기애는 두려움을 이긴다 · 29 | 마음속의 흰토끼 떼를 사냥하라 · 30 | 자기 책임이 삶에서 발휘하는 힘 · 33 | 자제력과 책임감의 상관관계 · 35 | '도둑 감정'을 버려라 · 36 | 우리의 괴로움은 어디에서 오는가 · 38 | 무책임의 올가미를 끊어라 · 42 | 책임감을 나누는 삶 · 43

제2장 / 미래를 여는 법칙

세상을 둘러싼 법칙 · 51 | 인생을 주도하는 즐거움 · 57 | 뿌린 대로 거둔다 · 59 | 믿는 대로 이루어진다 · 60 | 더 나은 오늘을 기대하라 · 63 | 우리는 자석이다 · 67 | 삶의 질을 결정하는 생각의 질 · 68 | 생각을 만드는 생각 · 69 | 잠재의식의 양면성 · 71 | 의식은 잠재의식과 어떻게 구별되는가 · 72 | 마음의 항상성

을 극복하라 · 74 | 잠재의식의 영향력 · 75 | 당신의 성공에 집중하라 · 76 | 내면을 긍정으로 채워라 · 77 | 당신을 만드는 사소함 · 78 | 좋은 것은 반복하라 · 79 | 선택이 이끄는 창조적인 삶 · 79 | 일상의 잠에서 깨어나라 · 81 | 이제는 싹을 틔울 시간 · 84

제3장 / 인생은 계획적으로

성공으로 향하는 1%의 생각 · 92 | 전략적 사고의 동반자 · 93 | 앞날을 결정하는 가치관의 힘 · 96 | 성취는 '나'를 아는 것에서 시작된다 · 100 | 인생을 움직이는 명령어 · 102 | 게임의 무대를 외부로 확장하라 · 103 | 우선순위를 정하는 ABC · 106 | 완벽을 위해 끊임없이 되물어라 · 108 | 성공과 실패의 메커니즘 · 109 | 지금부터 목표에 전념하라 · 112

제4장 / '나'다운 삶의 원동력, 목표

왜 주저하는가 · 120 | 높은 성취를 달성하는 원칙 · 125 | 망설임을 버리고 앞으로 나아가라 · 129

제5장 / 성공을 향해 정진하라

이기적 열망을 불태워라 · 137 | 걸음마다 확신을 새겨라 · 138 | 목표에 생명을 불어넣는 기록의 힘 · 141 | 끊임없는 이유로 열망을 담금질하라 · 143 | 시작을 알아야 끝이 보인다 · 144 | D-day는 유연하게 · 145 | '바위'를 정리하라 · 146 | 정보가 곧 무기다 · 147 | 협력은 성공의 또 다른 비밀병기 · 148 | 계획은 인생의 기본기다 · 150 | 성공의 이미지를 가슴에 새겨라 · 152 | 포기는 용납하지 않는다 · 153 | 성취를 향한 여정의 길잡이, CAT · 153

제6장 / 시대의 비밀, 초의식

성공을 켜는 스위치 · 165 | 긍정이 통찰의 불을 밝힌다 · 169 | 세상에 우연은 없다 · 171 | 문제를 해결하는 의식의 흐름 · 172 | 초의식 길들이기 · 173 | 어디에나 존재하는 초의식 · 176 | 초의식이 이끄는 변화 · 177

제7장 / 금쪽같은 시간 활용법

3%의 시간 관리 비법 · 186 | 깔끔함이 곧 생명이다 · 188 | 준비는 한꺼번에, 처리는 단번에 · 190 | 선택과 집중, TRAF · 191 | 유능한 사람은 마무리도 깔끔하다 · 193 | 할 일은 사전에 기록하라 · 193 | 일정 관리의 A to E · 195 | 가장 중요한 일부터 처리하라 · 197 | 생산성을 높이는 몸과 마음의 자세 · 200 | 고성과자의 집중력 비결 · 201 | 시간 도둑을 잡아라 · 205 | 일을 제때 시작하는 방법 · 206

제8장 / 절제가 올바른 선택을 이끈다

성공으로 흐르는 배관 설계하기 · 213 | 당신이라는 공장을 점검하라 · 215 | 시간은 돈이다 · 216 | 삶의 관점을 바꾸는 깨달음의 순간 · 217 | 선택과 집중은 과감하게 · 218 | 변화를 이끄는 원점사고 · 220 | 24시간을 쪼개라 · 222 | 식사가 먼저냐, 디저트가 먼저냐 · 224 | 지혜롭게 선택하기 · 226 | 행복이 곧 인생의 본질이다 · 230 | 이상적인 미래를 창조하라 · 234

제9장 / 당신의 가치를 올리는 배움의 힘

배운 만큼 번다 · 240 | 삶을 바꾸는 3% · 242 | 지식의 깊이를 만드는 독서 · 245 | 차 안에서도 공부하라 · 246 | 지혜는 인생의 선배에게서 · 247 | 대체 불가능한 사람이 되어라 · 248 | 책을 100% 활용하는 독서법 · 249 | 생산성을 10배 높이는 공식 · 252 | 1,000% 공식의 성립 요소 · 254

제10장 / 즐길 수 있는 일에 뛰어들어라

자기객관화가 먼저다 · 260 | 치밀하게 탐색하라 · 262 | 확신을 만드는 문의 · 265 | 확실하게 나타내기 · 269 | 이력서는 성과로 말한다 · 271 | 채용의 당락을 결정하는 요소 · 272

제11장 / 당신만의 필살기를 개발하라

끊임없이 배워라 · 280 | 능력이 위치를 결정한다 · 281 | 계기를 만드는 관계 · 282 | 저축으로 자유를 쌓아라 · 284 | 사소함이 평판을 좌우한다 · 285 | 누구보다 빠르게, 더 오래 · 286 | 호감을 주는 소통의 비결 · 287 | 옷으로 당신을 말하라 · 289 | 성공의 격을 높이는 인성 · 290 | 운은 공짜가 아니다 · 292 | 조직의 분위기는 구성원이 만든다 · 294 | 나만의 틈새 전략을 개척하라 · 295 | 삶을 이기는 게임으로 만들어라 · 297

제12장 / 자유로 향하는 부의 사다리 오르기

'진짜' 부자가 되어라 · 306 | 기반이 탄탄한 부자 되는 법 · 308 | 투자에도 공부가 필요하다 · 309 | 부를 쌓는 법칙 · 313 | 돈은 인생의 흐름을 타고 · 315 | 본전도 못 찾는 투자 종목 · 316

나가며 | 진정한 성공으로 향하는 마지막 비결 · 319

들어가며

성공의 열쇠를 쥐게 된 당신에게

　이 책은 아마 당신이 앞으로 읽을 책 가운데 가장 중요한 책이 될 것이다. 25년간 내가 읽은 책과 그동안의 경험을 총망라하여 당신이 지금부터 읽게 될 내용을 엮어 냈다. 당신은 이를 통해 인생에서 원하는 바를 성취하는 데 필요한 수년간의 노력과 막대한 돈을 절약할 수 있을 것이다.

　개인적인 이야기부터 시작하자면 나는 어릴 적부터 가난한 집안에서 자랐다. 우리 가족은 형편이 넉넉지 않아 무언가를 시작할 여력조차 없었다. 나는 초등학교 때부터 성적이 좋지 않았고, 고등학교 때는 낙제까지 했다.

　게다가 사회에 나가서 구할 수 있는 일자리라고는 작은 호텔 주방에서 설거지하는 일밖에 없었다. 그렇게 나는 몇 년간 일자리를 따라 여러 도시를 전전했다. 여러 나라를 돌아다니면서 무슨 일이든 닥치는 대로 하다가, 마침내 농장에서 일하게 되었다.

그러다가 스물세 살 때 일어난 일은 나의 삶을 이전과 완전히 다른 국면으로 이끌었다. 그 일을 통해 나는 인생을 변화시키고 싶다면 나부터 바뀌어야 한다는 사실을 깨달았다. 즉 내 삶이 더 나아지기를 바란다면 나부터 발전해야 한다는 것이다. 또한 나는 지금의 삶이 다음 인생을 위한 리허설이 아님도 알게 되었다. 아마 날 도와줄 사람은 아무도 없을 것이다.

그 뒤 나는 '누구도 넘볼 수 없을 정도의 성공을 거둔 사람들의 비결은 무엇일까?'라는 의문에 대한 답을 찾기 시작했다. 남들보다 많은 돈을 벌고, 더 좋은 옷, 집과 자동차를 소유한 사람들은 어떻게 성공했을까? 이 질문에 대한 답을 찾고자 조언을 구하고, 책을 읽고, 오디오 파일을 듣고, 강좌에 참석하면서 판매직에 종사하기 시작했다. 그 일을 하면서 동시에 판매 영업을 공부한 덕에 지금까지 일했던 곳에서 최고의 자리까지 올랐다.

그러다가 회사를 경영하게 되면서 다시 공부를 시작했다. 야간 대학의 MBA 과정에 등록해서 경영학 학위를 받았다. 사업을 발전시키는 과정에서 마케팅, 전략, 협상에 대해 배웠다. 그리고 심리학, 철학, 역사도 공부하면서 인간의 잠재력을 탐구하게 되었다. 그렇게 나는 전보다 더 많은 것들을 이끌어 내는 방법을 찾았다.

상황은 점점 더 좋아졌다. 한때는 차에서 잠을 자던 내가 내 집 마련의 꿈을 이루게 되었고, 이후 더 큰 집으로 이사했다가 지금은 그때보다 더 좋은 집에서 산다. 이 책에서 당신에게 알려 줄 방법을 몸소 실천한 덕분에 무일푼이었던 나는 부자가 되었다.

그렇게 나는 1981년부터 세미나를 열어 내가 생각한 아이디어를 가르치기 시작했다. 첫 세미나를 열었을 때 참석자들은 인생의 새로운 기회 또는 미래의 백지 수표를 얻는 것과 같다고 평가했다. 이에 나는 강좌와 세미나를 확대하면서, 나중에는 그 내용을 음성 및 영상 파일로 제공하기 시작했다.

이 책에는 평생의 성공에 관한 가장 포괄적인 강좌 내용을 모아 놓았다. 이 내용이 당신의 인생을 바꾸리라 확신한다.

그리고 이 책은 반드시 한 번 이상 읽어야 한다. 읽다가 멈추고 책 속의 핵심 내용을 다시 곱씹어 보자. 가르침은 말 속에 있지만 진정한 배움은 침묵에서 생겨나는 법이니까 말이다.

이제 나와 함께 내면의 한계와 무한한 가능성을 시험하기 위한 여행을 떠나자. 이 책을 통해 잠재력을 마음껏 발휘하면서 당신의 모든 가능성을 이룰 방법을 배우자.

인류의 탄생 이래 당신 같은 사람은 지금까지 존재하지 않았고, 앞으로도 그러할 것이다. 당신에게는 누구도 할 수 없는 특별한 일을 해낼 잠재력이 있다. 당신이 할 일은 그저 "그 일을 할 것인가?"라는 단 하나의 질문에 답하는 것뿐이다.

누군가는 비범한 재능을 타고나기도 한다. 하지만 사람들은 대부분 평균적인 재능과 능력을 지닌 채 태어난다. 그렇지만 큰 성공을 거둔 이들은 대부분 특정한 분야에서 타고난 것들을 매우 높은 수준까지 발전시켰다. 결국 뛰어난 능력을 끌어낼 수 있는 경지에 도달하려면 잠재력을 연마하는 노력을 계속해야 한다.

제1장

삶의 시야를 넓힐 잠재력에 눈떠라

당신이 원하던 성공을 이루기 위해서는 잠재력을 최대한 개발하고 활용해야 한다. 이와 관련된 수식인 'IA + AA × A = IHP'에서는 개인의 잠재력을 정의하고 있다.

먼저 'IA'는 '선천적 특성 Inborn Attributes'을 의미한다. 이는 타고난 성향, 기질, 일반적인 정신적 능력을 가리킨다.

그다음 'AA'는 '후천적 특성 Acquired Attributes'으로, 자라면서 얻거나 발전시킨 지식, 기술, 재능, 경험, 능력이다.

한편 'A'는 '태도 Attitude'이며, 선천적, 후천적 특성의 조합에 영향을 미치는 정신 에너지의 일종이다.

마지막으로 'IHP'는 '개인적 성과 Individual Human Performance'를 가리킨다.

따라서 상기한 공식은 선천적 특성과 후천적 특성을 더한 값에 태도를 곱하면 개인적 성과가 도출된다는 뜻이다. 여기에서 태도의 질과 양의 증가량은 무제한에 가깝다. 그러므로 선천적 특성과 후천적 특성 모두 평균 수준인 사람이라도 태도가 긍정적이라면 높은 수준의 성과를 올릴 수 있다.

/ 기대가 태도를 낳는다

태도는 적성만큼이나 성과에 중대한 영향을 미친다. 이에 동기 부여 연설가였던 얼 나이팅게일 Earl Nightingale 은 태도를 가장 중요한 단어로 꼽았다.

> '태도'가 가장 중요하다.

긍정적인 태도를 지녀야 한다는 점은 주지하는 바이다. 그러나 긍정적인 태도란 정확히 무엇을 뜻하는가? 이에 나는 태도를 역경과 어려움에 대처하는 방식이라고 정의하고자 한다. 자신의 실제 태도를 알 수 있는 유일한 방법은 일이 잘못되었을 때, 자신의 반응을 살피는 것뿐이다.

또한 태도는 기대에 따라 결정된다. 일반적으로 일이 잘될 것이라 기대하면 긍정적인 태도로 일관하게 된다. 따라서 오늘 자신에게 놀라운 일이 일어나리라고 믿는다면 긍정적이고 낙관적인 태도를 보일 것이다. 그리고 열정적인 자세로 성공을 준비할 것이다.

기대는 자신과 세상에 대한 믿음에 따라 결정된다. 긍정적인 세계관 아래 세상은 아름다운 곳이며, 자신을 꽤 괜찮은 사람이라고 믿는다면 자신과 타인, 그리고 마주하는 모든 상황에서 최고를 기대하는 경향이 생긴다. 당신의 긍정적인 기대는 그와 같은 태도로 표현되며, 타인 또한 당신이 드러낸 태도를 다시 당신에게 되돌려 줄 것이다.

그 외에도 가치관과 신념 또한 성격 특성을 크게 좌우한다. 그렇다면 그 신념은 어디서 온 것일까? 이 질문은 20세기 심리학의 가장 큰 돌파구였던 자아 개념의 발견과 연결된다.

자아가 당신의 현실을 만든다

자아 개념이란 자신의 존재와 삶, 그리고 세상 전반에 걸친 믿음이다. 말하자면 컴퓨터의 메인 프로그램에 해당한다고 할 수 있다. 그 믿음이 우리의 현실을 결정한다. 우리는 그 믿음으로 형성된 선입견과 편견이 개입된 화면을 통해 세상을 바라보기 때문이다.

따라서 자아 개념과 신념의 체계는 삶의 모든 영역에서 성과나 효율성의 수준을 결정하고 예측한다. 우리는 언제나 자아 개념과 어릴 때부터 습득한 다양한 믿음과 일치하는 방식에 따라 행동한다. 여기에서 효율성의 수준과 자아 개념 사이에는 직접적인 관계를 맺고 있다. 이에 따르면 어떤 분야에서든 생각 이상으로 높거나 더 나은 수준의 성과를 이룰 수는 없다는 것이다.

> **자아 개념은 컴퓨터에서 메인 프로그램에 해당한다.**

자아 개념은 대부분 주관적이다. 이는 곧 자아 개념이 사실에 근거하는 것이 아닌, 자신과 관련하여 '사실이라고 받아들인' 인상과 정보를 토대로 한다는 것이다. 따라서 특정 영역의 자아 개념이 낮은 것은 대부분 잘못된 데이터에 기초했기 때문이다. 이러한 일은 자신의 잠재력을 제한하는 믿음이나 잘못된 정보를 사실로 받아들인 탓에 생겨난다.

우리는 자신에 대한 믿음이 모두 집약된, 전반적인 자아 개념뿐 아니라 삶의 각 영역에서 성과와 행동을 통제하는 자아 개념을 지닌다. 예컨대 체중, 식사량, 운동량, 건강 상태, 옷맵시, 그리고 타인에게 보이는 외모에 대한 자아 개념이 있다. 그 외에도 부모로서, 또는 자식으로서의 자아 개념도 있다.

그런가 하면 자신이 속한 사회적 집단 내에서 본인이 얼마나 인기 있는지에 대한 것도 있다. 심지어 스포츠를 얼마나 잘하는지, 그중에서도 무엇을 얼마나 잘하는지와 관련된 것도 있을 것이다.

골프를 예로 들자면 훌륭한 드라이버 driver, 먼 거리에서 공을 치는 사람 또는 그때 사용하는 골프채 와 서투른 퍼터 putter, 그린에서 컵을 향해 공을 치는 사람 또는 그때. 사용하는 골프채 라는 자아 개념을 동시에 지닐 수 있다. 영업에 종사하는 사람이라면 전반적인 성과의 척도에서 잠재 고객 발굴, 고객 불만 처리, 거래 체결의 능숙함에까지 이르는 자아 개념을 지니고 있을 것이다. 그리고 사생활과 직장 생활에서의 시간 관리와 체계, 효율에 대한 것도 있다. 그렇게 우리는 언제나 설정된 자아 개념과 일치하는 방식으로 일을 수행한다.

/ 소득의 안전지대에서 탈출하라

그 밖에 우리는 얼마나 많은 돈을 벌 수 있는지에 대한 자아 개념도 지니고 있다. 우리는 자신의 소득 수준과 관련된 자아 개념 이상 또는 이하의 돈을 벌 수는 없다.

자신이 생각하는 소득 가치에 대한 오차범위가 ±10%을 넘는다면 즉시 보상 행동을 시작한다. 10% 이상을 더 벌게 된다면 그 돈을 쓰거나 남에게 빌려주거나, 또는 잘 모르는 분야에 투자하기 시작한다. 심지어 남에게 주거나 잃어버리기도 한다. 갑자기 자신의 자아 개념보다 많은 돈을 벌게 된 사람은 그와 같이 돈을 허비한다.

복권에 당첨되어 갑자기 거액의 돈을 손에 쥐게 된 사람의 수는 많다. 그런데 복권 당첨 당시 단순 노무직에서 일하던 사람들은 2~3년 뒤에 다시 같은 일을 하게 될 가능성이 높다. 당첨금은 이미 다 사라졌는데, 그들은 그 돈이 어디로 갔는지를 모르기 때문이다.

그와는 다르게 자신이 생각하는 소득 수준보다 10% 이상 적게 번다면 돈을 더 벌기 위한 행동에 나선다. 일을 더 오래, 더 열심히 하기 위해 창의적으로 머리를 굴린다. 소득 수준을 자아 개념과 일치하는 범위로 되돌리기 위해 부업 기회를 찾거나 전직을 고려하기도 한다.

위와 같이 자아 개념과 일치하는 수준의 소득을 '안전지대'라고 한다. 한 연구에 따르면 안전지대는 일반적으로 실제 필요하다고 생각하거나, 벌고 싶어 하는 금액보다 40% 정도 낮다고 한다. 돈과 관련하여 사람들은 저마다의 안전지대에 진입하려고 애쓴다. 그리고 그곳에 도달하면 자신을 안전지대 밖으로 몰아내는 요인에 맞서 할 수 있는 일이라면 어떤 것이든 한다. 이처럼 안전지대에 계속 머무르려는 경향을 항상성이라고 칭한다. 이는 불변성과 일관성을 추구하는 자연스러운 현상이다.

안전지대는 개인의 잠재력 발휘에 큰 적이다. 인간은 자신의 안전지대에서 벗어나도록 하는 모든 변화에 저항하는 경향이 있다. 그 변화가 설사 긍정적인 것이라도 말이다. 안전지대는 곧 습관이 되고, 그 습관으로 틀에 박힌 생활을 하게 된다. 그때 지식과 창의성을 발휘하여 틀에서 벗어나려 하지 않고, 오히려 자신의 상황에 대한 정당화나 합리화로 더 편한 생활을 위해 대부분의 정신적 능력을 소모한다.

> **안전지대는 개인 잠재력 발휘의 큰 적이다.**

다행히 자아 개념을 체계적으로 향상하면 소득을 늘릴 수 있다. 이 책 뒷부분에서 설명하겠지만 방법만 잘 배우면 원하는 기간 동안 연 소득을 25~50% 늘릴 수 있다.

명확한 이상은 성공의 열쇠다

자아 개념은 세 가지로 구성된다. 첫째는 이상적 자아로, 모든 면에서 자신이 가장 희망하는 모습에 대한 비전 또는 그를 묘사한 것이다. 이와 같이 실현 가능한 미래에 대한 이상이나 비전은 행동이나 자신에 대한 사고방식에 강력한 영향을 미친다. 그러한 이상적 자아는 생사 여부를 불문하고 자신과 타인을 동경하는 여러 자질과 특성의 조합으로 이루어져 있다.

뛰어난 성과를 올리는 이들은 이상적 자아가 매우 명확하며, 이를 이루기 위해 끊임없이 노력한다. 어떠한 사람이 되고 싶은가에 대한 목표가 명확할수록, 날마다 그러한 사람으로 진화할 가능성이 더 커진다. 이에 따라 우리는 가장 동경하는 대상과 지배적인 열망을 따라 성장할 것이다.

그와는 달리 성공하지 못하거나 불행한 이들은 이상적 자아가 매우 모호하거나 아예 없는 경우가 많다. 그들은 스스로 되고 싶은 사람이나 발전시키고 싶은 자질을 거의, 또는 전혀 생각하지 않는다. 따라서 성장과 진화가 느려지면서 결국 멈추고 만다. 이들은 내면의 틀에 갇힌 상태로 계속 머물기 때문에 변화도 발전도 이루지 못한다.

/ 내면의 거울을 들여다보라

자아 개념에 속하는 두 번째 부분은 자아상이다. 자아상은 내면의 눈으로 자신을 바라보는 것이자, 일상적인 활동에서 매 순간 스스로에 대해 사고하는 방식이다. 또한 자아상은 특정한 상황에서 자신이 할 행동을 확인하기 위해 들여다보는 '내면의 거울'이기도 하다. 우리는 항상 내면에 품고 있는 자기 모습과 일치하는 방식으로 외부의 일을 수행한다.

다행스러운 점은 자신에 대한 심상을 체계적으로 바꾸어 나간다면 수행능력이 극적으로 향상된다는 것이다.

/ 삶의 질을 높이는 자존감

자아 개념의 세 번째 부분은 자존감, 즉 자신에 대해 느끼는 감정이다. 이는 성격의 정서적 요소이자 높은 성과와 행복, 개인적 효율성의 기반이 되는 자질이다. 원자력 발전소의 원자로 노심과 같다고 보면 된다. 자존감은 에너지와 열정, 활력, 낙관주의의 원천으로, 성격에 힘을 실어 줌으로써 성취도 높은 사람이 될 수 있도록 돕는다.

자존감의 수준은 당신이 얼마나 가치 있고 유능한 사람이라고 여기는지에 따라 결정된다. 이와 같은 두 생각은 서로에게 힘을 실어 준다. 자신에게 만족하면 좋은 성과를 거두고, 이는 다시 자기 만족도를 높인다. 이를 통해 자존감에 대한 최고의 정의는 자신을 얼마나 사랑하느냐와 관련된다.

자신을 사랑할수록 목표한 일을 더 잘하게 되며, 자신감도 높아진다. 태도가 긍정적일수록 더 건강하고 활력이 넘치고 전반적인 행복감도 커진다. 이에 자존감이 높은 사람은 업무는 물론 사적인 관계에서도 최고의 성과를 내면서 성취도도 높은 경향을 보인다.

열정과 확신을 가지고 "나는 날 사랑해."라는 말을 반복하기만 해도 자존감을 높일 수 있다. 그러면 자존감이 올라감과 동시에 모든 분야에서의 수행 능력과 효율성의 수준도 향상된다.

누군가는 자신을 사랑하는 행위가 교만하고 건방지며, 고압적이고 매우 불쾌한 행동이라고 배운다. 하지만 사실 그러한 부정적인 태도야말로 자신을 전혀 사랑하지 않는 낮은 자존감의 징후다. 이와 관련하여 자존감 및 자기애와 관련된 두 가지 규칙이 있다.

1. 자신보다 다른 사람을 더 사랑할 수는 없다. 자신이 가지지 못한 것을 남에게 줄 수는 없기 때문이다.
2. 자신을 사랑하고 존중하는 것보다 타인이 나를 더 사랑해 줄 것이라고 기대할 수는 없다.

자기애와 자존감의 수준은 인간관계의 질을 조절하는 밸브와 같다. 이는 여러 상황에서 문제가 될 수도 있지만, 해결책도 될 수 있다. 따라서 자존감 수준의 상승과 강화를 목적으로 하는 일 모두 만족감과 효율성, 행복감의 향상으로 이어질 것이다.

자아의 탄생

자아 개념은 어디에서 비롯되는가? 모두에게 자아 개념이 있다는 사실은 누구나 알고 있다. 그렇다면 그 유래는 무엇인가?

태어날 때부터 자아 개념을 타고난 사람은 없다. 현재 자신에 대해서 알거나 믿고 있는 것은 모두 유년 시절에 겪은 경험의 결과를 통해 배운 것이다. 아이들은 각자 특정한 기질과 타고난 특성, 순수한 잠재력을 지니고 세상에 나오지만, 이때는 자아 개념이 전혀 없는 상태다. 즉 태도와 행동, 가치관, 관점, 믿음, 두려움은 모두 학습된 것이다. 따라서 자신의 목적에 부합하지 않는 자아 개념의 요소가 있다면 의도적으로 버릴 수 있다. 이에 관한 내용은 추후 자세하게 설명하겠다.

최근 자동차 사고를 당한 32세 여성의 사례는 기존의 자아 개념을 버리고 새로운 것을 다시 습득하는 능력을 보여준다. 그녀는 사고를 당하면서 머리를 심하게 부딪히는 바람에 완전기억상실증을 겪었다. 그녀는 결혼해서 당시 8세와 10세의 두 자녀를 두었다. 또한 그녀는 원래 낯을 많이 가리는데다 말을 더듬는 버릇까지 있었다. 따라서 다른 사람들 앞에서 심하게 긴장하는 성격이었으며, 자아 개념이 낮고 자존감도 부족했다. 게다가 직장에 다니지 않아 주변의 사교 환경도 매우 제한적이라서 그녀의 문제는 더 심각해졌다.

위의 여성은 완전기억상실증을 앓았기 때문에 병원에서 깨어났을 때도 지금까지의 삶을 전혀 기억하지 못했다. 그녀는 부모, 남편, 자녀도 모두 알아보지 못한 데다가 정신 또한 완전한 백지상태가 되어 버렸다. 이는 매우 특이한 사례로, 그녀의 상태를 살피기 위해 여러 전문가가 초빙되면서 그녀는 유명인사가 되었다.

그 후 그녀는 건강을 회복하고 라디오와 TV 인터뷰 방송에 출연하였다.

그러다 자신의 상태를 연구하기 시작했고, 본인의 경험을 다룬 논문과 책도 썼다. 그리고 여행을 다니면서 의료계 관계자나 전문가 그룹을 대상으로 강의도 했다. 결국 해당 여성은 기억상실증과 관련하여 인정받는 권위자가 되었다.

과거 강화 reinforcement, 미래의 행동에 유의미한 영향을 미치는 자극 반응 에 대한 경험과 어린 시절, 성장 배경도 기억하지 못한 채 남들의 주목을 받으면서 중요한 인물로 대우받은 그 여성은 완전히 새로운 성격을 갖게 되었다. 긍정적이고 자신감 넘치는 외향적인 사람이 된 것이다. 또한 사교적인 성격이 되었고 매우 다정해졌으며, 유머 감각을 크게 발전시켰다. 그녀는 주변의 인기를 얻으면서 새로운 사회적 관계도 맺게 되었다. 그렇게 결과적으로 높은 성과와 행복, 삶의 만족감과 일치하는 새로운 자아 개념을 발달시켰다.

당신도 그녀처럼 될 수 있다. 자아 개념의 형성 원리를 이해한다면 존경하고 닮고 싶은 사람, 중요한 목표와 꿈을 이룰 수 있는 사람이 되기 위한 변화를 이룰 수 있다.

하지만 앞서 말한 바와 같이 아이들은 자아 개념이 형성되지 않은 상태로 태어난다. 그러므로 유아기 때부터 남들에게 대우받는 방식을 통해 자신이 누구이며, 얼마나 중요한 사람인지를 알게 된다. 성인의 성격 기반은 생후 3~5년 사이에 형성된다. 발달 중인 아이가 지닌 성격의 건전성은 대부분 해당 기간에 아이가 부모에게서 받는 사랑과 애정의 질과 양에 따라 결정된다.

유아기에는 애정과 정서적 교감에 대한 욕구가 굉장히 크다. 사실 인격 형성기의 아이에게는 아무리 많은 사랑과 애정을 퍼부어도 모자랄 정도다. 아이에게는 의식주만큼 사랑도 필요하다. 사랑과 따스함, 애정과 격려를 받으며 자란 아이는 어릴 때부터 긍정적이고 안정적인 성격으로 성장하는 경향이 있다. 그에 반해 비난과 체벌을 받으며 자란 아이는 두려움과 의심, 불신을 품는 경향이 있으며, 훗날 낮은 자존감이나 부정적인 태도 같은 다양한 성격 문제가 발생할 가능성이 있다.

한편 아이들은 놀라운 자질 두 가지를 지니고 태어난다. 첫 번째는 대부분 두려움을 모르는 상태로 태어난다는 것이다. 아이들은 단 두 가지 신체적 두려움, 즉 큰 소리와 넘어지는 것에 대한 두려움만 갖고 태어난다. 다른 두려움은 모두 아이가 자라는 동안 반복과 강화를 통해 가르쳐야 한다.

아이를 대여섯 살까지 키워 본 사람이라면 아이가 겁이 없음을 알 것이다. 사다리를 기어 올라가고, 차도로 뛰어들고, 날카로운 도구를 움켜쥐는 등 성인의 관점에서 자살 시도나 다름없는 행동을 한다. 이는 부모와 타인이 가르치기 전까지는 두려움을 전혀 느끼지 않기 때문이다.

두 번째 특성은 거리낌이 전혀 없다는 것이다. 아이들은 제멋대로 울고 웃으면서 배변을 하고, 느끼는 대로 말하고 행동하면서도 타인의 말에는 전혀 신경을 쓰지 않는다. 아이들은 전적으로 즉흥적이며, 어떤 것에도 구애받지 않는 상태에서 자신을 쉽고 자연스럽게 표현한다. 당신은 남의 시선을 의식하는 아이를 본 적이 있는가?

이상에서 소개한 바는 사람이라면 누구나 타고나는 자연스러운 상태이다. 이처럼 우리는 아무런 두려움이나 제약 없이 세상에 태어난다. 그리고 어떤 상황에서든 전혀 겁먹지 않고 손쉽게 자신을 드러낸다.

성인이 된 당신이라면 신뢰할 수 있는 사람들과 함께 안전한 상황에 있을 때, 아이였던 시절과 같이 자발적이며 두려움이 없는 자연스러운 상태로 되돌아간다는 사실을 알아차렸을 것이다. 그 순간 느긋하고 편안한 기분을 느끼면서 자유롭게 자신의 본모습을 드러낼 수 있다. 또 그때가 인생에서 가장 만족스러운 순간임을 인지했을 것이다. 이는 곧 최고의 경험이다.

성격은 타고나지 않는다

아이들은 발달 과정에서 중요한 시기 동안 두 가지 방식의 학습이 이루어진다. 그 내용은 다음과 같다.

첫째, 부모 중 한쪽 또는 두 사람을 모두 모방하면서 배운다. 우리의 가치관, 태도, 신념, 행동을 비롯한 성인기의 여러 습관 패턴은 성장기에 부모를 관찰하면서 형성된다. 따라서 '부전자전'이나 '모전여전'은 확실히 맞는 말이다. 이처럼 아이는 한쪽 부모와 강한 동질감을 느끼면서 막대한 영향을 받는 경우가 많다.

둘째, 불편함에서 편안함으로, 고통에서 즐거움으로 나아가는 것이다. 지그문트 프로이트 Sigmund Freud 는 이를 '쾌락 원칙 pleasure principle'이라고 부르면서 이것이 모든 인간 행동의 기본 동기라고 말했다. 배변 훈련부터 식습관에 이르기까지 아이의 행동은 모두 고통이나 불편함에서 벗어나 편안함과 즐거움을 얻기 위한 지속적인 움직임에 의해 형성된다.

아이의 행동에 영향을 미칠 수 있는 불편 가운데 가장 충격적인 것은 부모의 사랑과 인정을 빼앗기는 것이다. 아이들은 부모의 꾸준한 사랑과 지원, 격려를 얻으려는 욕구가 강하다. 부모가 아이를 훈육하거나 통제하기 위해 애정을 거두면 아이는 극도로 불편해한다. 심지어 겁을 먹기도 한다.

아이에게는 그러한 자각이 곧 세상의 전부이다. 따라서 자신에 대한 애정이 사라졌다고 인식하면 부모의 사랑과 인정을 되찾기 위해 즉시 행동을 바꾸기 시작한다. 무조건적인 사랑이 끊임없이 이어지지 않으면 안정에 대한 아이의 욕구가 좌절되면서 대담하고 자발적인 태도도 사라진다.

　한 심리학자에 따르면 모든 성격 문제는 사랑을 보류한 탓에 생긴 결과물이다. 어쩌면 우리가 어릴 때부터 한 일은 모두 사랑을 갈구하거나, 부족한 사랑을 채우기 위한 행동일지도 모른다. 어린 시절의 불행한 기억은 대부분 부모에게 받은 사랑이 부족하다는 인식과 관련이 있다.

> **모든 성격 문제는 사랑의 보류가 낳은 결과이다.**

　부모가 자녀를 양육할 때 저지른 실수, 특히 파괴적인 비난과 체벌로 아이들은 타고난 대담성과 자발성을 잃고 부정적인 습관 패턴을 기르게 된다. 습관은 긍정적이든 부정적이든 모두 자극에 조건화된 반응이다. 이것이 반복 학습을 통해 잠재의식에 단단히 뿌리를 내리면 그 자체로 힘을 갖게 된다.

/ 오래된 족쇄들

　어릴 때 배우는 두 가지 중요한 부정적 습관 패턴은 바로 억제와 강박이다. 부정적 습관 패턴은 모두 신체를 통해 발현되는데, 그에 사로잡히면 마치 신체적인 위험에 처한 것처럼 느끼고 반응하게 된다.

　먼저 "하지 마.", "거기서 물러나.", "그만해.", "만지지 마.", "조심해." 같은 말을 아이가 반복해서 들을 때, 억제를 학습하게 된다. 아이는 오감을 활용하여 세상 모든 것을 느끼고 탐구하려는 자연스러운 충동을 지닌다. 이때 부모가 그러한 아이의 행동에 소리치며 화를 내거나 때리는 등 제지하는 반응을 보이면 아이는 이를 이해하지 못한다.

따라서 아이는 다음과 같은 메시지를 내면화한다. "내가 새로운 일이나 색다른 일을 시도할 때마다 엄마, 아빠가 화를 내면서 더 이상 날 사랑해 주지 않아. 아마 내가 너무 어려서 그런가 봐. 난 무능해. 할 줄 아는 게 아무것도 없어. 난 바보야. 난 못 한다고."

"나는 할 수 없다."처럼 무능함에 대한 감정은 곧 실패에 대한 두려움으로 나타난다. 실패에 대한 두려움은 성인의 삶에서 성공을 가로막는 가장 큰 장애물이다. 위험을 감수하거나 시간, 돈, 감정을 소모하는 한이 있더라도 새롭고 색다른 일을 하려 할 때마다 실패에 대한 두려움이 우리를 마비시킨다.

위와 같은 억제성 습관 패턴은 명치에서 시작해 신체 전면부에 나타난다. 예컨대 남 앞에서 말하기를 두려워하는 사람이 대규모 청중 앞에 서야 한다는 말을 들었을 때, 가장 먼저 나타나는 반응은 공포감이다. 즉 몸의 정서적 중심인 명치가 조여드는 기분이 드는 것이다.

곧 있을 사건에 대해 생각할수록 당신의 두려움은 더욱 커진다. 심장이 빨리 뛰면서 호흡이 빠르고 얕아지기 시작하며, 목이 바짝바짝 마르고, 편두통을 앓는 것처럼 머리 앞쪽이 쿵쿵 울리는 듯한 느낌이 들 것이다. 또한 방광이 가득 차서 참지 못하고 당장 화장실로 달려가고 싶다는 충동을 느낄지도 모른다. 이와 같은 부정적인 습관 패턴의 신체적 징후는 대개 여섯 살이 되기 전부터 잠재의식에 설계되어 있다.

부정적인 습관 패턴은 모두 불안이나 초조함의 형태로 드러난다. 대개 땀이 나고, 심장이 두근거리며, 짜증과 조급함, 심지어 격렬한 분노 등의 정서적 반응이 수반된다.

그다음 아이들이 배우는 두 번째 부정적인 습관 패턴은 강박이다. "똑바로 행동하지 않으면 후회하게 될 거야."라는 말을 반복해서 들은 아이는 강박을 학습하게 된다. 이와 관련하여 부모는 "뭔가를 하지 않으면/그만두지 않으면 혼날 줄 알아!"라는 말을 자주 한다.

아이의 입장에서 부모와의 문제는 곧 사랑과 인정을 잃게 된다는 의미이다. 부모가 아이의 성과나 행동을 기준 삼아 애정을 조건적으로 제공한다면 아이는 곧 다음과 같은 메시지를 내면화하게 된다. "엄마, 아빠는 날 사랑하지 않으니까 기뻐하는 일을 하기 전까지는 안전하지 않은 거야. 그러니 엄마, 아빠가 기뻐하는 일을 해야 해. 행복해할 수 있는 일, 원하는 일을 해야 해. 반드시 그래야만 해. 반드시."

조건부 사랑의 희생자가 되는 바람에 생긴 강박적인 습관 패턴은 곧 거절에 대한 두려움으로 나타난다. 거절에 대한 두려움은 성인의 삶에서 실패와 낮은 성취도를 불러오는 또 다른 주원인이다.

조건부 사랑을 받으면서 자란 사람은 타인의 의견, 특히 부모, 배우자, 상사의 의견에 집착하거나 지나치게 신경 쓰는 경향이 있다. 강박과 관련된 부정적인 습관 패턴은 특히 목과 어깨의 긴장이나 근육을 찌르는 듯한 통증 등 우리 몸의 등줄기를 따라 나타난다.

아이가 부모의 애정을 양적, 질적으로 충분히 받지 못했다고 느끼면 강박적인 행동이 나타난다. 이는 대개 부자와 모녀 관계에서 비롯된다. 여성은 우울증, 현실 도피, 신체 증상 또는 정신신체 장애 psychosomatic disorder, 정신적 불안·갈등·긴장 등으로 생긴 신체적 장애로, 정신신체의학의 대상에 해당한다. 등으로 거절에 대한 공포를 드러내는 경향이 있다.

남성의 경우 아버지에게 사랑받으려는 무의식적인 노력이 성인이 된 뒤 직장 상사에게 옮겨가는 사례가 많다. 이는 상사의 인정을 받는 데 강박적인 집착을 나타내는 A형 행동으로 나타난다. 극단적인 경우, 일에 지나치게 집착하다가 본인의 건강과 가정까지 망가뜨리기도 한다.

　나 또한 아버지가 돌아가셨을 때 큰 충격을 받았다. 생전 아버지와의 관계가 제대로 풀린 적이 없는 데다 아버지의 사랑과 인정을 받기 위한 일을 해 본 적이 없다고 생각했기 때문이었다. 그 후 2년 동안 큰 상실감과 슬픔에 빠졌다.

　그러던 어느 날 저녁, 나는 어머니와 외식을 하며 그간의 감정을 모두 털어놓은 적이 있었다. 그러자 어머니는 그렇게 슬퍼하거나 속상해할 필요가 없다고 말씀하셨다. 아버지는 애정을 보류한 것이 아니었다. 오히려 아버지는 성장 환경과 양육 방식으로 애초부터 자녀에게 쏟을 애정이 없는 사람에 가까웠다.

　아버지는 자신을 사랑하지 않았던 데다 나를 비롯하여 자식에 대한 애정도 거의 없었다. 이에 어머니는 내가 받은 것보다 더 많은 사랑을 받으려 노력해 봤자 아무 소용도 없었을 거라고 말씀하셨다. 아버지의 마음속에는 그런 애정이 한 톨만큼도 없던 것이다.

　나는 A형 행동양상 type A behavior pattern, 건강심리학 분야에서 다루는 대상으로, 이 유형에 속하는 사람은 활기차고 경쟁심이 많으며 야심적이지만, 적대적이고 성급하다는 특징이 있다. 으로 고통받는 남성은 대부분 여전히 아버지의 사랑과 존중을 얻으려고 애쓴다는 사실을 알게 되었다. 그러나 나는 아버지께서 돌아가신 뒤, 아버지에게 받을 수 있는 사랑은 결국 그 정도뿐임을 깨달았다.

　결국 당신이 할 수 있는 일은 아무것도 없다. 그리고 그 사실을 바꾸기 위해 당장 할 수 있는 일도 없다. 이를 이해하고 받아들인다면 조금은 느긋한 마음으로 남은 인생을 살아갈 수 있을 것이다.

자기애는 두려움을 이긴다

우리 인생에서 가장 큰 문제는 두려움이다. 두려움은 우리에게서 행복을 앗아간다. 또한 우리가 얻을 수 있는 것보다 훨씬 적은 것에 만족하게 만든다. 그리고 두려움은 부정적인 감정, 불행과 인간관계에서 벌어지는 문제의 근본적인 원인이다.

> **우리 인생의 가장 큰 문제는 두려움이다.**

그러나 두려움에게 유일한 장점은 있다. 바로 학습된 감정이기 때문에 극복할 수 있다는 것이다. 실패와 거절에 대한 두려움은 여섯 살도 되기 전에 설계되면서 학습된 반응이다. 이러한 두려움이 안전지대의 상한선과 하한선을 정한다. 낮은 쪽에서는 비난이나 거절을 피할 수 있고, 높은 쪽에서는 위험이나 실패를 피할 수 있다. 안전지대를 확립한 뒤에는 두려움이나 불안감을 피하기 위해 그곳에 머무르게 된다.

다행스럽게도 두려움은 우리의 의도에 따라 없애 버릴 수 있다. 우리는 일관적이고 꾸준한 노력 아래 본성과 성격에서 두려움을 제거할 수 있다. 이에 따라 두려움이 사라지고 나면 원하는 것은 모두 가능해진다.

두려움의 반대는 사랑으로, 이는 자기애에서 시작된다. 자존감과 모든 유형의 두려움은 반비례 관계이다. 자신을 사랑할수록 실패와 거절에 대한 두려움이 줄어든다. 이는 곧 자기애가 높을수록 위험을 감수하고서라도 성공과 행복으로 다가가려는 의지가 강해진다는 것이다. 그 의지가 우리를 안전지대에서 벗어나게 해 준다.

감정과 확신을 담아 "나는 날 사랑해."라는 강력한 메시지를 반복하면 자존감이 높아지면서 두려움은 점점 약해지다가 사라진다. 그러니 그 말을 매일 50~100번씩 반복하여 잠재의식에 새기는 일부터 시작하자. 곧장 자신감이 커지면서 인간관계가 달라지는 것을 체감할 수 있을 것이다.

> **실천하기**
>
> 두려움을 극복하기 위해 다음 문장을 완성하면서 생각나는 답을 모두 적어 보자.
>
> | 내가 무엇도, 누구도 두려워하지 않는다면 내 인생의 _____이 달라질 것이다. |
>
> 이 문장을 완성하는 과정에서 두 가지를 배우게 될 것이다. 그에 대한 것은 다음과 같다.
>
> 첫째, 당신의 삶에서 두려움이 얼마나 큰 비중을 차지하는지를 알게 된다.
> 둘째, 이 책을 계속 읽으면서 두려움을 버리고, 흔들리지 않는 용기와 자신감을 키웠을 때 해낼 수 있는 놀라운 일을 들여다보게 될 것이다.

/ 마음속의 흰토끼 떼를 사냥하라

큰 성공을 거두려면 먼저 현재의 자신뿐 아니라 미래에 이룰 여러 모습에 대한 책임을 온전히 받아들여야 한다. 지금 이곳에 이 모습으로 존재하는 원인은 당신이라는 사실을 솔직하게 받아들여야 한다.

주변의 변화를 원한다면 먼저 자신부터 변해야 한다. 우리의 생각이 삶을 결정한다. 또한 우리는 언제나 머릿속의 내용, 즉 생각을 자유롭게 선택할 수 있다. 따라서 자신의 생각이 불러온 결과는 언제나 스스로 책임져야 한다. 생각이 태도와 행동을 결정하며, 이들 요소가 인생의 성패를 좌우한다.

우리는 유아기 때부터 삶에 대한 책임이 타인이나 사물에 있다고 여기도록 길들여 왔다. 어릴 때는 부모의 돌봄 아래 의식주, 교육, 오락, 돈, 의료 등 필요한 것들을 모두 받으며 자란다. 그렇게 우리는 어린 시절 내내 전적으로 다른 사람들의 보호와 도움 아래 성장한다.

이때는 우리가 힘들게 음식을 구하지 않아도 그냥 제공된다. 옷도 마찬가지로 스스로 구하지 않고 다른 사람이 사 준다. 기초 교육에 대한 책임 또한 없다. 그냥 가라고 하는 곳에 가서 시키는 대로 따르기만 하면 된다.

이상에서 설명한 바에 별다른 문제는 없다. 부모가 발달기의 아이를 부양하는 건 지극히 정상적이고 자연스러운 일이기 때문이다. 문제는 대부분 누군가 자신을 여전히 책임지리라는 의식적, 무의식적인 기대를 안고 성인이 된다는 것이다. 자신의 삶은 스스로가 온전히 책임진다는 사실을 받아들이지 못하는 것은 가장 큰 불행과 부진한 성과를 낳는 원인이다.

부모의 역할은 아이를 세상으로 내보내 만 19세, 즉 성인기까지 키워서 충만한 책임감 아래 스스로 결정을 내릴 수 있는 자립적인 성인으로 만드는 것이다. 우리는 이 시점부터, 때로는 그 이전부터 운전석에 앉게 된다. 우리는 모두 각자의 운명을 설계하는 건축가이다. 이 순간부터 부모의 역할이 성공했는가의 여부를 막론하고 과거를 돌아볼 필요는 없다. 이제 현재와 미래의 모습은 모두 자신에게 달렸으니까 말이다.

톨스토이가 쓴 한 단편 소설에 등장하는 아이는 자신의 집 뒷마당에 행복의 비결이 숨어 있다는 얘기를 듣는다. 한 가지 일만 하지 않는다면 그 비결을 찾아내 영원히 소유할 수 있다. 그 일은 행복의 비결을 찾는 동안 흰토끼를 생각하면 안 되는 것이다. 아이들은 비밀을 찾으러 나갈 때마다 흰토끼에 대해 생각하지 않으려고 애썼지만, 그럴수록 흰토끼가 더 많이 생각날 뿐이었다. 당연히 아이들은 행복의 비결을 찾지 못했다.

흰토끼는 누구에게나 있고, 때로는 여러 마리가 마음속에 있기도 하다. 이는 명확한 목표 아래 성공을 위해 전념하기를 회피하려는 변명에 지나지 않는다. 진정으로 자신의 잠재력을 실현하고 싶다면 노련하게 사고해야 한다. 그러한 사람이 되려면 자신을 가로막고 발전을 방해하는 원인인 정신적 장애물이나 변명거리를 객관적으로 분석해야 한다.

요즘 사람들이 자주 쓰는 가장 인기 있는 흰토끼는 "나는 너무 어려.", "나이가 너무 많이 들었어.", "돈 없어.", "가방끈이 짧아서…", "돈 들어갈 데가 너무 많은데…", "아직 준비가 안 됐어.", "상사/아이들/부모님 때문에 못해." 같은 자기 제한적인 것들이다.

당신의 흰토끼는 무엇인가? 필요하다는 걸 알면서도 변화를 거부할 때 자주 꺼내는 변명은 무엇인가? 목표를 달성하고 꿈을 이루려면 토끼 사냥을 떠나야 한다. 당신을 방해하는 것들을 모조리 찾아내어 근절하도록 하자. 물론 그러한 것들에도 타당한 부분이 있는지 주의 깊게 분석하는 것도 필요하다.

이제 간단한 테스트를 하나 해 보자. 당신과 똑같은 문제나 한계를 안고 있으면서도 성공한 사람이 있는지를 자문해 보자. 그러한 사람이 있다면 당신의 핑곗거리가 발전을 거부하는 정당한 이유가 될 수 없음을 알 것이다. 누군가 해낸 일은 분명 다른 사람도 할 수 있는 것이다. '변명증', 즉 변명샘에서 일으키는 염증은 성공에 치명적인 병이다.

자기 책임이 삶에서 발휘하는 힘

물론 모든 핑계를 버리고 책임을 온전히 받아들이기란 쉽지 않다. 오히려 매우 어려워서 대부분은 감당하지 않으려 한다. 이는 첫 낙하산 강하와도 비슷해서 무섭고도 짜릿하다. 물론 핑계에서 벗어났을 때는 크나큰 고독감이 갑작스레 당신을 찾을 것이다. 그러나 그것도 잠시, 곧 흥분감이 솟구치고 심장이 빨리 뛰기 시작하면서 놀라운 행복감과 자유를 느낄 것이다.

어떤 경우에도 성인으로서 책임을 남에게 떠넘길 수는 없다. 우리가 포기할 수 있는 건 통제권뿐이다. 당신이 다른 사람이나 대상에게 책임을 전가하려 들면 결국 자신의 삶을 통제할 권한을 잃게 된다. 하지만 여전히 책임은 100% 당신에게 있다. 이에 부정적인 감정, 분노, 불안, 우울감도 느끼게 될 것이다. 자기 책임은 성숙하고, 잠재력을 최대한 발휘하며, 자아실현을 이루는 사람의 핵심적인 자질이다.

고성과자는 일의 공과 책임을 모두 자신이 진다. 반면 저성과자는 성공할 때 공만 취하려 든다. 반면 실패의 순간에는 운이나 타인 또는 스스로 통제할 수 없던 상황의 탓으로 돌린다. 이처럼 성공한 사람은 일과 모든 관계에 강한 책임감을 느끼지만, 실패한 사람은 타인에게 책임을 지우려 한다.

> **고성과자는 일의 공과 책임을 모두 자신이 진다.**

나는 가끔 세미나 참석자에게 "자영업에 종사하는 분이 계신가요?"라고 묻는다. 그러면 대개 청중들 가운데 20% 미만이 손을 든다. 그 뒤 나는 지금까지의 말이 오답을 유도하기 위한 교묘한 질문이었다고 털어놓는다. 본인이 아닌 다른 사람을 위해 일한다고 생각하는 것은 우리가 저지를 수 있는 가장 큰 실수다. 누가 급여를 주든 상관없이 우리는 모두 자영업자다.

우리는 각자가 운영하는 개인 서비스 회사의 사장이다. 우리가 모든 걸 책임지고 있다. 우리가 사장이다. 어떤 분야든 상위 3%에 속하는 사람은 자신을 자영업자라고 생각한다. 그들은 회사를 칭할 때 '우리'라는 단어를 사용한다. 한편 저성과자는 회사가 자신과 분리된 별도의 존재인 양 아무런 의미도 중요성도 없는 단순한 업무인 것처럼 말한다.

기꺼이 받아들이는 책임의 양과 중요한 조직에서 올라가고자 하는 위치는 직접적인 관계이다. 구체적으로 말하자면 소득, 지위, 직위, 명성, 인지도, 그리고 조직의 목표와 목적을 달성하기 위해 기꺼이 떠맡는 책임의 양 사이에는 직접적인 관계가 존재한다는 것이다.

두 직원을 둔 고용주가 되었다고 가정해 보자. 한 직원은 회사를 자신의 것처럼 생각하는 반면, 다른 직원은 단순히 매일 9시부터 5시까지 일하는 직장으로만 여긴다면 둘 중 누구를 승진시키겠는가? 누구에게 투자하고, 추가적인 교육을 제공할 것인가? 어느 직원에게 출세할 기회를 주겠는가? 답은 분명할 것이다.

자기 책임에 대한 태도는 자신이 어떤 사람인지 보여주는 가장 중요한 요소이다. 책임 수용도가 높은 사람부터 낮은 사람, 완전히 무책임한 사람에 이르기까지 모든 이들을 평가할 수 있다. 책임감이 강한 사람은 긍정적이고 낙관적이며, 자신감이 넘치고 자립심이 강하며, 자제력이 강한 경향이 있다.

한편 책임감의 스펙트럼과 정반대에 있는 무책임한 사람은 부정적이고 비관적이며, 패배주의적이고 냉소적인 경향이 있다. 또한 목적이 없고 두려움이 많으며, 확신이 없고 신경질적이면서 정신적으로 불안정한 경우도 종종 있다.

논란을 자주 불러일으키는 정신과 의사 토마스 자즈 Thomas Szasz 박사에 따르면 정신 질환은 애초에 존재하지 않는다. 그저 무책임의 수준이 다양할 뿐이다. 자기 책임감이 강한 사람은 매우 건강하고 긍정적인 반면, 무책임한 사람은 그 반대의 경향을 드러낸다.

/ 자제력과 책임감의 상관관계

지금까지의 고찰을 통해 심리학의 역사상 가장 중요한 발견 중 하나를 깨닫게 되었다. 바로 삶의 한 영역에서 받아들이는 책임감과 그 영역에서 느끼는 자제력 사이에 직접적인 상관관계가 있다는 것이다. 이는 자제력뿐 아니라 자유 또한 마찬가지이다. 결국 책임, 절제, 자유 또는 자율성은 서로 밀접하게 연관되어 있다.

우리가 느끼는 책임감, 자제력, 자유뿐 아니라 평소 누리는 긍정적인 감정의 양 사이에도 직접적인 상관관계가 있다. 우리가 받아들이는 책임감과 긍정적인 태도, 행복감 사이에는 일대일 관계가 성립한다.

한편 책임감의 스펙트럼에서 가장 아래에 있는 무책임한 사람은 자제력의 부족 또는 완전한 결핍을 느낀다. 그들은 자신의 삶을 변화시킬 수 있는 능력이 없다고 여기며, 외부 세력이나 타인의 통제를 받는다. 이러한 자제력 결핍은 자유의 부족감으로 이어지며, 이에 따라 결국 부정적인 감정을 만들어 낸다.

‘도둑 감정’을 버려라

나는 부정적인 감정을 '도둑 감정'이라 부른다. 이 감정은 불행과 저성취, 그리고 실패의 가장 큰 원인이다. 또한 부정적인 감정은 우리의 육체와 정신을 병들게 하고, 인간관계와 커리어를 망치며, 우리가 하는 일마다 그림자를 드리운다.

따라서 부정적인 감정을 제거하기란 큰 성공과 성취를 열망하는 이들에게 가장 중요한 일이다. 마음의 평화는 인간에게 최고의 선으로, 이는 부정적인 감정이 없을 때만 이룰 수 있다.

몇 년 전, 내가 이 주제를 연구하기 시작했을 때 우리의 모든 문제가 사실상 부정적인 감정에 뿌리를 두고 있음을 깨닫고 놀란 적이 있었다. 이에 부정적인 감정을 제거할 방법만 찾을 수 있다면 인생이 틀림없이 근사해질 것이었다. 마음의 원리가 모두 유리하게 작용하기 시작할 테고, 일반적으로 몇 년에 걸쳐 성취하는 일보다 더 많은 것을 짧은 시간 안에 이루게 될 것이다.

그러나 부정적인 감정을 제거하지 못하면 우리의 노력이 모두 희미해지면서 성취를 통해 얻는 기쁨과 즐거움도 대폭 줄어든다는 점도 깨달았다. 그러면 마음의 원리가 불리하게 작용하면서 인생의 어떤 외적 요인보다 더 큰 슬픔과 심적 고통을 안겨줄 것이다. 따라서 부정적인 감정을 제거하는 것은 지속적인 건강과 행복, 성공과 번영을 이루기 위한 열쇠다.

내 인생을 크게 뒤바꾼 계기는 부정적인 감정이 불필요하고 부자연스러운 것이라는 사실을 깨달은 때였다. 부정적인 감정은 우리에게 전혀 필요하지 않다. 그것은 좋은 목적에 도움이 되지 않는다. 오히려 해롭기만 할 뿐이다. 그리고 부정적인 감정은 우리가 더 높은 수준의 의식과 성품으로 성장하고 발전하지 못하게 하는 주원인이다. 따라서 부정적인 감정을 완전히 뿌리

뽑겠다고 선택한다면, 그러한 감정을 전혀 느끼지 않아도 된다.

　당신과 같이 나 또한 부정적인 감정 역시 인간의 정상적이고 자연스러운 부분이라는 생각을 늘 했었다. 긍정적인 감정이 있으면 부정적인 감정 또한 존재하니, 이는 비나 햇빛처럼 피할 수 없는 인간의 본성으로 받아들여야 한다는 생각도 한 적이 있었다.

　하지만 나는 어느 날 부정적인 감정을 가지고 태어나는 사람은 아무도 없음을 알게 되었다. 우리가 어른이 되어 느끼는 부정적인 감정은 모두 어릴 때부터 모방과 연습, 반복 및 강화의 과정을 통해 학습한 것이다. 이렇듯 부정적인 감정은 학습한 것이므로, 잊어버리고 자유로워질 수 있다. 이와 관련하여 내 세미나에 참석한 이들 가운데 그러한 문제로 큰 어려움을 겪는 이들이 많다. 그 사람들은 너무 오랜 시간 동안 부정적인 감정을 겪어 온 탓에 그러한 감정은 불필요하며, 없앨 수 있다는 사실을 받아들이기 어려운 것이다.

> **부정적인 감정은 학습된 것이므로,
> 잊어버림으로써 자유로워질 수 있다.**

　물론 진심을 다한 믿음이라면 뭐든지 현실이 된다. 이에 따라 부정적인 감정 또한 삶의 필수적인 부분이라고 확신한다면, 분명히 그렇게 될 것이고 앞으로도 그럴 것이다.

　부정적인 감정이 아무 쓸모도 없다는 사실은 쉽게 증명할 수 있다. 이에 대하여 손쉽게 식별하는 부정적인 감정을 몇 가지 살펴보도록 하겠다.

　먼저 의심과 두려움이 있다. 이들 감정은 가장 해로운 유형에 속한다. 그 다음으로 쌍둥이처럼 함께 찾아오는 죄책감과 원망이 있다. 그리고 행복과 관계를 파괴하는 부러움과 질투가 그 뒤를 따른다.

한편 부정적인 감정은 총 54가지 정도이지만, 결국 그 모두가 분노라는 형태로 압축되어 나타난다. 분노는 모든 부정적인 감정 중에도 최악에 해당할 것이다. 분노는 내부와 외부 모두를 향해 표출되는바, 자신을 병들게 할 뿐 아니라 타인에게 상처를 주기도 한다.

당신도 화를 낸 적이 있는가? 화가 나면 어떤 기분이 드는가? 마치 검고 거대한 담요가 마음을 뒤덮은 듯한 기분이 들지 않는가? 도저히 다른 데 집중할 수조차 없이 온 마음이 분노의 대상에게 완전히 사로잡힌 듯할 것이다. 그렇기에 자신을 향해 분노를 맹렬히 퍼붓는다.

그리고 분노는 오래 지속될수록 걷잡을 수 없이 타오르는 불처럼 모든 걸 태워 버린다. 분노로 인해 잠, 친구, 직장을 빼앗길 수도 있다는 것이다. 또한 비합리적이고 수치스러운 행동을 저지르는 원흉이 될 것이다.

부정적인 감정에서 좋은 결과가 나올 수 있을까? 대답은 확실히 '아니요'다. 무책임과 연관한 부정적인 감정은 목적 달성에 전혀 도움이 되지 않는다. 그런데 사람들이 부정적인 감정을 많이 느끼는 이유는 무엇일까? 이에 부정적인 감정이 시작되는 이유부터 살펴보도록 하자.

/ 우리의 괴로움은 어디에서 오는가

부정적인 감정을 느끼는 주요 원인은 네 가지가 있다.

첫 번째는 정당화이다. 정당화는 우리가 부정적인 감정을 느끼고, 화를 내거나 짜증을 부려도 되는 이유를 자신과 타인에게 설명할 때 발생한다. 부정적인 감정에 대한 정당화를 멈추기만 해도 그러한 감정을 제거하는 단초가 될 수 있다. 그러니 스스로 불쾌함을 느껴도 될 자격에 이유를 만들려는 사치까지 부리지 말자.

타인을 평가하다 보면 비난과 이에 수반되는 편협함이나 분노 같은 감정까지 생긴다. 정체된 도로에서 운전하던 도중에 다른 운전자가 끼어든 적이 있는가? 그 운전자와 당신은 서로 생면부지임에도 순간 머리끝까지 화가 치솟는 것을 느꼈는가?

당신은 마치 그 운전자가 꽉 막힌 도로에서 당신의 진행 경로를 주의 깊게 살펴본 다음, 아무것도 모르는 채로 운전 중인 당신을 급습하려고 기다린 것처럼 반응한다. 이럴 때는 욕을 삼가고, '정말이지 최악의 운전자'라며 그냥 웃어넘기면 분노는 금세 잦아든다.

둘째는 동일시 identification, 정신분석 분야에서 대상의 특성을 자신과 동일하게 여기는 정신적 조작, 즉 일을 감정적으로 받아들이는 것이다. 우리는 자신과 상황을 동일시하며, 어떤 식으로든 자신에게 해를 미치리라 생각되는 경우에만 분노한다. 일을 감정적으로 받아들이기를 멈추고, 그 상황에서 한 걸음 물러나서 분리나 탈동일시 disidentification, 의식의 흐름과 그것을 관찰하는 자신을 분명하게 구별하는 일 를 실천하는 순간부터 부정적인 감정이 줄어들기 시작한다.

그러한 능력이 뛰어난 사람들은 보통 사람보다 훨씬 오랫동안 차분하고 침착한 상태를 유지할 수 있다. 그들은 정당화를 거부하여 순간적인 열기에 휘말리지도 않는다. 상황을 감정적으로 받아들이기보다는 분리된 관찰자의 관점에서 사물을 바라본다. 이러한 태도 덕분에 그들은 마음의 통제력을 유지할 수 있게 되었다. 이는 위기에 대처하는 데 매우 효과적이다.

셋째는 배려심 부족이다. 타인이 자신의 정당한 권리를 인정하지 않거나, 마땅히 받아야 한다고 여기는 존중이나 인정이 부족하다고 느낄 때 화가 나곤 한다. 공적 상황에서 누군가 당신에게 무례하게 굴거나, 무시하거나 관심이 없다면 자존심에 상처를 입고 화를 내며 방어적인 태도를 보이게 된다. 이에 한 현명한 이의 말과 같이 타인이 당신을 어떻게 생각하는지 너무 신경 쓰지 말라. 그들이 당신 생각을 거의 하지 않는다는 사실을 알면 모욕감을 느낄 테니 말이다.

부정적인 감정에 대한 정당화나 동일시를 거부하고 타인의 행동을 의식하지 않는다면 부정적인 감정은 사라지기 시작할 것이다. 부정적인 감정을 제거하는 가장 빠른 방법은 근본적인 원인을 찾아내는 것이다. 놀라운 사실은 부정적인 감정의 99%는 자신의 마음에 들지 않는 일에 다른 사람이나 대상을 탓하기 때문에 생긴다는 것이다.

그러한 점에서 남 탓은 부정적인 감정의 네 번째이자 최종적인 원인이며, 대다수 부정적 감정의 근원이기도 하다. 따라서 남을 더 이상 탓하지 않으면 부정적인 감정도 멈춘다.

이상에서 살펴본 바와 관련하여 부정적인 감정을 차단하기 위해 사용할 수 있는 간단한 스위치가 있다. 우리의 의식은 어떠한 것이든 한 번에 한 가지 생각만 할 수 있고, 그 생각을 의도적으로 선택할 수 있다.

어떤 이유로든 부정적인 감정이 들거나 화가 날 때마다 단호한 어조로 "내 책임이다."라고 말하면 부정적인 감정을 일으키는 생각을 즉시 누그러뜨릴 수 있다. 이는 지금까지 발견된 정신 통제에 관한 가장 강력한 확언이다.

"내 책임이다."라는 말은 우리 마음을 부정적인 상태에서 즉시 긍정적인 상태로 바꿔 준다. 이를 통해 감정을 완전히 통제하고 긍정적으로 만들 수 있다. 그러면 한결 차분하고 느긋한 기분으로 상황을 더 명확하게 바라보게 된다. 이 두 어절의 말은 자신을 책임지면서도 부정적인 상황에 더욱 효과적으로 대처할 수 있게 해 준다.

> **"내 책임이다."라는 말은 우리 마음을
> 부정적인 상태에서 즉시 긍정적인 상태로 바꿔 준다.**

하지만 여기에는 중요한 요소가 있다. 바로 부정적인 감정을 온전하게 유지한 채로는 지금보다 더 발전할 수 없다는 것이다. 발전을 이루기 위해서는 부정적인 감정을 체계적으로 제거해야 한다. 부정적인 감정에서 벗어날수록 더 높은 의식 수준으로 나아갈 수 있는바, 이는 우리를 현실에 가두는 중력에서 해방되는 것과 같다.

부정적인 감정을 없애기 위한 책임은 선택이 아니라 필수다. 이는 우리의 건강과 행복, 효율성에 꼭 필요한 것이다. 부정적인 감정을 무찌르면 자신과 삶에 대한 긍정적인 태도가 발달한다. 이에 따라 지금으로서는 상상할 수 없는 방식으로 고차원적인 정신력을 활용할 수 있게 된다.

마음을 비우는 연습을 위해 잠시 과거와 현재의 삶을 전체적으로 돌아보자. 그리고 어떤 식으로든 부정적인 감정을 느끼게 하는 기억이나 상황을 하나하나 체계적으로 분석해 보자. 그리고 "내 책임이다."라는 말을 반복하면서 그 기억이나 상황과 관련된 부정적인 기운을 무력화시키자.

우리가 살면서 겪는 일의 모든 책임은 사실 우리에게 있다. 성인이 된 뒤에 겪는 모든 어려움과 문제는 대부분 우리가 자초한 것이다. 우리는 스스로 겪을 일을 모두 자유롭게 선택할 수 있었기 때문이다. 당시에도 그 일을 해서는 안 된다는 것을 알고 있었음에도 계속한 탓에 생긴 일이니 그 결정에 전적으로 책임을 져야 한다.

사람들은 종종 "책임을 인정하는 일과 비난을 받아들이는 일은 결국 같은 것 아닌가요?"라고 묻기도 한다. 이에 책임은 항상 미래를 내다보지만, 비난은 항상 뒤를 돌아보면서 벌을 받거나 비난받을 사람을 지적하는 것이라 답하고 싶다.

한 운전자가 정지 신호에 멈춰 서 있는 당신의 차를 들이받았다고 상상해 보자. 법적으로는 당신의 잘못이 아니지만, 그 상황에 대응하는 방식은 당신이 책임져야 한다. 당신의 태도와 행동에 대한 책임은 자신에게 있다. 화를 내고 속상해하면서 감정적으로 대응할 수도 있고, 성숙한 태도로 감정을 다스리면서 침착하게 대응할 수도 있다. 선택은 당신에게 달려 있으며, 모든 것은 상황 자체가 아닌 당신의 반응에 따라 달라진다.

무책임의 올가미를 끊어라

보통 위와 같은 방식으로 책임을 이야기하다 보면 사람들은 대부분 지금부터 삶에 대한 책임을 온전히 받아들일 것을 다짐한다. 하지만 동시에 우리 세미나에 참석한 사람들 대다수는 자신의 과거에서 책임질 생각이 없는 부분이 적어도 하나 정도는 있음을 인정했다. "그 사람이 내게 무슨 짓을 했는지 알면 나에게 책임을 묻지 않을 거예요."라고 말이다.

이제부터 중요한 진실을 하나 말하도록 하겠다. 우리의 의식이나 잠재의식에 부정적인 감정이 단 한 점이라도 존재한다면 위대한 성공을 거둘 모든 기회를 흩뜨릴 수 있다. 이를 단적으로 나타내는 예를 들어 보겠다.

전체적으로 아름다운 설계에 제작까지 완벽한 신형 메르세데스 자동차를 선물로 받았다고 상상해 보자. 하지만 그 차에는 문제가 하나 있는데, 당신은 그 사실을 모른다. 그 문제는 브레이크를 조립하는 과정에서 실수가 있었다는 것이다. 따라서 앞바퀴 브레이크 가운데 하나가 잠겨 해제할 수가 없다.

이제 멋진 그 차를 운전한다고 생각해 보자. 차에 올라타 시동을 걸고 기어를 변속한 다음 가속 페달을 밟는다. 잠긴 브레이크 하나만 제외한다면 완벽하겠지만, 가속 페달을 밟는 순간 차는 어떻게 될까? 잠긴 바퀴 때문에 제자리에서 빙빙 돌게 될 것이다. 바퀴는 계속 뱅글뱅글 돌기만 할 뿐 아무리 가속 페달을 밟고 핸들을 꺾어도 그 자리를 벗어나지 못한다.

세상은 그 차와 똑같은 사람들로 가득하다. 그들은 외모도 멀끔한 데다 똑똑하며 학력 또한 좋아 모든 일이 잘 풀리는 것처럼 보인다. 하지만 정작 그들의 삶은 제자리를 맴돌고 있다. 삶의 핵심 영역 가운데 한 부분에서 계속 책임을 거부하고 있기 때문이다.

나는 어릴 적에 겪은 일로 여전히 분노에 찬 50세의 남녀를 본 적이 있다. 이처럼 책임을 받아들이기를 거부하면 배우자뿐 아니라 자녀와 동료, 친구와의 관계가 망가진다. 이에 몸과 마음에 여러 병이 들며, 심각한 경우 사망에 이를 수도 있다.

/ 책임감을 나누는 삶

'가르치는 대로 된다.'라는 말이 있다. 크든 작든 삶의 모든 부분에 대한 책임을 받아들이기 시작했다면 친구와 동료도 당신과 같이 행동하도록 권해 보자. 사람들이 자신의 문제와 좌절감을 토로하면 잠시 공감한 다음 스스로 책임져야 한다는 사실을 상기시키도록 하자.

> **가르치는 대로 된다.**

　우리가 진정한 친구를 위해 할 수 있는 가장 큰 호의는 스스로 책임이 있다는 사실을 일깨움으로써 다시 분별력을 찾도록 하는 것이다. 누군가 불평을 늘어놓는다면 "그건 당신 책임이잖아요. 그래서 어떻게 하실 거예요?"라고 말하자. 조언을 꺼릴 필요는 없다. 어떠한 일에 조언하려는 경향은 보편적이지만, 그 조언을 무시하는 경향 또한 마찬가지이기 때문에 신경 쓸 필요는 없다고 누군가 말한 적이 있다.

　내 아내 바바라는 과거 생활 지도 상담사를 희망했으나, 결국 심리치료사가 되었다. 아내는 친구들의 말을 듣고 최선을 다해 상담하는 데 많은 시간을 쏟았다. 아내와 달리 나는 친구나 동료가 상담을 요청할 때마다 앞뒤 상황은 전부 듣지 않고 문제의 핵심만 들은 뒤 다음과 같이 말했다. "글쎄, 그건 네 책임이잖아. 그래서 어떻게 할 건데?"

　아내는 나의 방식이 너무 단순하며, 상황의 다양성과 복잡성을 제대로 고려하지 않는다고 여겼다. 하지만 끝없이 상담만 받던 사람들이 내 말을 들은 뒤 실제로 밖에서 제대로 된 조치를 하는 것을 보고 놀란 적이 있었다.

　이제 바바라와 나는 이런 문제가 생길 때마다 항상 똑같은 농담을 주고받는다. 바바라가 고민이 있는 친구와 점심을 먹거나 개인적인 어려움이 있는 이와 이야기를 나누고 오면, 그들에게 어떻게 하라고 조언했는지 물어본다. 그러면 바바라는 다음과 같이 대답한다. "다 당신 책임이라고 했지, 뭐. 그래서 어떻게 할 거냐고 말이야."

　당신은 자신을 상담하는 심리치료사가 되어 "내 책임이다."라고 반복해서 되새기도록 하자. 그런 다음 문제를 겪고 있는 다른 이들에게도 똑같은 조언을 하자. "그건 당신 책임이잖아요. 그래서 어떻게 하실 거예요?"라고 말이다. 이후 그 사람들이 인생을 잘 살아갈 수 있도록 내버려 두면 우리도 그러할 것이다.

실천하기

종이에 세로로 선을 그려 보자.

선을 기준으로 왼쪽 공간에 부정적인 감정을 품고 있는 사람이나 상황을 순서대로 모두 적어 보자.

오른쪽 공간에는 "이게 내 책임인 이유는…"이라는 말로 시작하는 문장을 적고, 완성한다.

부정적인 감정을 품고 있는 사람, 상황	이게 내 책임인 이유는 …

항목마다 위의 문장을 쓰면서 자신을 최대한 엄격하게 대하자. 여기에서는 잔인할 정도로 솔직하고 정직해야 한다. 일어난 일이 자신의 책임인 이유를 전부 적어 보자. 부정적인 감정을 불러일으킨 과거와 현재의 모든 상황에 대해서도 같은 작업을 해 보자.

이 연습을 마치면 훨씬 긍정적인 기분과 통제감을 느낄 수 있는 놀라운 경험을 하게 될 것이다. "내 책임이다."라고 말함으로써 자존감이 올라가면서 최고의 성과를 향해 나아갈 수 있다.

핵심 포인트

- ✓ 태도가 성과를 결정한다.
- ✓ 태도는 자신의 기대와 신념에 따라 정해진다.
- ✓ 자아 개념은 자신과 세상에 대한 전반적인 믿음이다.
- ✓ 자아 개념은 자아 이상, 자아 이미지, 자존감으로 구성된다.
- ✓ 부정적인 감정은 전부 학습된 것이므로 제거할 수 있다.
- ✓ 스스로 삶을 온전히 책임질 수 있어야 한다.

제 2 장

미래를 여는 법칙

Take Charge of Your Life

먼 옛날부터 현재를 통틀어 역사적으로 최고의 지식인 중 일부만이 성공과 행복에 관해 연구하고 글을 남긴 바 있다. 그러나 오늘날에는 성공에 관한 실질적인 정보가 그 어느 때보다 많아졌다.

하지만 요즘은 성공에 관한 정보가 풍부해졌음에도 은퇴 무렵에 재정적으로 안정적인 생활을 하는 사람은 전체 인구의 5%밖에 되지 않는다. 한편 현재 노동 인구의 80%는 다른 일을 하고 싶어 하고, 취업 인구의 84%는 자신의 잠재력보다 훨씬 낮은 수준의 일을 하는 듯하다고 답했다. 그리고 업무에서 능력을 최대한 발휘하고 있다고 생각하는 이는 고작 5%뿐이었다.

게다가 몸이 아프거나 과체중인 등 신체 상태가 좋지 않거나 건강하지 못한 이들이 과거보다 많아졌다. 미국의 경우 국민 총생산 가운데 의료비 지출이 다른 어느 나라보다 많은 편이다. 더군다나 그 비용은 계속 증가하는 추세이다.

선택은 모두에게 열려 있다. 사람들은 무엇이든 할 수 있고, 될 수 있으며, 어디든 갈 수 있는 자유가 있다. 그리고 어느 때라도 원한다면 삶을 더 나은 방향으로 바꿀 수도 있다.

현대인의 다양한 질병은 부정적인 태도와 불만으로 발생한다. 요즘은 원하는 것이라면 무엇이든 자유롭게 생각할 수 있는 세상이다. 비록 그렇더라도 부정적이고 비관적인 태도를 고수하는 이들이 여전히 많은 이유는 무엇일까? 그리고 잠재력을 최대한 발휘하며 살아가는 이들이 그토록 적은 이유는 무엇일까?

나는 낮은 성취도와 좌절감은 사람들이 대부분 자신의 능력을 최대한으로 활용하는 방법을 모르기 때문에 발생한다고 생각한다. 이는 곧 최대한의 성과와 행복을 위해 자신을 제대로 운용하는 방법을 아직 모르는 사람들이 많다는 것이다.

예컨대 누군가 당신에게 비싼 컴퓨터를 줬다고 상상해 보자. 컴퓨터가 집으로 배송되어 상자를 열어 보았는데, 사용 설명서가 없다. 그런데 당신은 컴퓨터 사용법을 교육받은 적이 전혀 없다. 이때 당신은 컴퓨터의 작동법과 함께 가치 있는 결과물을 만들어 낼 수 있는 설정과 조작 방법을 알아내야 한다.

아무 도움이나 지침 없이 시작할 경우, 컴퓨터 사용법을 알아내기까지 얼마나 걸릴 것인가? 확고한 의지를 품고 노력하더라도 몇 년은 걸릴 것이다. 그리고 사용법을 습득하기 전부터 이미 마음이 딴 데로 새는 바람에 진행 속도는 다시 예전처럼 느릿느릿해질 것이다.

이번에는 위와 같은 컴퓨터이지만 친절한 사용 설명서가 동봉된 제품을 받았다고 가정해 보자. 그리고 설치기사가 방문하여 컴퓨터 설정법 및 작동법과 더불어 프로그래밍 방법과 최대한 효율적인 실행법도 차근차근 알려 준다. 덕분에 한나절 만에 컴퓨터를 켜고 사용할 수 있게 되었다. 이에 따라 앞으로 컴퓨터 사용 능력이 점차 나아지면서 결과물의 질과 양도 급격히 증가할 것이다.

그러나 우리는 사용 설명서 없이 태어났다. 따라서 자신의 잠재력보다 훨씬 낮은 수준으로 작동한다. 인간은 놀라운 두뇌를 갖고 태어났음에도 형언할 수 없을 정도의 복잡성과 가능성으로 아직도 뇌에 대해 제대로 이해하거나 설명하지 못하는 상태이다. 무게가 약 1.4kg 정도인 이 놀라운 기관에는 약 1,710억 개의 세포로 구성되어 있으며, 시간당 1억 비트의 정보를 처리한다.

또한 뇌는 자율신경계를 통해 인체의 수십억 개의 세포가 완벽한 화학적 균형을 유지하도록 한다. 이처럼 강력한 성능의 두뇌를 올바르게 사용하면 가난한 사람이 부자가 되고, 아웃사이더가 유명인이 되며, 병든 사람이 건강해지고, 우울해하던 사람이 행복과 기쁨을 느낄 수 있다.

이 책은 원하는 것이라면 무엇이든 이루게 해주는 마음의 놀라운 힘을 이용하여 잠재력을 최대한 끌어내도록 도와주는 지침서라고 할 수 있다. 내가 당신을 위한 가이드가 되어 그 방법을 알려 주고, 높은 성과를 올리기 위해 자신의 역량을 발휘하는 방법을 가르쳐 줄 것이다.

/ 세상을 둘러싼 법칙

우주에는 인공 법칙과 자연 법칙이라는 두 가지 법칙이 있다. 교통 법규 등 인공 법칙은 위반 시 적발되기는 하지만, 이를 피할 수도 있다. 하지만 자연 법칙은 어기려고 해도 그 법칙의 지배를 받을 수밖에 없다.

자연 법칙은 다시 물리 법칙과 정신 법칙의 두 범주로 나뉜다. 물리 법칙의 작용 방식은 실험실에서 통제된 실험으로 입증할 수 있다. 그러나 정신 법칙은 경험과 직관을 통해서만 증명 가능하므로 삶 속에서 그 효과를 입증해야 한다.

이 책에서 배우게 될 정신 법칙의 일부는 4,000년 전부터 시작되었다. 고대에는 신비주의 철학의 가르침에 기반한 학교에서만 정신 법칙을 가르쳤다. 그 학교에 입학한 학생은 수년간의 교육 기간 동안 해당 원칙을 하나씩 접하게 된다.

> **정신 법칙은 경험과 직관을 통해서만 증명 가능하므로
> 삶 속에서 그 효과를 입증해야 한다.**

당시만 해도 정신 법칙은 대중과 공유할 수 없었다. 고대 시기 학교의 책임자들은 평범한 사람들이 정신 법칙을 잘못 해석하고 악용할 것이라고 여겼다. 물론 당시에는 그 사람들의 생각이 옳았을지도 모르겠다. 오늘날에야 대부분의 법칙을 공개적으로 논의하면서 책도 많이 출간되었지만, 이를 아는 사람은 극소수에 불과하다.

성공한 사람들의 인생 역정을 살펴본 결과 대부분 의식적으로나 무의식적으로 정신 법칙을 활용했다는 사실을 알게 되었다. 그 결과 그들은 일반인이 평생 성취하는 것보다 더 많은 것들을 2~3년 안에 이루었다. 사실 이러한 일반적인 원칙과 조화를 이루며 삶을 계획하는 것만이 진정하고 지속적인 성공을 불러올 수 있다.

정신 법칙은 항상 적용된다는 점에서 물리 법칙과 같다. 예컨대 중력의 법칙은 하루 24시간 내내 지구 어디에서나 작용한다. 뉴욕이든 도쿄든 10층짜리 건물에서 뛰어내리면 같은 힘으로 지면에 세게 부딪힐 것이다. 여기에서 우리가 중력에 대해 알고 있으며, 중력의 법칙에 동의하는가, 어릴 적 누군가 우리에게 중력에 대해 얘기한 적이 있는지의 여부는 중요하지 않다. 해당 법칙은 사람을 가리지 않는다는 점에서 중립적이다. 이처럼 정신 법칙은 우리가 해당 법칙을 알고 있거나, 우리에게 유리한지의 여부에 관계없이 어디에서나 공평하게 작용한다.

정신 법칙의 물리적인 효과는 쉽게 확인할 수 없지만, 항상 작동한다는 사실만큼은 분명하다. 삶이 나아지는 것은 대부분 자신의 생각과 행동이 육안으로 보이지 않는 정신 법칙과 일치하여 조화를 이룬다는 뜻이기 때문이다.

살면서 생기는 문제는 대부분 자신도 모르는 사이 정신 법칙을 한 가지 이상 위반했기 때문이다. 결과가 긍정적이냐 부정적이냐에 상관없이 자신에게 돌아오는 결과로 해당 법칙의 위반 여부를 알 수 있다.

우주의 정신 법칙

통제의 법칙 The Law of Control

삶에 대한 통제감을 느끼는 만큼 자신에게 긍정적인 감정을 느끼게 된다. 반면 인생을 스스로 통제하지 못하거나 외부의 힘에 통제받고 있다고 느낄 때는 자신에게 부정적인 감정을 느끼게 된다.

인과의 법칙 The Law of Cause and Effect
모든 결과에는 원인이 있다. 즉 일이 벌어지는 데는 나름의 이유가 있는 바, 이를 인과율이라고도 한다. 당연한 말이지만, 씨를 뿌려야 작물을 수확할 수 있다. 즉 오늘 거두는 것은 전부 과거에 뿌린 씨앗의 결과이다.

믿음의 법칙 The Law of Belief
진심을 다한 믿음은 무엇이든 현실이 된다.

기대의 법칙 The Law of Expectation
확신을 품은 기대는 모두 자기 실현적 예언이 된다.

끌어당김의 법칙 The Law of Attraction
우리는 필연적으로 자신의 지배적인 생각과 조화를 이루는 사람 또는 상황을 삶 속으로 끌어들인다. 각자의 삶 속에 있는 것은 모두 자신의 존재와 생각만으로 끌어당긴 것들이다.

상응의 법칙 The Law of Correspondence
우리 내면에 있는 것이 그대로 외부에 표현된다. 외부 세계는 자신의 내면 세계를 그대로 반영한다. 주변에서 일어나는 일을 살펴본다면 자기 내면에서 일어나는 일을 알 수 있다.

정신적 등가의 법칙 The Law of Mental Equivalency

생각은 자신을 객관화한다. 생생한 상상과 반복을 통한 감정으로 가득한 생각은 곧 현실이 된다. 이를 마음의 법칙이라고도 한다.

잠재의식 활동의 법칙 The Law of Subconcious Activity

잠재의식은 우리의 의식이 사실이라고 여기는 생각이나 목표를 명령으로 받아들여, 그것을 바로 실현하려는 노력을 시작한다.

집중의 법칙 The Law of Concentration

우리가 계속 관심을 기울이는 것이라면 무엇이든 성장한다. 무언가를 자주 생각할수록 그것이 현실이 될 가능성이 커진다.

대체의 법칙 The Law of Substitution

의식은 어떤 것이라도 한 번에 한 가지 생각만 담을 수 있다. 그러나 의식은 결코 비어 있는 적이 없으며, 항상 무언가를 생각한다. 따라서 의식 속의 생각을 다른 생각으로 대체할 수 있다.

습관의 법칙 The Law of Habit

우리의 존재와 행동은 모두 습관의 결과물이다. 확고한 결정과 단호한 노력이 없다면 계속 같은 생각과 행동만 반복할 것이다.

반복의 법칙 The Law of Practice

계속 반복되는 생각이나 행동은 모두 새로운 습관이 된다.

감정의 법칙 The Law of Emotion

인간은 100% 감정적인 동물이다. 모든 결정은 전적으로 감정을 기반으로 이루어진다.

축적의 법칙 The Law of Accumulation

위대한 성취는 모두 누구도 알아주거나 평가하지 않은 수백, 수천 시간의 노력이 축적된 결과이다.

상호성의 법칙 The Law of Reciprocity

누군가를 위해 좋은 일을 하면, 그 사람의 내면에는 당신에게 보답하거나 좋은 일을 하겠다는 무의식적인 의무감이나 욕구가 생긴다.

보상의 법칙 The Law of Compensation

인과응보의 법칙의 부수적인 결과로서 모든 행동에는 그와 동등한 크기의 반대되는 반응이 따른다. 따라서 투자한 만큼의 동등한 보상을 받을 것이다.

과잉 보상의 법칙 The Law of Overcompensation

한 가지 이상의 일을 한다는 원칙을 지키면 그만큼의 대가를 받을 것이다.

봉사의 법칙 The Law of Service

보상은 언제나 타인에게 봉사한 가치와 동일하다.

> **보답의 법칙** The Law of Return
> 준 만큼 돌려받는다.
>
> **초의식 활동의 법칙** The Law of Superconscious Activity
> 어떠한 것이라도 의식에 지속하여 내포된 생각과 목표, 계획, 그리고 아이디어는 모두 초의식에 따라 구현되어야 한다.

인생을 주도하는 즐거움

우주의 정신 법칙 가운데 첫째는 통제의 법칙이다. 이에 대해서는 이미 앞에서 설명한 바 있다.

통제의 법칙은 자기 삶에 대한 통제감의 수준에 따라 본인에 대해 긍정적인 감정을 느낀다는 것이다. 자신의 삶을 직접 통제하지 못하거나 외부의 힘, 영향 또는 사람에게서 통제를 받는다고 느낀다면 부정적인 감정을 품게 된다.

> 삶에 대한 통제감을 느끼는 만큼
> 자신에게 긍정적인 감정을 느낀다.

이는 심리학계에서 널리 통용되는 '통제소재 이론 locus of control theory, 사회심리학에서 자신의 행동이나 감정을 지배하는 원인을 자신의 내부 또는 외부에 두는지 결정하는 경향'이다. 외적 통제소재 external locus of control, 모든 성공과 실패가 운명이나 운 또는 타인의 의지가 결정한다고 믿는 성향 상태라면 피해자라도 된 것처럼 무력감과 함께 자신을 불행하게 만드는 삶을 바꿀 수가 없으며, 어딘가에 갇힌 듯한 기분을 느낀다.

대부분의 스트레스나 불안, 긴장 또는 심신 질환은 삶의 중요한 요소를 통제할 수 없다는 생각으로 나타난다는 것은 모두가 동의하는 바이다. 이는 통제의 법칙에 따르면 빚이나 상사, 건강 악화, 바람직하지 못한 인간관계 또는 타인의 행동으로 통제되고 있다고 느끼면 상당한 스트레스를 받는다는 것이다.

한편 통제 위치가 내면에 존재할 수도 있다. 이를 내적 통제 소재 internal locus of control, 모든 성공과 실패가 자기 노력의 결과라고 믿는 성향 라 한다. 이는 자신의 삶에 군림하여 자신을 운명의 설계자이자 주인이라고 여기는 것이다. 아니면 외적 통제 소재를 따를 수도 있다.

어떤 경우든 통제는 본인의 생각에서 시작된다. 생각은 우리가 완벽히 통제할 수 있는 유일한 대상이다. 어떠한 상황을 어떻게 생각하느냐에 따라 그에 대한 느낌이나 감정이 결정된다. 그리고 감정은 다시 행동을 결정한다. 그 상황에서 할 일과 하지 않아야 할 일을 정하는 것이다.

자제력의 실천은 생각을 다스리는 것에서 시작된다. 그러려면 먼저 우리가 느끼는 감정이 현재 처한 상황 때문은 아니라는 사실을 받아들여야 한다. 감정을 느끼는 이유는 각자가 생각하는 방식대로 상황을 판단하기 때문이다.

> **우리가 느끼는 감정은 현재 처한 상황 때문은 아니다.
> 감정은 각자가 생각하는 방식대로
> 상황을 판단하기 때문에 느끼는 것이다.**

우리는 다음 두 가지 기초적인 방법으로 상황에 대한 통제권을 확보할 수 있다.

첫째, 조치를 취한다. 즉 상황을 바꾸기 위해 직접 나서서 행동해야 한다는 것이다. 그러면 그 상황에서 자기주장을 통해 어떤 식으로든 일을 다르게 진행할 수 있다.

둘째, 발을 뺀다. 이 방법은 통제가 불가능하다고 여길 법한 상황에서 가장 좋은 방법이다. 불쾌한 관계나 직장 생활을 끊은 적이 있다면, 그 상황에 저항하기를 그만두었을 때 기분이 꽤 나아졌음을 기억하고 있을 것이다. 그때마다 다시 통제력이 생긴 기분이 들지 않았는가? 그 상황에서 손을 떼고 생각을 다른 데로 돌리면, 오히려 해당 상황에 대한 통제권을 되찾을 수 있다.

뿌린 대로 거둔다

두 번째 법칙은 원인과 결과의 법칙, 즉 인과의 법칙이다. 한마디로 모든 결과에는 원인이 있고, 만물에는 이유가 있다는 것이다. 이것을 우주의 철칙이라고 한다.

우연히 생기는 일은 없다. 우리는 법칙의 엄격한 지배를 받는 우주에 살고 있다. 이 법칙은 우주의 법칙 가운데서도 가장 중요하다.

인과의 법칙은 성공과 실패 모두 구체적인 원인이 있다고 말한다. 건강과 질병에도, 행복과 불행에도 모두 그만한 원인이 있다. 따라서 삶에서 더 얻고자 하는 결과가 있다면 그 원인을 추적하고 행동을 반복하면 된다. 또한 마음에 들지 않는 결과가 있다면 원인을 추적해서 제거해야 한다.

'어둠을 저주하기보다 단 하나의 촛불이라도 켜는 게 낫다. It is better to

light one weak candle than to curse the darkness.'라는 속담이 있다. 이 속담에 따르면 어려움이 생겼을 때 짜증이나 화를 내는 것보다 차분하게 그 원인을 주의 깊게 분석하는 편이 훨씬 낫다는 것이다.

> **우연히 생기는 일은 없다.**
> **우리는 법칙의 엄격한 지배를 받는 우주에 살고 있다.**

'뿌린 대로 거둔다.'라는 말이 있다. 이에 인과의 법칙을 '파종과 수확의 법칙 Law of sowing and reaping'이라고 부를 수 있겠다. 오늘 우리가 거두는 것은 모두 과거에 뿌린 씨앗의 결과이다. 훗날 다른 것을 수확하고 싶다면 오늘 다른 씨앗을 심으면 된다. 물론 여기에서의 씨앗은 대개 정신적인 것을 뜻한다.

인과의 법칙, 즉 파종과 수확의 법칙에서 가장 중요한 것은 생각이 원인이고 조건이 결과라는 것이다. 즉 우리의 생각이 곧 삶의 조건을 이루는 원인이다. 우리의 경험은 전부 자신 또는 타인의 생각에서 시작되었다. 따라서 모든 인과관계는 정신적이다.

우리의 현재와 미래의 모습은 모두 사고방식의 결과이다. 따라서 생각의 질을 바꾸면 삶의 질도 바뀐다. 그렇게 내적 경험에 따라 외적 경험도 달라질 것이다.

/ 믿는 대로 이루어진다

세 번째 법칙은 믿음의 법칙이다. 이 법칙에 따르면 느낌이나 진심을 담은 믿음은 무엇이든 현실이 된다.

무언가를 진실이라고 강하게 믿을수록 자신에게 진실이 될 가능성이 커진다. 신념은 일종의 터널 시야 Tunnel vision, 시야 협착의 일종으로, 터널 입구를 바라보는 모양으로 시야가 제한되는 현상 와 같이 진실이라고 믿는 것에만 집중하는 경향이 있다. 이는 자신의 믿음과 다른 정보는 모조리 편집하거나 무시한다. 위대한 철학자이자 심리학자인 윌리엄 제임스 William James 도 믿음이 사실을 만든다고 말하면서 해당 법칙의 개념을 지지하였다.

다시 말해 우리가 눈에 보이는 것을 믿는 것이 아니라, 이미 믿고 있는 것을 보게 된다는 것이다. 자신의 노력이 성공과 행복을 위한 것이라 절대적으로 믿는다면, 무슨 일이 일어나더라도 목표를 향해 계속 나아갈 것이다. 반대로 성공이 운이나 우연의 문제라고 믿는다면 일이 뜻대로 풀리지 않을 때마다 쉽게 낙담하고 실망할 것이다.

사람이 세상을 바라보는 관점은 일반적으로 두 가지 중 하나이다. 첫째는 자비로운 세계관이다. 이 유형에 속한 사람은 일반적으로 세상이 살아가기 참 좋은 곳이라 여긴다. 사람과 상황의 장점을 보고, 주변의 다양한 기회를 이용할 수 있다고 믿는다. 그리고 자신이 비록 완벽하지는 않아도 꽤 괜찮은 사람이라 생각한다.

한편 둘째는 악의적인 세계관이다. 이에 해당하는 사람은 자신과 삶에 전반적으로 부정적이고 비관적인 태도로 일관한다. 그들은 강력한 권력에 저항할 수 없고, 부익부 빈익빈의 관점을 견지하며 부의 불평등을 해소할 수 없을 것이라 생각한다. 또한 사회 체계가 애초부터 자신에게 불리하게 짜인 판으로 간주하는 탓에 아무리 노력해도 성공할 수 없다고 여긴다.

악의적인 세계관 속에 사는 사람은 사방에서 불의와 억압, 불행을 찾아낸다. 그들은 일이 잘못되면 늘 운이나 사람 탓으로 돌리며 쉽게 낙담한다. 그리고 자신을 별로 좋아하지 않으며, 존중하지도 않는다.

반면 세상을 호의적인 시선으로 바라보는 사람은 미래를 설계하고 창조하는 능력자인 경우가 많다. 그들은 낙관적이고 명랑하며, 세상을 행복하고 밝은 곳으로 여기는 경향이 있다. 그들은 낙관적인 태도 덕에 일상생활에서 피할 수 없는 기복을 마주하더라도 긍정적이고 건설적으로 대응할 수 있다. 이와 같은 호의적이고 긍정적인 세계관을 개발하고 유지하는 것이 성공을 향한 여정에서 매우 중요하다.

이제부터는 우리의 잠재력을 모두 발휘하기 위해 극복해야 하는 몇 가지 주요 장애물, 말하자면 자신을 제한하는 믿음에 대해 살펴보자. 이는 의식적 또는 무의식적으로 자신이 제약을 받는다고 생각하는 것이다. 학교 성적이 평범했던 사람은 자신의 지능이나 창의력 또는 학습 능력, 기억력이 부족하다고 느낄 수도 있다. 한편 스스로 그리 외향적이지 않거나 금전 문제에 현명하지 않다고 생각할 수도 있다. 그런가 하면 누군가는 다이어트나 금연, 그리고 이성에게 매력적으로 보이는 것이 불가능한 일이라 여기기도 한다.

어떤 생각이라도 강하게 믿는다면 현실이 될 것이다. 우리는 항상 자신의 믿음과 일치하는 방식으로 걷고 말하고 행동하면서 타인과 상호 작용하는 경향이 있다.

다행스럽게도 자신을 제한하는 믿음은 대부분 현실에 바탕을 두지는 않는다. 이는 자신이 접하거나, 스스로 내면화하면서 진실이라고 받아들인 부정적인 정보에 기초한다. 그러한 정보를 진실로 받아들이면 그 믿음이 사실을 만들어 낸다. 헨리 포드 Henry Ford 가 말했듯, 어떤 일을 해낼 수 있느냐는 자신의 믿음이 결정할 일이다.

> 자기 제한적인 믿음은
> 대부분 현실에 바탕을 두지는 않는다.

따라서 자신을 방해하는 자기 제한적인 믿음을 당장 찾아내도록 하자. 배우자나 믿을 만한 친구라면 우리가 인식하지 못하는 자기 제한적인 생각과 믿음을 색출하는 데 도움을 줄 수도 있다. 이러한 믿음은 우리의 인식 여부와 상관없이 반드시 독이 된다는 사실을 명심하자.

더 나은 오늘을 기대하라

네 번째 법칙은 기대의 법칙이다. 확신을 품은 기대는 모두 자기 실현적 예언이 된다. 달리 말하면 살면서 자신이 기대한 것만큼 얻게 된다는 것이다.

사람과 상황에 대한 기대는 우리의 바람대로 사람들이 행동하고 상황이 전개되도록 한다. 이처럼 기대는 눈에 보이지 않지만, 강력한 영향력을 발휘한다. 어떻게 보면 우리는 앞으로의 일이 어떻게 진행될지 이야기하면서 자신의 삶을 점치는 셈이다.

성공한 사람은 항상 자신감이 넘치며, 긍정적인 자기 기대를 품고 있다. 그들은 자신이 성공하리라는 믿음 속에 많은 이들에게 사랑받으며 행복해지기를 기대한다. 그리고 이러한 기대는 어지간해서 좌절되지 않는다. 반면 실패한 사람은 냉소적이고 비관적이며, 모든 것을 부정적으로 예상하려는 경향이 있다. 그리고 상황은 정확히 그들의 예상에 따라 흘러간다.

하버드대 로버트 로젠탈 Robert Rosenthal 교수의 저서 《피그말리온 효과 Pygmalion in the Classroom》에서는 교사의 기대가 학생의 성과에 미치는 영향력에 관해 설명한다. 로젠탈 교수는 학생이 잘할 것이라는 기대감을 느끼면 그 반대의 경우보다 훨씬 좋은 성적을 거둔다는 사실을 발견했다.

여기에서 우리의 삶에 영향을 미치는 기대의 영역은 다음과 같이 네 가지가 있다.

첫 번째는 부모의 기대이다. 우리는 모두 자랄 때부터 부모가 우리에게 표현한 기대에 부응하기 위한 노력이 무의식적으로 설계되어 있다. 부모를 떠난 상태이더라도 부모에게 인정받으려는 욕구는 계속된다. 부모가 당신이 잘되기를 기대하며, 자신 있는 태도로 최선을 다하라고 긍정적으로 격려해 줬다면 당신의 현재 모습에 많은 영향을 미쳤을 것이다.

흔히 있는 일이지만, 부모가 당신을 부정적으로 예상하거나 어떤 기대도 하지 않은 경우라도 여전히 부모가 실망감을 느끼지 않게 노력해야 한다는 부담감이 무의식중에 있을 수 있다. 그러나 한 연구에 따르면 심리학자들이 면담한 미국 내 수감자 중 90%는 자라는 동안 부모에게서 "넌 언젠가 감옥에 가게 될 거다."라는 말을 반복적으로 들었다고 한다. 이에 수감자들은 "우리는 부모의 기대를 저버리지 않았다. 이렇게 감옥에 와 있으니 말이다."라며 말을 이어 갔다.

두 번째 영역은 성과에 대한 직장 상사의 기대이다. 긍정적인 기대를 품은 상사와 함께 일하는 직원은 부정적이거나 비판적인 상사 아래에서보다 행복하고, 더 좋은 성과를 올리며, 더 많은 일을 해낸다. 의식과 무의식을 막론하고 우리는 존경하면서 중요하게 여기는 사람의 기대에 크나큰 영향을 받는다는 사실을 반드시 알아야 한다. 따라서 부정적인 사람을 동료나 상사로 두는 것은 행복이나 성공에 도움이 되지 않는다.

세 번째 영역은 자녀, 배우자, 부하 직원에 대한 기대이다. 우리는 지도와

피드백을 구하는 이들의 성격과 행동, 성과에 막대한 영향을 미친다. 우리가 누군가의 삶에서 차지하는 위치가 중요해질수록 우리의 기대는 그 사람의 성과에 더 큰 영향을 미칠 것이다.

가장 일관성 있게 효과적이면서도 예측 가능한 동기 부여 행동은 언제나 상대방을 믿으며 최선을 다하리라는 기대를 거는 것이다. 사람들은 대부분 타인이 실망하지 않도록 노력한다. 나만 해도 항상 아이들에게 "너희가 최고야!"라고 말한다. 그리고 "너희들은 훌륭한 녀석들이고, 장차 위대한 일을 하게 될 거야."라는 말도 덧붙인다. 물론 '아이들에게 그 말이 정말 통할까?' 하는 의심도 들겠지만, 내 말을 믿어도 좋다. 그 결과는 직접 시도해 보면서 확인하자.

성공한 사람들은 인생에서 큰 진보를 이루어 낸다. 그 원인은 그들이 존경하는 이가 자신의 능력을 믿고, 성취할 수 있을 거라고 확신해 준 덕이 크다. 따라서 "난 당신을 믿어요. 당신은 반드시 해낼 거예요."라고 말해 주는 것 또한 우리가 타인을 위해 할 수 있는 가장 큰 호의라 할 수 있겠다.

네 번째 영역은 자신에 대한 기대이다. 이 영역의 놀라운 점은 바로 자신에 대한 기대를 직접 만들어 낼 수 있다는 것이다. 자기만의 사고방식과 세상에 당당하게 접근하는 방식을 만들고, 모든 상황에서 최선을 다할 수 있다고 기대하자.

자신에 대한 긍정적인 기대는 타인의 부정적인 기대를 모두 무시할 만큼 강력하다. 자신감을 가지고 어떤 상황에서든 뭔가를 얻을 수 있다고 기대한다면 자신의 주변에 긍정적인 정신 에너지의 역장을 만들 수 있다.

사업가이자 사람들에게 영감을 주는 사상가인 클레멘트 스톤 Clement Stone 은 '역피해의식 inverse paranoid'으로 유명하다. 즉 우주가 자신에게 좋

/ 미래를 여는 법칙 /

65

은 일을 할 계획을 꾸미고 있다고 생각하는 것이다. 이처럼 역피해의식은 우주가 만들어 낸 모든 상황이 곧 자신의 성공을 위한 도움이나 귀중한 교훈을 받을 기회라 간주한다. 이는 긍정적인 태도의 기초로서 고성과자의 가장 두드러지는 특징이다.

우리 세미나 참석자 중 한 명은 실직자였다. 그런데 아침마다 그는 "오늘 내게 놀라운 일이 일어날 것이라고 믿어."라는 혼잣말을 시작했다고 한다. 그는 모든 상황에 기대하는 태도가 생겨날 때까지 그 일을 계속 반복했다.

그러자 놀랍게도 그에게 멋진 일들이 일어나기 시작했다. 6개월간 실직 상태였던 그는 그 혼잣말을 시작한 지 일주일도 안 되어 입사 제의를 두 건이나 받았다. 그리고 그의 재정적, 법적 문제도 기적적으로 해결되는 듯했다. 그렇게 그에게 매 순간 놀라운 일이 일어나기 시작했다.

하루 종일 자신에게 멋진 일이 곧 일어나리라는 믿음 속에 살아가는 모습을 상상해 보자. 세상 모든 것이 자신을 행복과 성공으로 이끌기 위해 공모한다는 절대적인 확신이 있다면 얼마나 긍정적이고 낙관적이며 쾌활해질 수 있을지도 생각해 보자. 장담하건대 3일 동안 이를 계속한다면, 마지막 날이 되었을 때 일일이 나열할 수 없을 정도의 놀라운 일들이 당신을 찾아올 것이다.

하지만 우리는 자신의 기대를 능가할 정도로 높이 올라가지는 못한다. 이는 온전히 자신의 통제력에 달려 있다. 따라서 당신의 기대치가 목표와 일치하는지부터 확인하자. 그리고 그 기대를 조심스럽게 다루며 지켜 내야 한다. 해당 법칙을 활용한다면 사실상 무한한 힘을 손에 쥐게 된다. 긍정적인 기대의 힘만으로도 당신의 성격과 인생 모두가 변화를 맞이할 것이다.

우리는 자석이다

다섯 번째 법칙은 끌어당김의 법칙이다. 알다시피 이 법칙은 여러 책에서도 언급된 바 있으며, 인간의 상태를 이해하는 핵심적인 요소라고 여기는 이들도 많다.

끌어당김의 법칙에 따르면 우리를 살아 있는 자석에 빗대어 각자의 지배적인 생각과 조화를 이루는 사람과 상황을 필연적으로 삶 속에 끌어들이게 된다는 것이다. 현재 삶 속에 존재하는 것은 모두 우리 자신과 우리의 생각이 끌어당긴 것들이다. 결국 삶 속에서 습관적인 사고방식이 친구와 가족, 인간관계, 직업, 문제, 기회를 모두 끌어들인다는 것이다.

> 자신의 지배적인 생각과 조화를 이루는 사람과 상황을
> 자기 삶 속에 끌어들인다.

음악에서는 이를 '교감 공명 sympathetic resonance'이라고 부른다. 교감 공명의 예로, 일단 넓은 방에 피아노 두 대가 있다고 생각해 보자. 이때 한쪽 피아노에서 '도 C' 음을 친 다음, 건너편에 있는 다른 피아노에서도 '도' 음을 내는 현이 그 피아노와 같은 속도로 진동하는 것을 발견할 수 있다.

우리도 앞의 사례와 마찬가지로 자신의 지배적인 생각이나 감정과 조화를 이루며, 파형이 같은 사람을 만나고 교제하는 경향이 있다. 모든 인과관계는 정신적이다. 이에 태도를 막론한 삶의 모든 측면을 살펴보면서, 당신의 세계는 모두 당신에게서 비롯되었음을 깨닫는 것이 중요하다. 그리고 어떠한 생각에 감정을 투영할수록 그 생각과 조화를 이루는 사람과 상황을 자신의 삶으로 빨리 끌어들이게 된다.

끌어당김의 법칙은 다른 법칙과 마찬가지로 중립적이다. 우리에게 도움이 될 수도, 발목을 잡을 수도 있다. 실제로 이 법칙은 인과의 법칙, 즉 파종과 수확의 법칙에 속한다고 볼 수 있다. 따라서 한 철학자는 "생각을 심으면 행동을 낳는다. 행동은 습관을 낳고, 습관은 성격을 낳으며, 성격은 결국 운명을 바꾼다."라고 말했다.

이상과 같이 끌어당김의 법칙은 자신을 변화시킴으로써 더 많은 것을 가질 수 있고, 더 큰 존재가 될 수 있으며, 더 많은 일을 해낼 수 있다. 이에 엄격한 자기 수양과 자제력을 발휘하고, 원치 않는 생각은 버린 채 원하는 것만 계속 생각한다면 우리의 지배적인 생각을 바꿀 수 있다.

/ 삶의 질을 결정하는 생각의 질

여섯 번째 법칙은 내면이 그대로 밖으로 표출된다는 상응의 법칙이다. 이 법칙에 따르면 외부 세계는 내면세계를 반영한다. 또한 주변에서 일어나는 일을 관찰하면 내면에서 일어나는 일을 알 수 있다.

인생에서 일어나는 일은 모두 내부에서 외부로 진행된다. 이처럼 외적으로 드러나는 세계는 내면의 생각과 감정이 밖으로 표현된 것일 뿐이다.

위에서 언급한 바와 같이 외부에서 맺은 관계는 결국 진실한 내면의 성격과 정확하게 일치한다. 또한 외부로 드러난 건강 상태는 그 사람의 태도와 같을 것이다. 마찬가지로 외적인 소득과 재정적 성과는 내면의 준비 양상과 정확히 일치한다. 그리고 사람들이 상대방을 대하고 반응하는 방식은 내면에 형성된 태도나 행동과 동일하다.

심지어 자동차와 그 유지 상태도 차주의 심리 상태와 같을 것이다. 긍정적이며 자신감과 자제력으로 가득한 사람이라면, 집과 차, 직장이 모두 잘 정돈되어 효율적인 상태를 유지할 것이다. 반면 일에 짓눌리거나 좌절감과 불행을 느낄 때 집과 차, 직장은 고사하고 옷장까지 무질서하고 혼란스러운 상태를 보일 것이다. 이처럼 삶의 곳곳에서 상응의 법칙이 가져오는 효과를 확인할 수 있다.

/ 생각을 만드는 생각

일곱 번째 법칙은 정신적 등가의 법칙으로, '마음의 법칙'이라고도 할 수 있다. 사실상 이 법칙은 이상의 내용을 모두 요약한 것이라고 보아도 무방하다. 기본적으로 생각은 자신을 대상화하려는 성질이 있다. 따라서 생생한 상상과 반복을 통한 감정으로 가득한 생각은 곧 현실이 된다.

> **생각이 곧 현실이 된다.**

좋은 것이든 나쁜 것이든 삶에 존재하는 모든 것은 대부분 자신의 생각에서 만들어졌다. 달리 말하면 생각은 물질이다. 동기 부여 강사였던 얼 나이팅게일은 스스로 생각한 대로 되는 것을 '가장 낯선 비밀'이라고 했다. 한편 《마음의 과학 The Science of Mind》의 저자 어니스트 홈즈 Ernest Holmes 는 생각을 바꾸면 인생이 바뀐다고 하는 삶의 해법을 제시한 바 있다.

삶에서 일어나는 모든 일은 먼저 생각의 형태로 일어난다. 노련하게 사고한다는 것은 곧 항상 자신의 이익을 극대화하는 방향으로 정신력을 사용하는 것이다. 긍정적이고 당당하게 생각하기 시작하면 삶에 대한 통제감을 느끼며, 이를 발휘하게 된다.

그렇게 긍정적인 원인을 심으면 그만한 결과를 거둔다. 이는 자신과 그 가능성을 믿기 시작하는 계기가 된다. 그 뒤 긍정적인 결과를 기대하는 성향이 생기면서 그러한 사람과 상황을 끌어들인다. 이에 따라 머지않아 외적인 결과물이 건설적인 생각으로 가득한 내면세계와 일치하기 시작할 것이다.

위와 같은 변화는 모두 생각에서 시작된다. 그러니 생각을 바꾸자. 그러면 삶도 변화할 것이다. 우리가 할 일은 그저 현실에서 경험하고 싶은 바와 똑같은 것을 마음속으로 만들어 내는 것이다. 이제 정신적 등가의 법칙에 비추어, 당신의 습관적인 사고방식이 어떻게 현재의 삶을 만들어 냈는지 생각해 보도록 하자.

1. 인간관계에서 당신의 태도, 믿음, 기대, 행동에서 어떠한 요소가 타인과 문제를 일으키고 있는가?
2. 건강 상태에서 당신의 체중과 건강, 외모를 비롯하여 식단과 휴식에 대해 어떤 생각과 믿음을 갖고 있는가?
3. 직장 생활에서 당신의 생각이 현재 직위, 능력 발달, 업무의 질, 그리고 일에서 얻는 만족도에 어떤 영향을 미치는가?
4. 재정적 성취도와 관련하여 늘리거나 개선하고 싶은 것은 무엇인가? 그리고 그 열망에 품고 있는 믿음과 기대는 무엇인가? 또한 얼마를 벌고 싶은가? 그 이유는 무엇이며, 이에 대해 어떠한 믿음을 갖고 있는가?
5. 내면생활, 생각과 감정, 마음의 평화와 행복에 대하여 현재 본인의 세계를 만들어 낸 당신의 믿음과 태도는 무엇인가? 그리고 그중 무엇을 바꾸고 싶은가?

위의 질문에 솔직하게 대답했다면 다섯 영역 가운데 한 가지 이상에서 자기 제한적인 사고방식을 발견했을 것이다. 이는 지극히 정상적인 반응이다. 자신에 대한 사실을 솔직한 태도로 직시하는 것이야말로 자신의 문제를 빠르게 개선하는 출발점이다.

잠재의식의 양면성

우리의 잠재의식은 곧 놀라운 힘을 지닌 발전소와 같다. 이러한 잠재의식의 올바른 사용은 우리의 소망과 목표를 신속하게 달성할 수 있다. 잠재의식은 창조와 파괴, 선과 악 모두에 이용될 수 있다. 따라서 잠재력은 우리의 설계 방식에 따라 우리를 왕자 또는 거지로 만들 수도 있다. 그러므로 잠재력을 실현하려면 잠재의식을 자신의 의지에 따라 목적에 맞게 똑똑하고 건설적으로 사용하는 방법을 배워야 한다.

언젠가 내 담당 변호사가 나를 자기 사무실로 안내한 적이 있었다. 그는 비서가 편지와 법률 문서를 컴퓨터로 기록하는 문서 작성실로 나를 데려갔다. 모든 비서는 공용 미니컴퓨터에 접속한 상태였다.

변호사는 그 방을 나서면서 2년 전쯤 파트너와 함께 그 컴퓨터를 설치하는 데만 무려 10만 달러 이상을 들였다고 설명했다. 그러면서 컴퓨터를 처음 설치했을 때, 그곳에서 일하던 비서 모두가 컴퓨터 사용법을 철저히 교육받았다고 말했다. 이를 통해 비서들이 생산하는 법률 문서의 질과 양이 비약적으로 향상되었다.

그러나 시간이 지나면서 컴퓨터 사용 교육을 받은 비서는 대부분 퇴사하거나 이직하게 되었다. 이후 안타깝게도 컴퓨터 교육을 전혀 받지 못한 비서로 하나씩 교체되었다. 이에 대해 변호사는 다음과 같이 말했다.

"저는 너무 바쁜 탓에 새로운 비서들에게 우리 컴퓨터 시스템을 최대한 활용하는 방법을 교육할 시간이 없었습니다. 그래서 현재 우리 비서들은 이 컴퓨터를 고급 정보 검색과 문서 작업용이 아닌, 그냥 근사한 타자기로 쓰고 있습니다. 편지나 문서를 한 번에 하나씩 입력하는 바람에 미니컴퓨터가 몇 분 안에 만들어 낼 수 있는 자료를 몇 시간씩 걸려 만들고 있죠."

대다수 사람 또한 위에서 언급한 비서와 비슷하다. 일은 날마다 열심히 하지만, 강력한 성능의 컴퓨터를 가장 기본적인 작업에만 사용한다. 그러면서 고생에 비해 턱없이 적은 결과물에 의아해한다. 그러나 성공한 사람은 의식과 잠재의식을 모두 조화롭게 운용하는 방법을 배웠다. 이를 통해 그들은 남들보다 적은 노력으로 목표를 빠르게 달성할 수 있다.

의식은 잠재의식과 어떻게 구별되는가

골프공과 농구공이 달라붙어 있는 상황을 상상해 보자. 골프공이 농구공 위에 있다고 할 때, 이는 곧 의식과 잠재의식의 상대적인 힘과 능력을 나타낸다. 여기에서 골프공이 의식이고, 농구공은 잠재의식이다. 이처럼 의식과 잠재의식은 기능이 서로 다르더라도 서로에게 필수적이다.

의식은 객관적이며 생각하는 마음이다. 의식에는 기억 능력이 없으며, 한 번에 하나의 생각만 담을 수 있다. 여기에서는 네 가지 중요한 기능이 있다.

첫 번째 기능은 오감을 통해 수신된 정보를 식별하는 것이다. 예를 들어 보도를 따라 걷다가 자동차 두 대가 양쪽에서 달려오는 도로를 건넌다고 상상해 보자. 그 순간 자동차 엔진의 굉음이 들린다. 소리가 어느 방향에서 나는지 즉시 알아차리고 몸을 돌려 다가오는 자동차를 바라본다.

두 번째 기능은 비교이다. 우리가 보고 들은 정보는 즉시 잠재의식으로 전송되어 이전에 저장해 둔 움직이는 자동차에 관한 모든 정보나 경험과 비교한다. 이 차가 한 블록 떨어진 거리에서 시속 50km로 달려오고 있다면, 잠재의식은 과거의 경험을 바탕으로 위험하지 않으니 길을 건너도 괜찮다고 판단할 것이다. 반면 불과 100m 이내의 거리에서 시속 100km의 속도로 달려오고 있을 때라면 추가적인 조치가 필요하다는 위험 메시지를 전할 것이다.

세 번째 기능은 분석으로, 분석은 언제나 네 번째 기능인 의사 결정보다 먼저 진행된다. 의식은 2진법으로 연산하는 컴퓨터처럼 데이터 수용 및 거부에 대한 선택과 결정을 내린다. 여기에는 한 번에 하나의 생각만 담겨 있다. 긍정인가, 부정인가? 아니면 '예'인가, '아니요'인가?

길을 건너고 있는 와중에 달려오는 자동차의 굉음이 들린다고 가정해 보자. 차가 당신을 향해 돌진하고 있음을 알아차리면 의식은 분석을 통해 결정을 내려야 한다고 알린다.

여기에서 첫 번째 질문은 '차를 피해야 할까?'이다. 우리는 이 질문에 '예' 또는 '아니요'라 답할 수 있다. 만일 '예'라고 답한다면 '앞쪽으로 피해야 하는가?'가 다음 질문으로 나타난다. 그러나 반대편의 교통 상황 때문에 '아니요'라 답할 수밖에 없다면, 그다음 질문은 '뒤쪽으로 피해야 하는가?'일 것이다. 그렇다면 당신은 '예'와 '아니요' 가운데 무엇을 선택할 것인가?

'예'라면 그 즉시 잠재의식의 제어 시스템으로 메시지가 전송된다. 그러면 순간적으로 몸이 뒤로 펄쩍 뛰며 물러난다. 이때 의식을 동원하여 어느 쪽 발을 먼저 디뎌야 할지 고민할 필요도 없다. 의식이 잠재의식에 명령을 내리면, 그 명령에 따르기 위해 필요한 신경과 근육이 모두 조율되면서 한순간에 행동으로 나타난다.

/ 마음의 항상성을 극복하라

　어느 학자는 잠재의식이 의식보다 30,000배 빠르게 기능한다고 추정했다. 그 차이는 손을 앞으로 내밀고 손가락을 꼼지락거림으로써 쉽게 증명할 수 있다. 이는 잠재의식이 그 행동을 제어하기 때문에 그러하다. 그리고 바늘에 실을 꿸 때, 매우 작고 정밀한 움직임을 요하므로 의식적인 집중과 노력이 필요하다.

　잠재의식은 데이터 저장소나 기억 은행과 같다. 따라서 잠재의식의 기능은 데이터를 저장 및 검색하고, 말과 행동 전반을 자아 개념이나 현재 설계된 정신 상태와 일치하도록 유지하는 것이다.

　하지만 잠재의식은 주관적이다. 독립적으로 사고하거나 추론하지 않고, 그저 의식의 명령에 따르기만 할 뿐이다. 한마디로 의식이 씨앗을 심는 정원사라면, 잠재의식은 씨앗이 싹을 틔워 자라도록 하는 비옥한 토지라고 볼 수 있다. 즉 의식은 명령을 내리고 잠재의식은 이에 복종한다. 결국 잠재의식은 순종적인 하인으로, 당신의 감정이 담긴 생각과 목표, 희망 및 욕구와 일치하는 패턴에 맞추어 외적 행동과 결과를 만들어 내기 위해 밤낮으로 일한다.

　우리가 심은 것에 따라 꽃이 피어나느냐, 잡초만 무성해지느냐가 결정되듯 잠재의식 또한 습관적인 사고방식에 따라 좌우된다. 이렇듯 잠재의식에는 '항상성 충동 Homeostatic impulse'이 있다. 호흡과 맥박 및 체온을 일정하게 유지하는 현상 말이다. 그렇게 수십억 세포에 존재하는 수백 가지 화학 물질의 균형을 유지함으로써 인체가 내부적으로 완벽한 조화를 이루며 기능하도록 한다.

위와 같이 잠재의식은 과거와 일치하는 방식으로 생각하고 행동하도록 함으로써 정신적 항상성을 실천한다. 이에 따라 사고와 행동과 관련된 전체 습관 패턴은 잠재의식 속에 저장되고 유지된다.

결국 잠재의식은 우리의 안전지대를 모두 기억하고, 그 안에 계속 머물도록 한다. 의식이 별다른 지시를 내리지 않으면, 정해진 생각과 행동 패턴에서 벗어날 때마다 잠재의식은 자이로스코프 gyroscope, 회전체의 역학적인 운동을 관찰하는 기구 나 자동추적 광선처럼 굴어댄다. 이에 우리는 신체적, 정신적으로 불편함을 느끼게 된다. 심지어 원하는 목표를 향해 움직이더라도 잠재의식은 이전에 입력된 데이터와 지침을 기반으로 궤도를 계속 유지하도록 한다.

/ 잠재의식의 영향력

잠재의식의 활동을 결정하는 법칙에는 여러 가지가 있다. 그중 첫 번째는 잠재의식 활동의 법칙이다. 이 법칙은 잠재의식이 의식에서 진실로 받아들인 생각이나 목표를 명령으로 수용함으로써 이를 즉시 실현하는 과정을 시작한다는 것이다.

잠재의식은 끌어당김의 법칙이 자리한 공간이며, 정신적인 진동과 사고 에너지를 전송하는 곳이기도 하다. 무언가를 가능하다고 믿기 시작하면 잠재의식이 그 믿음을 전파하기 시작한다. 이에 따라 우리에게 새로우며, 지배적인 생각 또는 목표와 조화를 이루는 사람과 상황, 기회 그리고 아이디어를 끌어들이기 시작한다.

> **잠재의식에서는
> 의식이 진실로 받아들인 생각이나 목표를
> 명령으로 수용한다.**

잠재의식은 두뇌의 '망상 활성계 Reticular Activating System, RAS'라고도 부르는 망상 피질 Reticular cortex 도 활성화한다. 이 작은 손가락 모양의 망상 피질에서는 주변 환경을 보고 듣고 인식하면서 형성되는 정보를 조절한다.

가령 빨간색 스포츠카를 사기로 했다면, 어느 순간 여기저기서 빨간색 스포츠카가 눈에 띄기 시작한다. 마찬가지로 해외여행 계획을 세우기 시작했다면 가는 곳마다 해외 여행지에 관한 기사와 정보, 포스터가 눈에 들어온다. 이처럼 잠재의식은 우리의 생각이나 목표를 현실로 만드는 데 필요한 정보에 주의를 기울이도록 하는 것이다.

/ 당신의 성공에 집중하라

잠재의식 활동의 법칙과 더불어 중요한 두 번째 법칙은 집중의 법칙이다. 이 법칙에서는 계속 관심을 기울이는 것이라면 무엇이든 성장한다고 말한다. 즉 우리가 많이 생각하는 것일수록 그것이 현실의 일부가 될 가능성이 커진다는 것이다.

집중의 법칙은 곧 위대한 성공의 핵심이다. 고성과자라면 모두 이 법칙을 이용한다. 어떠한 것이든 무언가를 곰곰이 생각한다면, 우리는 잠재의식에게 그것을 우리 삶으로 가져오기 위해 점점 더 많은 능력을 사용하라는 명령을 내린다.

위에 따라 성공한 사람은 자신이 원하는 것만 생각하고 말하는 경향이 있다. 그러나 실패한 사람은 그 반대에 해당한다. 결국 집중의 법칙은 우리가 생각하는 바라면 어떤 것이든 점진적으로 키우면서 우리 삶의 일부를 차지할 것임을 보여 준다.

/ 내면을 긍정으로 채워라

대체의 법칙은 모든 법칙 가운데 가장 중요한 것에 속한다. 이 법칙의 특징은 문자 그대로 하나의 생각을 다른 생각으로 대체할 수 있다. 의식에는 특징이 어떻든 한 번에 하나의 생각만 담을 수 있다는 사실은 비교적 잘 알려진 편이다. 하지만 의식은 평소에도 비어 있지 않으며, 항상 생각하고 있다. 따라서 대체의 법칙을 이용하면 부정적이며 두렵거나 불안한 생각을 의식에서 제거하고, 그 자리를 긍정적인 생각으로 채울 수 있다.

마음을 고요하고 평화롭게 유지하고 싶다면, 목표와 같이 긍정적인 것을 생각하는 것처럼 강력하게 마음을 다스릴 수 있는 방법을 활용하면 된다. 또한 속상하거나 화가 나는 상황에 직면할 때마다 문제보다 해결책에 집중하는 것이 대체의 법칙을 활용한 간단한 방법에 속한다. 대책을 궁리하는 일은 본질적으로 긍정적인 행동이며, 그 즉시 마음이 차분하고 맑아진다.

그 외에 좋아하는 사람이나 다음 휴가에 관한 생각 등 즐거운 일에 집중하는 방식으로 대체의 법칙을 활용할 수도 있다. 무엇보다 중요한 것은 의식 안에서 부정적인 생각을 긍정적인 생각으로 대체함으로써 마음을 긍정적으로 유지하는 방법을 찾는 것이다.

당신을 만드는 사소함

안전지대는 원하는 성격으로의 발전이나 결과의 질적, 양적 향상을 가로막는 가장 큰 방해 요소이다. 이는 습관의 법칙과 관련이 있다.

습관의 법칙에서는 우리의 존재와 행동이 모두 습관의 결과라고 말한다. 이는 움직이는 물체에 외부의 힘이 가해지지 않으면 계속해서 운동 상태를 유지하는 경향이 있다는 물리학의 관성의 법칙과 같다. 이를 정신의 차원에 대입한다면 단호한 결정과 확고한 노력이 없으면 계속해서 일과 생각을 반복함을 의미한다.

그렇게 된다면 일과 인간관계를 같은 방식으로 반복하면서 타인에게 과거와 동일한 반응을 얻게 될 것이다. 또한 같은 음식과 여가 활동을 즐길 뿐만 아니라 책 등의 출판물과 사람까지 자신과 같은 유형만을 선호하게 될 것이다. 그런가 하면 매번 벌어들이는 수입도, 운동량도, 개인적, 직업적 발전에 투자하는 시간도 똑같을 것이다. 그리고 항상 같은 동네에 거주하며 같은 자동차를 타고 다닐 것이다.

> **우리의 존재와 행동은 모두 습관의 결과이다.**

성공과 실패 또한 습관의 결과인 경우가 많다. 습관을 바꾸기란 인생에서 가장 어려운 일이다. 하지만 우리가 천사가 아닌 이상 버려야 하는 습관이 있는 한편, 꼭 발전시켜야 하는 것도 있다. 나쁜 습관은 만들기는 쉬워도 받아들이기 어렵다. 그러나 좋은 습관은 만들기 어려워도 쉽게 받아들일 수 있다는 점에서 나쁜 습관과 반대된다.

그러한 점에서 자기 절제와 자기 수양은 삶을 최대한 즐거운 경험으로 만들기 위해 반드시 개발해야 하는 필수적인 습관이다.

/ 좋은 것은 반복하라

어떠한 생각이나 행동을 계속 반복하면 그것이 새로운 습관이 된다는 법칙도 있다. 이는 반복의 법칙으로, 자신에게 필요하거나 바람직하다고 생각되는 습관을 개발할 수 있다.

자신의 가장 높은 이상과 일치하는 행동 방식을 오랫동안 반복한다고 생각해 보자. 그러면 그 행동 방식이 새로운 사고와 행동의 습관으로 자리 잡으면서 자신이 바라던 사람이 될 수 있다.

/ 선택이 이끄는 창조적인 삶

감정의 법칙은 잠재의식의 활동과 더불어 자신에게 일어나는 모든 일을 결정하는 법칙을 이해하기 위한 것이다. 해당 법칙에 따르면 모든 결정은 100% 감정에 따라 이루어진다. 인간의 경우 90%는 감정적이고 10%만 논리적이라는 말도 있다. 하지만 이제 우리는 사실상 100% 감정적이라는 걸 안다. 우리가 내리는 결정은 모두 그 당시 경험하고 있는 지배적인 감정에 따라 결정된다.

두려움과 욕망은 우리에게 중요한 감정이다. 앞서 강조한 바와 같이 두려움은 인류의 가장 큰 적이다. 우리가 겪는 모든 문제의 원인이자 자신이 원하는 건강과 행복, 번영을 찾지 못한 채 조용한 절망의 삶을 살아가도록 하는 주된 이유이기도 하다. 그렇지만 우리가 내리는 대부분의 결정은 욕망이 아닌 두려움에 기반한다. 실패와 거절, 상실, 비판, 그리고 빈곤과 건강 악화 등에 대한 두려움을 바탕으로 내리는 결정이 많아질수록 삶에서 두려운 상황이 반복될 가능성은 더 커진다.

그러나 이에 대한 해결책은 있다. 그 해결책은 성공을 이룬 행복한 이들이 발견했다. 그것은 바로 대체의 법칙으로 원하는 것만 생각하고 두려워하는 것은 버리는 것이다. 우리가 계속 생각하는 대상은 마음속에서 점차 커지기 마련이다. 따라서 인생에서 원하는 것을 꾸준히 생각하는 것이 우리의 최대 과제이다.

주지하다시피 의식에는 한 번에 하나의 생각만 담을 수 있다. 그렇기에 모든 시간을 원하는 것에만 집중한다면 원치 않는 일은 거의 또는 전혀 생각하지 않게 될 것이다. 이와 관련하여 앞에서 언급한 내용의 핵심이 담긴 짧막한 이야기가 있다.

아주 먼 옛날, 고대 그리스의 한 여행자가 길에서 한 노인을 만나 올림포스산으로 가는 길을 물었다. 그런데 그 노인은 소크라테스였다. 소크라테스는 여행자에게 "올림포스산에 정말로 가고 싶다면, 내딛는 발걸음 하나하나가 모두 그 방향을 향하도록 하라."라고 대답했다.

위 이야기의 교훈은 간단하다. 자신만의 올림포스산, 즉 성공과 행복의 길에 오르고 싶다면 자신의 생각과 행동이 다른 길로 새지 않고, 온전히 그 방향으로만 향하도록 해야 한다.

한편 아이작 뉴턴은 역사상 가장 위대한 과학자로 손꼽힌다. 뉴턴이 수학과 물리학 분야에서 일으킨 혁신은 현대 문명으로 향하는 초석이 되었다. 그는 말년에 "일개 개인이 어떻게 과학사에 괄목할 만한 공헌을 할 수 있었습니까?"라는 질문을 받았다. 이에 그는 다른 것은 아무것도 생각하지 않은 덕분이라 대답했다.

요컨대 성공은 선택의 힘을 발휘하며 의식 내부의 생각을 체계적이고 계획적으로 통제하는 것에서부터 시작된다. 자신이 원하는 것만 생각하고 표현할 수 있도록 자신을 엄격하게 훈육해야 한다. 그리고 원치 않는 일에 연연하지 않게 될 때, 비로소 이상을 향한 여정이 시작될 것이다.

이제부터는 잠재의식의 원동력을 활용하여 멋진 삶을 창조하는 방법을 살펴보겠다.

일상의 잠에서 깨어나라

안타깝게도 사람들은 대부분 평생을 일종의 수면 상태에서 보낸다. 그들은 일상적인 활동을 하면서 바쁘게 움직이기는 하지만, 그동안에도 계속되는 혼란에 사로잡혀 있다. 이러한 현상을 직접 경험해 본 적은 없는가? 차를 운전하며 출근하는 동안 생각에 잠긴 탓에 직장까지 어떻게 도착했는지 거의 기억이 나지 않던 때 말이다.

이미 우리에게 익숙해진 일상은 마치 안개가 드리운 듯 낮은 인식 상태에서 이루어지는 때가 부지기수이다. 가끔 인생에서 결코 마주하고 싶지 않은 것에 대한 생각을 회피하기 위해 일부러 다른 생각에 몰두하기도 한다. 이는 대개 무의식적으로 일어난다.

아주 오랫동안 해오던 일을 반복할 때는 사고 과정이 흐릿해지면서 정신을 집중하기가 어려워진다. 그러다가 충격을 받거나 놀라거나, 또는 허를 찔렸을 때만 일시적으로 깨어난다. 하지만 평정을 되찾자마자 다시 따뜻하고 부드러운 의식의 흐름 속으로 빠져든다. 그렇게 우리의 생각은 감정과 이미지가 하나 되어 콜라주를 이루며 흘러간다.

원하는 것을 모두 실현하려면 좀 더 기민하게 의식을 고조시키면서 깨어 있는 상태를 유지해야 한다. 그래야 일상의 유혹에 맹목적으로 끌려다니지 않고. 정신적 법칙의 총체적인 힘을 통해 자신이 선택한 방향으로 나아갈 수 있다.

각성을 시작하는 최선의 방법은 과거, 현재, 미래의 삶을 성찰하는 것이다. 이곳에 태어나기 이전에 우주 저편에서 여러 생에 걸쳐 진화를 이루며 특정한 자질과 관심사, 그리고 재능 및 능력을 갖춘 사람이 되었다고 상상해 보자.

위와 같은 생각을 계속하면서 당신의 부모와 당신이 태어나고 자란 상황을 선택했다고 가정해 보자. 이는 개인적인 성장과 진화의 단계에서 자신과 삶, 그리고 타인에 대해 알아야 할 구체적인 교훈이 있었고, 그것을 배우려면 그 가족에게 태어나는 것 외에 별다른 방법이 없었기 때문이었다. 또한 현재 당신의 모습에 대하여 당신의 긍정적인 자질이 성장하면서 겪은 어려움, 특히 부모의 부정적인 특성으로 오히려 당신이 발전을 이루었다고 상상해 보자.

여기에서 질문을 하나 하겠다. 부모를 선택함으로써 지금의 모습이 되었다는 걸 깨달았다면, 이 깨달음이 부모에 대한 태도와 성장기의 경험을 어떻게 변화시킬 것인가? 보다 긍정적으로 부모를 생각하게 될까? 자신과 그 경험을 다른 관점에서 보게 될까? 아니면 인생의 어려운 시기를 더욱 철학적으로 받아들일 수 있을까?

이제 위의 생각을 뒤집으면서 지금까지 무시했던 가능성이 보이기 시작한다고 상상해 보자. 그렇다면 자신을 무의식적으로 수동적 대상이나 불가

항력적 상황에 휘말린 피해자가 아닌, 진화에 능동적으로 참여하는 존재로 여기기 시작할 것이다.

이상의 활동을 조금 더 진전시켜 보도록 하자. 당신의 존재 목적은 살아 있는 동안 놀라운 일을 하면서 뛰어난 사람이 되어 세상에 크게 공헌하기 위한 것이라 상상해 보자. 이 모두가 최선의 이익을 중심으로 신중하게 설계된 위대한 마스터플랜의 일부라고 가정해 보자.

그리고 삶 속에서 벌어지는 사건과 상황은 모두 거대한 직소 퍼즐을 완성하는 중요한 조각이며, 뒤로 물러나 더 높은 곳에서 그 윤곽을 확인할 수 있다고 생각해 보자. 또한 현재의 상황이나 어려움은 위에 오르는 여정을 계속하기 전에 알아야 할 것들을 배우기 위해 반드시 필요한 상황이라고 가정하자.

이상의 모든 경험을 성장과 극기를 위한 기회로 여긴다면 긍정적인 경험으로 여기게 될 것이다.

> **모든 경험을 성장과 극기를 위한 기회로 여긴다면
> 긍정적인 경험으로 느껴질 것이다.**

이제 과거를 돌아보고, 차분하고 명확하며 긍정적인 마음가짐으로 생각해 보자. 지금까지 겪은 경험과 상황이 우리가 목표를 향해 나아가기 위해 배워야 할 것들을 가르치려고 적절한 시기에 전달되었다고 말이다.

그리고 살아오면서 겪은 일들이 그때와 다르게 일어나지 않을 것이라 상상해 보자. 우리를 지금의 자리로 이끈 사건들의 복잡한 상호 연관성을 건전하게 받아들인다면 철학자나 우월한 지식인의 관점이 생겨날 것이다.

그러면 경험에 일관성을 부여하면서 우리의 삶은 더 큰 무언가에 소속된 듯함을 느끼게 된다. 또한 만사가 잘 맞아떨어지는 데에는 모두 그만한 이유가 있다는 생각이 들 것이다. 그리고 자신의 삶을 원대한 목표의 달성 또는 인류를 위한 크나큰 공헌에 도움을 주는 일련의 사건과 경험이라고 생각한다면, 위대한 잠재력을 지닌 사람의 특징인 소명 의식을 느끼게 될 것이다.

/ 이제는 싹을 틔울 시간

이상과 같은 자기 인식에 대하여 간단한 연습으로 잠재의식의 힘을 활성화할 수 있다. 이와 관련하여 우주의 법칙을 긍정적인 방향으로 작동시킬 수 있는 몇 가지 간단한 방법이 있다. 그 내용은 다음과 같다.

먼저 자신의 삶에 적극적이고 창의적인 영향력을 행사한다고 생각할 때 통제의 법칙이 활성화된다. 마음의 통제력을 확보하면 자신의 운명을 개척하는 운전대를 손에 쥘 수 있는데, 이 순간부터 미래를 결정할 수 있다. 생각만으로 일의 진행 과정을 좌우할 수 있다는 사실을 인식한다면 우연의 법칙에서 벗어날 수 있다. 그러면 사건이 더 이상 무작위적이고 무계획적인 방식으로 발생하지 않는 듯하다.

다음으로 일상에서 한발 물러나 지금의 자신을 있게 한 수많은 우연의 일치를 되돌아보면 인과의 법칙이 활성화된다. 인과의 법칙으로 생각해 보면 우연히 일어난 일은 하나도 없음을 알 수 있다. 결국 모든 일은 불변의 법칙으로 일어난 것이며, 이는 지금도 마찬가지이다.

지금의 삶이 어디로 향하고 있는지 분명하게 알 수는 없다. 하지만 자신의 경험이 중요한 일을 성취하는 방향으로 나아가고 있다는 사실을 받아들인다면 믿음의 법칙이 촉발된다. 즉 어떠한 일을 반드시 일어날 사실로 받아들일수록 그 일이 실현될 확률이 높아진다. 믿음이 현실이 되는 것이다.

한편 기대의 법칙은 자신에게 일어나는 모든 일에서 가치가 있거나, 반드시 필요한 것을 손에 넣을 수 있다는 확신을 통해 기대로 작용하기 시작한다. 이와 같은 당당한 자기 기대는 삶을 더욱 모험적으로 만들며, 흥미롭고 예측할 수 없는 행복한 일이 일어나면서 긍정적인 결과를 향해 나아가도록 한다. 이에 따라 보다 낙관적이고 쾌활해지며, 침착하고 흔들림 없는 사람이 된다. 그렇게 기대는 자기 실현적 예언이 되어 간다.

그다음 긍정적이고 미래 지향적인 사고가 끌어당김의 법칙을 작동시키면 희망과 낙천주의, 그리고 자신감 등 자신의 지배적인 성향과 조화를 이루는 사람과 환경을 자신의 삶으로 끌어들이기 시작한다. 스스로 흔치 않은 축복을 받았으며, 자신의 삶이 중요하다고 생각할수록 앞으로 마주할 경험은 그러한 태도를 반영하게 될 것이다.

상응의 법칙에 따르면 스스로 특별한 목적을 가지고 태어난 사람이라고 생각하게 된다. 이에 따라 인간관계와 건강, 일, 물질적 성취 등을 포함한 외부 세계도 내면의 태도를 반영하기 시작한다. 그러한 생각을 의식 속에 계속 담아 두고 잠재의식에 심으면, 잠재의식이 모든 말과 감정, 행동, 심지어 몸짓까지 새로운 자아 개념 및 목표와 일치하는 패턴에 맞추기 시작한다.

두려움, 분노, 자기 의심 같은 부정적인 생각을 마음에서 몰아내고 믿음, 희망, 사랑이 삶 속에 확고하게 뿌리를 내려 자랄 때까지 유지해야 한다. 이것이 자신의 주요 책임임을 깨닫고 꾸준히 대체의 법칙을 활용해야 한다.

또한 원하는 것에 대한 생각을 유지하고 두려움을 불러오는 생각을 모두 없애려면 감정의 법칙을 이용해야 한다. 이 법칙이 새로운 습관으로 자리 잡을 때까지 끊임없이 반복한다. 그렇게 새로운 태도를 만들어 낸다.

그런가 하면 집중의 법칙으로 용기와 희망, 사랑과 자기 신뢰는 물론 삶 속에서 마련한 멋진 미래에 관한 생각을 계속 떠올려야 한다. 오랜 시간 이어진 꾸준한 생각은 모두 현실이 된다는 사실을 이해하고 받아들인다. 그리고 매일 시간을 내어 긍정과 희망을 주는 생각으로 마음을 채운다. 이때 우리의 역할은 인내심을 가지고 침착한 태도를 유지하면서 믿음을 지니는 것이다. 마음의 준비가 완전히 끝날 때가 되면 원하던 바를 반드시 성취할 것이다.

위와 같이 우리가 원하는 것 또한 우리를 원한다는 것을 기억하자. 즉 우리가 원하는 것을 향해 다가가는 것처럼 그것 또한 지금 우리를 향해 다가온다. 그러니 기존의 방식에서 벗어나는 것을 우리의 주된 목표로 삼아야 한다.

마지막으로 새롭고 긍정적이며, 건설적으로 자신의 삶을 바라보는 방식을 과거, 현재, 미래라는 거시적인 관점에서 통합하려면 신중함이 필요하다. 또한 모든 정신 법칙을 고루 이해하고, 삶에 흥미로운 속도감을 부여하는 뛰어난 사고방식을 개발하려면 주의 깊게 정신을 차리고 깨어 있어야 한다.

물론 처음에는 어려울 수도 있다. 그러나 그 방식은 결과적으로 자제력을 강화한다. 그리고 긍정적인 태도와 더불어 삶의 여러 영역에서 강력한 힘을 느끼게 될 것이다. 또한 최대의 성과와 개인적 성취를 위한 탄탄대로로 당신을 인도할 것이다.

실천하기

살면서 이루고 싶은 일을 모두 목록으로 작성하자. 상상력을 자유롭게 펼치며 행복, 건강, 좋은 친구, 여행, 번영, 재정적 성공, 인기, 인정, 타인의 존경 등 생각나는 걸 전부 적어 보자.

행복
건강
좋은 친구
여행
번영
재정적 성공
인기
인정
타인의 존경

앞으로 24시간 동안 당신이 작성한 목록의 내용만을 생각하고 이야기하자. 그리고 하루 종일 비난 또는 불평, 아니면 분노나 걱정 없이 지낼 수 있을지 생각해 보자. 이는 성격적으로 하루 내내 원하는 것만 생각하는 능력이 있는지 확인하는 것이다.

이 연습을 통해 현재의 발전 단계에 대한 진정한 통찰을 얻을 수 있다. 그리고 당신이 앞으로 가야 할 길이 얼마나 먼지도 알게 될 것이다.

핵심 포인트

- 우주는 물리 법칙과 정신 법칙의 지배를 받는다.
- 자신의 삶에 대한 통제감의 수준에 따라 긍정적인 기분을 느낀다.
- 생각은 우리가 완전히 통제할 수 있는 하나뿐인 대상이다.
- 잠재의식을 활용해 삶을 형성할 수 있다.
- 모든 결과에는 원인이 존재하며, 벌어지는 일에는 모두 그만한 이유가 있다.
- 우리는 지배적인 생각과 조화를 이루는 사람이나 상황을 삶 속에 끌어들인다.
- 잠재의식의 힘을 발휘해 인생을 바꿀 수 있다.

제3장

인생은 계획적으로

전략적 사고는 생각보다 더 빠르게 목표를 향해 나아갈 목적으로 사용하는 기술이다. 이에 따라 전 세계의 조직에서는 믿을 수 없을 정도로 강력한 전략적 사고로 잠재력을 극대화하고 가능성을 실현한다. 이는 성공을 위해 개인의 잠재력을 최대한 발휘하도록 하는, 모두에게 공평하고 강력한 수단이 될 수 있다.

한편 기업은 자기자본 수익률 Return On Equity, ROE 을 높이기 위한 전략 계획을 수립한다. 이를 통해 기업에 투자한 자본 수익률을 최대한 보장하는 방향으로 자원을 할당 또는 재할당할 수 있다. 일반적으로 기업의 전략 기획은 투입 단위당 산출량을 늘림으로써 수익성을 높이는 것을 목표로 한다. 따라서 해당 작업은 미래를 위한 기회를 찾고, 생산성이 낮은 영역에서 높은 쪽으로 인력과 자원의 체계적인 이동을 중심으로 진행된다.

개인의 전략 계획도 기업과 매우 유사하다. 이 경우 우리의 목표는 자기

자본 수익률이 아닌 에너지 수익률을 높이는 것이다. 또한 우리의 개인 자산은 금융 자본이 아니라 사람이다. 그러니 우리는 무엇보다 정신, 감정, 신체 에너지에 대한 투자 및 할당이 필요하다.

전략적 사고를 통해 에너지를 집중할 방향을 정하면 투자한 시간 대비 최고의 수익을 낼 수 있다. 개인적인 전략적 계획과 사고를 통해 시간을 할당하면, 자신의 일에서 더 큰 기쁨과 만족, 보상을 얻을 수 있다.

성공으로 향하는 1%의 생각

최근에 나는 성공한 사람들 몇 명과 둘러앉아 성공과 실패의 이유에 대해 논의했다. 그들은 성공에 관한 여러 책과 오디오 프로그램 제작에 공동으로 참여했으며, 미국에서 가장 성공한 이들을 많이 알고 있었다. 긴 토론 끝에 그들은 성공이 목표고 그 외는 모두 논평일 뿐이라는 결론을 내렸다. 즉 목표를 정하고 성취를 위한 계획을 세우는 능력이 다른 기술보다 중요하다는 것이다. 그들은 자신의 삶에 대한 전략적 사고 능력이 높은 성취와 만족을 얻는 데 중요한 기술이라는 사실에 동의했다.

《생각하라 그리고 부자가 되어라 Think and Grow Rich》의 저자인 나폴레온 힐 Napoleon Hill 은 마음으로 생각하고 믿는 것이라면 뭐든 성취 가능하다고 언급한 바 있다. 그렇다고 건물을 단번에 뛰어넘을 수 있다는 얘기는 아니다. 다만 달성하려는 목표를 정확히 알고 기억하면서 성취를 위한 계획을 세울 때만큼은 어떠한 제약도 없다는 의미이다. 사람들 대부분이 이상과 같은 진실을 알고는 있지만, 전략적 사고를 자신의 삶에 적용하는 사람은 거의 없다.

| **인간이 생각하고 믿는 것은 무엇이라도 이룰 수 있다.** |

얼마 전, 나는 〈내셔널 임플로이먼트 위클리 National Employment Weekly 〉에 한 편의 글을 기고했다. 편집부에서는 나의 글에서 문장 하나를 발췌해 큰 글씨로 강조했다. 바로 "목표가 없는 사람은 영원히 목표 지향적인 사람 밑에서 일만 해야 할 팔자다. Those who do not have goals are doomed forever to work for those who do."라는 문장이었다.

우리는 자신이나 타인의 목표를 달성하기 위해 일을 한다. 이상적인 상황이라면 직장 생활을 할 때 회사의 목표 달성이 자신의 목표 달성으로 이어져야 하지만, 어떤 경우에서든 원칙은 항상 같다. 물론 이 원칙에도 예외는 있겠지만, 예외를 기대할 수는 없다.

전략적 사고는 목표 달성을 위해 최대한의 효율과 효과를 낼 수 있도록 삶의 모든 영역에서 정신적 능력을 발휘하는 방법에 속한다. 전략적 사고 능력은 전체 인구의 1% 미만의 사람이 지닌 보기 드문 능력이다. 하지만 나의 경험에 따르면 해당 능력은 우리가 개발할 수 있는 모든 사고 능력 중 훨씬 유용한 것이다.

/ 전략적 사고의 동반자

전략적 사고는 한발 물러서서 인생을 장기적으로 바라보는 것에서부터 시작한다. 그리고 자신의 현재 위치에서 미래에 있고 싶어 하는 곳까지를 생각한다. 삶 속의 모든 것은 내면에서 나온다. 따라서 전략적 사고 과정은 기업처럼 자신의 가치관에 대해 생각하고, 이를 명확하게 정의하는 데서부터 시작해야 한다.

　가치 명료화는 모든 과정을 통틀어 가장 중요한 활동에 속한다. 절대적으로 믿으며 타협하지 않을 원칙을 가치관으로 확정한다면 더 빠르게 앞으로 나아갈 수 있는 인생 전략의 토대를 마련할 수 있다.

　성공한 사람은 스스로 가치 있다고 여기는 것이 무엇이며, 그렇지 않은 것은 무엇인지를 매우 명확하게 알고 있다. 그 반대의 경우, 가치관이 매우 모호하거나 아예 없는 경우가 많다. 자신의 가치관에 대해 생각해 본 적이 없는 사람은 눈앞의 이익을 위해 언제든 타협할 준비가 되어 있다.

　이상의 내용을 통해 우리가 할 일은 가치관을 확정하고, 어떤 상황에서든 그 가치관을 지키겠다고 결심하는 것이다. 그러면 자신감이 향상되면서 성격도 원만해지며, 진행 중인 일의 성과 또한 대부분 배가된다.

> **우리가 할 일은 가치관을 확정하고,
> 어떤 상황에서든 그 가치관을 지키겠다고
> 결심하는 것이다.**

　진실한 가치관은 변하지 않으며, 위반할 수조차 없다. 또한 가치관은 유무의 여부만 있을 뿐이다. 태아의 일부만 임신하는 것이 있을 수 없는 일이듯, 부분적인 가치관을 지니는 것 또한 불가능하다.

　또한 어느 시기에 가치관이 있다가도 없는 것 또한 불가능한 일이다. 이는 현재의 상황에 따라 결정되는 상황적 또는 편의주의적 가치관을 가질 수도 없다는 것이다. 즉 가치관이란 인생에서 변함없이 진실해야 하는 것, 가능한 한 최고가 되어야 하는 것을 말한다.

예컨대 진정성이 본인의 가치관이라면, 살면서 어긋남 없이 올바른 행동만을 하면서 그렇지 않은 일은 결코 하지 않을 것임을 나타낸다. 또한 언제나 진실만을 말하며, 타인과의 거래에서 항상 정직함을 유지할 것이다. 고통과 희생, 금전적 손해가 닥치더라도 진정성을 훼손하는 일은 없을 것이다.

그러나 한 번이라도 진정성을 걸고 타협을 한다면 가치관은 완전히 무너져 버린다. 진정성을 건 타협은 지금껏 지켜 온 가치관이 더 이상 가치가 없음을 뜻한다. 이때 가치관은 필요할 때마다 개인적인 이익을 위해 사용하는 편리한 원칙으로 전락한다.

자신의 진실한 가치관을 드러내는 방법은 행동뿐이다. 자신이 진심으로 믿으며, 중요하게 여기는 것을 내보이는 일은 말이나 의도, 희망 또는 소망이 아니라 결국 행동이다. 지금까지의 행동 가운데 압박 또는 스트레스를 받거나, 여러 대안 중 하나에 대한 선택을 강요받을 때의 행동을 통해 과거의 가치관을 알 수 있다. 지금까지 해 온 모든 결정과 조치, 행동은 스스로 생각하는 중요도와 가치 사이에서의 선택을 나타낸다.

뛰어난 사람은 선택을 강요받는 상황에서 언제나 가치가 높은 쪽을 선택한다. 가령 돈과 관련된 결정을 내려야 할 때 돈 생각은 잠시 제쳐 두고 올바른 선택, 즉 자신의 가치관과 일치하는 것을 선택함으로써 마음을 정리할 수 있다.

따라서 자신에게 "돈이 전부가 아니잖아."라고 말해 보자. 그러고 나서 돈 생각은 잠시 제쳐 두고 "돈과 엮이지 않았다면 이 상황에서 옳고 공정한 일이란 무엇일까?"라고 자문해 보자. 그렇게 돈보다는 자신의 가치관이나 옳은 일을 기준으로 결정을 내리자. 그다음 다시 돈의 문제를 고려하면 훨씬 바람직한 결정을 내릴 수 있다.

우리는 새로운 가치관을 선택하여 삶의 일부로 정착시키기 위한 노력을 언제든지 기울일 수 있다. 어느 때라도 이를 실천하다 보면 결국 새 가치관이 내면화된다. 그렇게 정착된 가치관은 우리가 호흡하는 것과 마찬가지로 우리의 생각과 행동을 구성하는 요소가 될 것이다. 따라서 고차원적인 가치관을 선별하고, 항상 그에 맞춰 생활하도록 자신을 훈련하면 비범한 사람이 될 수 있다.

앞날을 결정하는 가치관의 힘

여기에서는 자신의 가치관이 무엇이며, 어떤 가치관을 지녀야 하는지를 결정하는 데 도움이 되는 좋은 질문을 몇 가지 소개하고자 한다. 이에 대한 적절한 접근으로서 "산 사람과 죽은 사람을 통틀어 가장 존경하는 사람 세 명이 누구인가?"라고 자문해 보자. 이 질문을 통해 누구의 삶과 가르침이 본보기가 되어 당신의 생각과 믿음에 큰 영향을 미치는가? 옳고 그름, 선함과 악함, 그리고 존경스러운 점과 수용할 수 없는 점에 대한 것 말이다.

그리고 위의 질문에 답한 세 사람 또는 존경할 만한 다른 사람을 떠올려 보자. 이후 "나는 왜 이들을 존경하는가? 그리고 나에게 중요하면서 본받을 만한 그들의 가치관이나 자질은 무엇인가?"라는 질문을 통해 한 번 더 생각해 보자.

이상과 관련하여 성격이나 자아 개념을 이루는 세 요소를 다시 언급할 필요가 있겠다.

첫째, 가장 존경하고, 닮고 싶은 모습인 이상적 자아가 있다.

둘째, 자신을 바라보고 생각하는 방식으로, 우리의 성과를 이끌고 행동을 통제하는 자아 이미지가 있다.

셋째, 가장 중요한 요소로, 자신에 대해 생각하는 방식이자 인간으로서 자신을 얼마나 중요하고 가치 있는 존재라고 느끼는지를 나타내는 자존감이 있다.

요컨대 이상적 자아는 미래에 되고 싶은 사람이고, 자아 이미지는 현재의 자신이라고 여기는 모습이다. 자존감, 즉 자신을 사랑하고 존중하는 수준은 주로 현재 자신의 행동과 본보기에 해당하는 인물 간의 일치도에 따라 결정된다.

자신의 이상과 행동이 일치한다면 자아 이미지와 자존감이 모두 향상되면서 자신을 더욱 사랑하고, 어떤 일이든 잘 수행하게 된다. 이와 반대의 경우라면 자아 이미지와 자존감이 손상되면서 자신을 미워하기 시작한다. 따라서 삶 속에서 우리가 해야 할 일 중에서도 자신의 롤 모델과 일치하는 행동을 하려고 노력하는 것이 가장 중요하다. 그러면 자신과 더불어 인간관계와 행동에도 더 큰 행복감과 긍정적인 기분, 열정을 느낄 수 있다.

> **자존감은 현재 자신의 행동과 본보기에 해당하는 인물 간의 일치도에 따라 결정된다.**

이상적 자아는 우리의 양심과 행동을 계도하는 내부 메커니즘이라 할 수 있다. 이는 우리가 평생 존경해 온 이들의 자질과 가치로 구성되어 있다. 사람들에게 이상적 자아는 대부분 무의식적인 형성 과정을 지니는 것처럼 보일 것이다. 그러나 그러한 과정을 의식에서의 인식 수준으로 끌어올리면서 진지하게 고민한다면 자신을 개선할 수 있다.

그렇다면 지금 당신이 가장 존경하는 사람들의 자질을 적어 보자. 부모님, 선생님, 멘토 또는 예전부터 책에서 보던 인물, 그리고 이야기를 통해 존경하게 된 인물을 모두 떠올려도 좋다. 그렇다면 당신은 그 사람들의 용기, 진정성, 결단력, 정직함, 사랑, 연민, 인내, 유머 감각, 용서, 끈기 등의 성품을 존경하는가? 그러면 미덕과 가치관으로서 당신이 가장 존경하는 자질은 무엇인가?

틀림없이 당신이 가장 존경하는 자질이 곧 가장 갖고 싶은 것이라는 사실을 깨닫게 될 것이다. 가령 용기와 진정성을 존경한다면, 이는 두 자질을 자신의 성격으로 발전시키고 싶어 함을 나타내는 것이다.

한편 존경하는 자질이 에너지와 역동성, 성공, 성취라면 이들 특성을 내면에 구현하기를 원한다는 의미이다. 이처럼 타인이 지닌 자질을 존경할수록 우리 또한 그 사람과 같이 행동하고 사고할 가능성이 커진다. 오랜 시간 동안 당신이 생각해 온 사람을 닮아 간다는 것이다.

우리는 모두 훌륭한 삶을 살아갈 수 있다. 하지만 그러려면 우리가 직접 훌륭한 삶을 가꾸어야 한다. 이는 저절로 일어나는 것이 아니다. 그리고 자신이 생각하는 훌륭한 삶의 의미를 정의하는 것 또한 어렵다는 문제가 있다. 따라서 자신이 지키고 싶은, 그리고 타인이 알아주길 바라는 가치관과 자질을 각각 정의할 수 있어야 한다.

먼저 자신의 가치관과 이상을 종이에 적고, 매일 그 내용에 따라 살아갈 수 있는 방법을 고민해 보자. 그러면 거기서부터 멋진 삶이 시작될 것이다.

다음으로 종이에 기록한 가치관을 우선순위에 따라 정리해 보자. 이 작업은 당신의 선택과 행동을 결정하는 가치관 중에서도 최고를 적는 것이다. 최고의 가치관과 그 외의 것 가운데 하나를 선택해야 하는 상황이 온다면, 당신은 항상 1순위에 해당하는 것을 선택할 것이다.

내가 기업을 위한 전략 계획을 세울 때마다 경영진은 항상 진정성을 최우선 가치로 꼽았다. 그들은 진정성이 있어야 그 외의 가치관 또한 모두 지킬 수 있다고 생각하기 때문이었다. 진정성은 심각한 불이익만 없다면 결코 훼손되지 않는다. 따라서 진실한 태도를 고수하려고 노력하다 보면 압박을 받는 상황에서도 다른 가치관까지 지킬 가능성이 훨씬 높아진다.

그다음 두 번째로 중요한 가치관, 즉 첫 번째 가치관을 제외하고 남은 가치관 가운데 가장 중요하게 여기는 것을 적어 보자. 그렇게 기본적인 가치관을 5~6가지 정도 적을 때까지 이 작업을 반복한다. 물론 가치관은 수백 가지가 존재할 수도 있겠지만, 핵심 가치관은 5~6개면 충분하다. 이들 가치관은 우리의 삶을 구축하는 기반이 된다.

자신의 가치관을 명확하게 파악하고 나면 모든 목표와 목적, 그리고 그에 대한 활동을 가치관과 일치시키면서 더욱 확장해 나갈 수 있다. 또한 자신의 내면과 근본적인 신념이 외면 생활 또는 목표나 그 활동과 일치하는가를 반드시 확인해야 한다. 한마디로 내면과 외면의 삶이 장갑을 낀 손처럼 꼭 맞아야 한다.

> **내면과 외면의 삶이 장갑을 낀 손처럼 꼭 맞아야 한다.**

그리고 순위가 높은 가치관을 낮은 것보다 우선시해야 한다. 즉 1순위 가치관이 2순위보다 중요하고, 2순위가 3순위보다 중요하다. 그렇지만 가치관의 순서가 가치관 자체보다 훨씬 중요할 수 있다.

예를 들어 A, B라는 사람 모두 동일하게 가족, 건강, 직업적 성공을 가장 중요한 가치관으로 여긴다고 생각해 보자. 구체적으로 A의 경우 1순위는 가족, 2순위는 건강, 3순위는 직업적 성공이었다. 한편 B는 1순위가 직업적 성공, 2순위는 가족, 3순위는 건강이었다.

그렇다면 A와 B 사이에 차이가 있을까? 있다면 그 차이의 정도는 어떠한가? A와 B를 모르더라도 몇 분 정도의 대화로 두 사람이 각자 누구인지 가려낼 수 있는가?

물론이다. 두 사람 사이에는 엄청난 차이가 있을 것이다. 그리고 그 차이는 즉각적으로 드러난다. 두 사람의 가치관이 서로 같더라도 세부적인 순위의 차이로 극명한 성격 차이를 보일 것이다.

A라면 언제나 건강과 직업적 성공보다 가족을 포함하여 인생에서 중요한 사람을 선택할 것이다. B는 다른 것보다 직업적 성공을 우선시한다. 우리의 행동과 일을 통해 자신과 타인에게 가치관을 모두 드러낼 수 있다. 따라서 자신이 정한 가치관의 순위에 대해 수없이 고려해 보고, 어떤 상황에서라도 그를 고수하도록 자신을 단련해야 한다.

성취는 '나'를 아는 것에서 시작된다

삶의 기본이 되는 긍정적 가치관만큼 부정적인 가치관을 정하는 것도 매우 중요하다. 사랑, 건강, 가족, 진정성 등의 긍정적인 가치는 매우 쉽게 알아볼 수 있지만, 부정적인 가치는 그보다 미묘하다는 점에서 정말 위험하다. 긍정적인 가치관으로 선택에 대한 동기가 생기는 것처럼 부정적인 가치관 또한 마찬가지이다. 우리는 모두 긍정적인 가치관을 압도할 정도로 강력한 부정적 가치관을 지니고 있다.

> **부정적인 가치관은 긍정적인 가치관을
> 쉽게 압도할 수 있다.**

가령 진정성을 최고의 가치로 정했다고 생각해 보자. 하지만 '갈등에 대한 두려움'이라는 부정적인 가치가 진정성과 타협할 가능성이 있다. 상대방의 태도로 부정적인 감정이나 분노를 느끼더라도 이에 맞서 부당한 대우를 멈출 것을 요구하기보다 참고 받아들이는 이들이 많다. 이는 부정적인 가치관이 우리의 행동을 결정하는 데 훨씬 강한 영향력을 발휘하기 때문에 긍정적인 가치관이 손상된 것이다.

한편 '가난에 대한 두려움'은 진정성을 방해할 뿐만 아니라 그러한 가치관보다 우선시되는 부정적인 가치관이기도 하다. 돈이 절실히 필요한 사람은 진정성의 정의와 부합하지 않는 행동을 할 때가 많다. 돈이 충분치 않다는 두려움이 정직하고 진실된 삶을 향한 열망보다 강하기 때문이다.

또한 많은 사람이 성공과 성취라는 긍정적인 가치관을 가지고 있다. 이들 가치관은 건전하며, 더 높은 수준의 성과를 이루도록 동기를 부여한다. 그러나 '실패에 대한 두려움'으로 앞선 가치관이 무력해지는 상황은 매우 흔하게 일어난다. 성공에 대한 열망보다 실패에 대한 두려움이 클 때, 잡게 될 기회보다 잃게 될 것을 먼저 생각하게 된다. 이러한 사례는 많은 사람이 실패를 겪는 이유를 설명하는 증거가 된다. 이는 능력이 부족한 탓이 아니다. 실패에 대한 두려움이 성공에 대한 열망을 압도하기 때문이다.

따라서 자신의 가치관을 진지하게 생각해 볼 필요가 있다. 매일 긍정적인 가치관에 따라 살고 있지 않다면 어떤 부정적인 가치관이 자신의 삶을 방해하는지 솔직하게 생각해 봐야 한다. 사람이라면 누구에게나 있는 부정적인 가치관을 확인하는 일 자체가 그러한 가치관을 제거하기 위한 첫 단계라고 할 수 있다.

인생을 움직이는 명령어

가치관을 모두 결정했다면 '강령문 작성'이라는 매우 중요한 작업으로 넘어갈 수 있다. 이 작업은 자신의 긍정적인 가치관을 바탕으로 어떠한 사람이 되어 살아갈 것인지를 설명하는 글이다.

예컨대 한 회사에서 정한 가치관이 '정직', '품질', '서비스 정신', '수익성', '고객 배려'라고 하자. 이 회사에서는 이들 가치관을 통합하여 다음과 같은 내용의 강령문을 작성할 수 있다.

> 당사는 고품질 제품의 생산에서 최고의 정직함을 고집합니다. 이러한 제품을 탁월한 방식으로 서비스하고, 내외적으로 함께하는 구성원에 대한 존중을 바탕으로 건전하고 지속 가능한 수익을 창출합니다.

위 강령문에는 회사가 무엇을 대변하고 있으며, 어느 방향으로 나아가고 있는지, 그리고 성공이나 실패를 어떻게 판단해야 하는가가 명시되어 있다.

강령문의 핵심은 이미 진행되고 있는 현실을 객관적으로 진술하듯 현재 시제로 작성하는 것이다. 미래를 계획하면서 강령문을 작성할 때, 5~10년 뒤에는 모두 완벽하게 사실이 될 거라고 상상한다. 이는 우리가 되려는 최고의 인물에 대한 설명문을 쓸 때도 마찬가지다. 결과적으로 강령문은 순전히 질적 측면을 지닌 글로써 자신이 고수하는 가치관이나 원칙에 바탕을 두고 있다. 이러한 성격의 글은 미래에 다른 사람들에게 자신이 어떻게 알려지기 원하는가를 설명한다.

강령문을 쓰는 사람은 드물긴 하지만, 일단 작성하면 그 내용이 잠재의식에 깊이 각인되면서 당신은 강령문과 일치하는 사람이 되어 가기 시작한다. 실제로 잠재의식이라는 컴퓨터에 강령문이 명령어로 설계된 것이다. 이와 같이 내부 지침 메커니즘을 설계하고 이상적인 자아 이미지를 체계화하면, 내적으로 아니면 종종 무의식적으로 당신이 설정한 기준과 일치하는 방식으로 말하고 행동하도록 유도할 것이다.

게임의 무대를 외부로 확장하라

가치관을 정한 뒤 강령문을 작성하는 과정, 즉 '내적 성공 게임'이 마무리되었다면 외적인 삶 속에서 하고 싶은 일을 결정한다. 이러한 절차는 전략적 사고의 다음 단계로, 가치관과 강령을 확정한 이후 자연스럽게 이어지는 '외적 성공 게임'이다.

시간의 여유가 있을 때 혼자 어딘가에 앉아 종이 위에 당신의 꿈을 적어 보자. 할 수 있는 일, 가질 수 있는 것, 될 수 있는 것 등 실현할 수 있는 것에 어떠한 제한도 없다고 상상하면서 목록을 만들자.

분야를 막론하고 최고의 성과를 올리는 이들은 정기적으로 위와 같은 활동을 하는데, 이 활동을 '자유롭게 상상하기 blue sky thinking'라고 한다. 영문 명칭에 따르면 해당 작업은 당신의 주변에 맑고 깨끗한 하늘뿐이라고 가정한다. 이에 따라 아무런 제약 없이 당신이 나아갈 방향과 하고 싶은 일을 모두 상상할 수 있다. 빠르게 흐르는 강물처럼 마음을 자유롭게 풀어 두고, 모든 게 가능한 것처럼 성취하고 싶은 일을 생각한다.

시간이나 돈, 그리고 지능이나 교육, 기회에 제한이 없다고 상상해 보자. 당신을 위한 지원이나 자원 또한 무한하다. 당신이 정확히 원하는 바를 적기만 하면 필요한 것들을 모두 손에 넣을 수 있을 것이다. 당신이 기혼자라면 배우자와 함께 이 연습을 해 보는 것도 좋다.

생각나는 내용을 모두 적었다면 다음 단계로 넘어간다. 목록을 살펴보면서 이를 신체적, 정신적, 감정적, 영적, 재정적, 사회적 목표의 여섯 가지 주요 범주로 나눈다. 삶의 균형을 이루고자 한다면 영역마다 목표를 정해야 한다.

신체적 목표는 문자 그대로 몸을 바탕으로 이루고 싶은 일이다. 그 범위는 건강과 장수와 같은 신체 상태에서 등산, 보트 항해, 스카이다이빙, 골프, 테니스 등 원하는 활동까지를 아우른다. 그렇다면 당신이 좋아하면서 삶의 질을 올려 줄 목표를 모두 적어 보자. 그 목표가 당장 가능할지 걱정할 필요는 없다. 그 생각은 나중에 평가하면서 우선순위를 정할 때 하면 된다.

지적 목표라고도 하는 정신적 목표와 관련해서는 배우고 싶거나 이해하고 싶은 것들을 목록으로 만들어 보자. 어떤 언어를 배우고, 무슨 과목을 공부하고 싶은가? 그리고 자신을 풍요롭게 하는, 보다 높은 수준의 정신 생활을 위해 어디에서 어떤 모임에 참여해야 하며, 어떤 능력을 개발해야 하는가?

위의 질문에 대하여 대학 강좌를 추가로 수강하고, 책을 더 많이 읽거나, 음성 학습 자료 청취 또는 특정 분야에 대한 지식을 쌓는 방향으로 결정할 수도 있다. 그러니 어떠한 제한도 두지 말고 원하는 것을 모두 적어 보자.

감정적 목표는 인생에서 가장 중요한 사람들과 맺은 관계의 질을 나타낸다. 배우자나 파트너에 대하여 당신이 원하는 관계의 질을 설명해 보자. 자녀나 친구, 직장 동료들과는 어떻게 지내고 싶은가? 그리고 자신에게 어떤 감정으로 일관하고 싶은가? 아니면 자부심과 자존감이 높아지기를 원하는가?

그렇다면 이들 질문에 대한 답을 목표로 정해 보자. 그리고 그로부터 머지않은 시점에 목표를 달성할 수 있도록 계획을 세우면 된다.

영적 목표는 종교적 신념 외에 내면 생활의 질과도 관련이 있다. 영적 발전의 최고 단계는 우주와 일체감을 느끼면서 내적으로 평화로운 상태에 도달하는 것이다. 어떤 시대든 마음의 평화와 내면의 만족감은 위대한 신비주의자와 종교 사상가의 삶과 가르침에 동기를 부여했다.

그렇다면 당신의 영적 목표는 무엇인가? 더 높은 수준의 이해와 내적 평화를 위해 당신의 내면과 의식의 발전에 어떤 목표를 세웠는가?

한편 재정적 목표, 다른 말로 직업적 목표는 여타의 목표를 모두 성취하는 데 필수적이다. 돈을 벌 수 있는 능력을 갖추고 있다면 당신이 원하는 것을 대부분 얻을 수 있다. 또한 수입의 경우 지금 버는 액수보다 훨씬 많은 금액을 벌어들일 수 있을 것이다.

일단 소득을 늘리는 출발점은 종이에 얼마를 벌고 싶은지 적고, 그 목표를 달성하기 위한 계획을 세우는 것이다. 해당 목표와 관련하여 주위를 둘러보면서 자신이 원하는 만큼의 돈을 버는 사람에는 누가 있는지 알아봐야 한다. 만일 그러한 사람을 발견했다면, 당신과 그 사람이 일을 진행하는 방식의 차이에 대해 생각해 보자.

일에서 성공을 거두기 시작하면 자연스럽게 사회에 뭔가를 돌려주고 다른 사람의 삶에 자극을 주는 방향으로 돕고자 하는 마음이 생긴다. 사회적 목표는 사회와 공동체에 기여하려는 목표다. 능력이 뛰어난 이들은 자신이 공익에 더 큰 책무를 지고 있음을 알고 있다.

목표를 모두 적었다면 그 내용을 범주에 따라 분류하고, 당신의 우선순위에 따라 정리해 보자.

우선순위를 정하는 ABC

'ABC 방식'은 목표의 우선순위를 정하는 가장 간단한 방법에 속한다. 이 방법에 대한 설명은 다음과 같다.

먼저 목표를 적어 놓은 목록을 확인하면서 자신에게 정말 중요하고 흥미로운 목표에 'A'라고 적는다. 꼭 달성하고 싶지만, A만큼 중요하지 않은 것에는 'B'라고 적는다. 그리고 A나 B만큼 중요하지 않은 목표에는 'C'라고 쓴다.

그다음 각 범주에 속하는 목표 가운데 A에 해당하는 것을 다시 새로운 종이에 옮겨 적는다. 예를 들면 종이 위에 '재정적 목표'라고 적은 다음 초기 목록에서 확인한 A등급 목표의 목록을 만든다. 그중 가장 중요한 목표에 'A-1'이라고 쓰고, 두 번째로 중요한 것에는 'A-2', 세 번째는 'A-3'라 적으면서 각 목표의 우선순위를 정한다. 이와 같이 다른 목표 범주에도 같은 방식으로 각 범주별 A등급 목표를 우선순위에 따라 정리한다.

위에서 설명한 작업을 마무리하는 것은 곧 최고의 성과를 향해 나아갈 준비를 끝낸 것과 같다. 99% 이상의 사람도 평생 완료하지 못했던 일을 끝까지 해낼 것이다. 당신의 잠재의식을 설계하고 끌어당김의 법칙을 활성화하기 시작했으니, 놀라운 일들이 매우 빠른 속도로 일어나기 시작할 것이다.

나의 세미나를 수료한 이들은 그 작업을 마친 뒤 삶이 너무 빨리 발전하기 시작해서 겁이 날 정도였다고 한다. 나의 설명대로 전략적 사고를 바탕으로 해당 활동을 실천할 계획을 세운다면, 당신에게도 단시간 안에 세미나 참여자가 겪었던 일이 일어날 것이다. 이에 다음 장에서는 목표를 정하는 과정을 좀 더 깊이 있게 살펴보도록 하자.

살면서 목표를 정할 때 "나만의 독특한 강점은 무엇인가?"라는 질문이 가장 중요하다. 남들은 어려워하지만, 당신만 잘할 수 있는 일은 무엇인가? 지금까지 거쳐온 직업, 경력, 경험을 돌이켜볼 때 가장 즐겁고 자신 있게 해낸 일은 무엇인가? 지금까지 당신이 거둔 성공에서 가장 도움이 된 기술과 재능, 능력은 무엇인가?

준비된 자가 기회를 만났을 때 행운이 따른다는 말이 있다. 그리고 목표가 타고난 재능과 능력을 만났을 때, 성공으로 이어진다고 말할 수도 있다. 자신이 남보다 잘하는 것을 먼저 파악하고, 그 분야에서 이룰 수 있는 목표를 세운다면 당신은 성공할 수 있다.

> **목표가 타고난 재능과 능력을 만났을 때,
> 성공으로 이어진다.**

성공에는 '존재'와 '행동'이라는 두 가지 측면이 있다. 이는 곧 어떠한 일을 하기 전부터 성공에 걸맞은 존재가 되어야 한다는 것이다. 이에 "내가 바라는 성공을 거두려면 어떤 사람이 되어야 하는가?"라는 질문을 자신에게 끊임없이 던져야 한다.

이는 인과의 법칙의 또 다른 이름인 파종과 수확의 법칙에 따라 우리는 인생에서 원하는 것을 '얻는 것'이 아니라 '받을 만하기' 때문이라는 사실을 알게 된다. 즉 자신의 현재 모습과 지금까지의 경험이라는 측면에서 본다면, 자신이 뿌린 만큼만 거둔다는 것이다. 바라던 성공을 이루고, 그 상태를 유지하려면 어떤 사람이 되어야 할까를 고민하는 일은 전략적 사고에서 중요하다.

　내가 가치관을 선택하고, 그것을 우선순위에 따라 정리하기를 그토록 강조한 이유도 바로 그 때문이다. 전략적 사고란 당신이 열망하는 최고의 가치와 원칙에 부합하는 삶을 위해 매 순간 무엇을 해야 할까를 고민하는 것이다. 결과적으로 이러한 과정이 내외적 목표의 달성 여부를 결정할 것이다.

완벽을 위해 끊임없이 되물어라

　전략적 사고와 관련하여 나에게 매우 도움이 되었던 질문은 다음과 같이 두 가지가 있다. 첫 번째로 "나는 무엇을 하려 하는가?", 두 번째는 "그 일을 어떻게 하려 하는가?"이다. 당신도 이들 질문을 반복하기를 바란다.

　목표의 여섯 가지 영역 가운데 하나를 중심으로 인생 계획을 세울 때, 계획이 예상한 대로 이루어지지 않으면 문제가 생겼음을 눈치챌 것이다. 이는 정상적이고 자연스러운 현상이지만, 그러한 일이 생겼다면 처음으로 돌아가서 계획을 다시 세워야 한다. 그렇게 계획이 기대에 부응할 때까지 그 작업을 반복하자. 계획을 세우는 중에도 당신이 하려는 일이 무엇이며, 그 일을 어떻게 할 것인가를 계속 물어야 한다.

　계획의 설계와 실행에서는 자신이 알고 있는 최고의 정보를 바탕으로 해야 한다. 그런데 그 과정에서 문제가 발생했을 때, 계획을 변경할 수 있을 만큼 융통성이 있는 이들이 많지 않다. 물론 어려움이 닥치면 그만둬야 한다고 말하려는 것은 아니다. 오히려 일이 예상대로 진행되지 않을 때, 계획을 변경할 수 있어야 한다는 뜻이다.

　전략적 사고에서는 항상 자원으로서의 자신을 보다 효율적으로 활용하는 방법에 대한 고민이 필요하다. 그리고 자신이 달성하고 싶은 롤 모델과 목표에 대한 비전을 유지해야 한다. 그러한 상태에서 자신의 계획과 청사진이 완벽해질 때까지 계속해서 반복해야 한다.

또한 내면의 삶은 롤 모델과, 외적인 활동은 목표와 일치시킨다. 이처럼 전략적 사고 능력은 성공을 위한 핵심적인 역량 가운데 가장 중요한 비중을 차지한다. 이를 제외한 나머지 역량은 거들 뿐이다.

성공과 실패의 메커니즘

목표를 정하고 달성하기 위한 계획을 세우는 능력은 성공을 위한 핵심적인 역량이다. 이 역량을 가능한 한 최고 수준까지 발전시키는 것이 우리가 학습할 수 있는 다른 역량에 비해 성공을 더욱 많이 보장할 것이다.

강렬한 목표 지향성은 모든 분야에서 높은 성과를 거둔 사람이라면 필수적으로 갖춘 특성이다. 아침에 이를 닦거나 머리를 빗는 것만큼 평범하고 자연스럽게 목표를 정하고 달성하는 방법을 배우기 전까지는 자신의 잠재력을 전혀 깨닫지 못할 것이다.

목표는 성취라는 용광로의 연료에 해당한다. 목표가 없는 사람은 방향타가 없는 배와 같아서 항상 목적 없이 표류하다가 암초에 부딪힐 위험에 처해 있다. 반면 목표가 있는 사람은 방향타를 비롯해 지도와 나침반을 갖추고, 정해진 목적지를 향해 올바른 방향으로 정확하게 나아가는 배와 같다.

영국의 역사학자 토머스 칼라일 Thomas Carlyle 은 반쪽짜리 의지를 지닌 사람은 평탄한 길에서도 우왕좌왕하며 진전을 이루지 못한다고 하였다. 그러나 의지가 완전한 사람은 힘든 길에서도 꾸준히 나아간다고 말했다.

인간은 목표 중심의 유기체이다. 우리의 정신은 한 목표에서 다음 목표로 점진적이고 연속적으로 이동하도록 설계되어 있다. 또한 가치 있는 목표 달성을 향해 나아가지 않으면 결코 행복해질 수 없다.

우리의 뇌에는 시간이 지남에 따라 목표를 달성하도록 무의식중에 우리를 안내하고 지시하는 사이버네틱스 cybernetics, 생물과 기계 또는 기술 간 제어와 통신 등의 상호 작용 또는 이를 연구하는 학문 같은 목표 추구 메커니즘이 있다. 실제로 목표 달성은 대부분 자연스러운 과정에서 이루어지는 것처럼 보인다. 애초부터 목표 설정이 가장 어려워 보이는 단계라서 그럴 뿐이다.

각자 자신이 정한 목표를 달성하며 살아간다는 것은 자명한 사실이다. 우리가 지금 이곳에서 현재와 같은 모습으로 존재하는 것은 자발적인 선택에 따른 것이다. 우리의 생각과 행동을 비롯하여 그에 대한 방식에 따라 현재의 위치에 이르게 된 것이다. 그리고 그 외의 다른 선택지는 없다.

우리의 목표가 하루를 보내고 집에 돌아가 텔레비전을 보는 것이라면 그 목표를 이룰 수 있을 것이다. 건강하게 오래 사는 것이 목표라면 아마 그것도 가능하리라 본다. 재정적 독립과 부유한 삶을 진정한 목표로 삼는다면 조만간 그 목표에 도달하는 과정에서 당신을 막을 수 있는 건 없다. 당신의 간절함만이 목표의 성패를 좌우한다.

뇌에는 성공과 실패의 메커니즘이 모두 내장되어 있다. 실패 메커니즘은 행동의 장기적인 결과는 크게 신경 쓰지 않고, 저항이 가장 적은 길을 택하여 즉각적인 만족을 얻고자 하는 자연스러운 경향을 말한다.

충동이라는 또 다른 이름을 지닌 실패 메커니즘은 하루 동안 자동으로 실행된다. 이러한 탓에 매 순간 사람들은 대부분 쉽고 편리하며, 재미를 추구하려는 욕구가 모든 결정과 행동을 지배하도록 내버려둔다.

한편 성공 메커니즘은 목표에 따라 촉발되며, 실패 메커니즘을 무시한다는 특징이 있다. 목표가 크고 열망이 강렬할수록 원하는 바를 달성하는 데 필요한 일을 하기 위해 자제력과 의지력을 발휘할 가능성이 커진다.

> **목표를 정하고 달성하기 위한
> 계획을 세우는 능력은 성공의 핵심 역량이다.**

50년 동안 20,000명 이상의 영업사원을 교육한 엘머 레터맨 Elmer Letterman 은 성공을 가장 정확하게 예측할 수 있는 자질이 바로 '목표의 강도'라고 결론지었다. 지능과 성장 배경, 교육 및 경험 수준이 거의 동일한 두 사람이 있다면, 그중에서 목적 의식이 강한 사람이 더 크게 성공할 것이다.

석유 업계에서 유명한 억만장자 H. L. 헌트 H. L. Hunt 는 젊은 시절, 아칸소에서 목화 농장을 운영하다가 파산한 적이 있었다. 그는 텍사스로 이주하여 포커 게임으로 석유 임대 계약을 따냈다. 이후에는 수십억 달러의 부를 축적해서 세계에서 가장 부유한 사람 중 한 명이 되었다.

사람들이 헌트에게 성공 비결을 묻자, 그는 성공하려면 다음과 같이 두 가지만 있으면 된다고 말했다.

1. 자신이 원하는 것을 확실하게 정해야 한다. 그렇지만 사람들은 대부분 그렇게 하지 않는다.
2. 바라는 것에 지불할 대가를 정한 다음, 그 대가를 치르겠다고 결심한다.

한편 우리가 성공의 대가에 관하여 확실하게 아는 것 또한 다음과 같이 두 가지뿐이다.

1. 바라던 성공을 이루고자 한다면 그에 합당한 대가를 모두 치러야 한다. 작물을 수확하려면 씨를 뿌려야 하고, 그동안은 오랜 시간을 노력해야 할 수도 있다.
2. 모든 대가를 미리 치러야 한다. 성공이란 만찬 뒤에 대금을 지불하는 레스토랑과 다르다. 성공을 위해서는 매번 모든 대가를 미리 치러야 한다.

그렇다면 성공의 대가를 모두 지불했는가의 여부는 어떻게 알 수 있을까? 이것은 쉽다. 대가를 완벽하게 치렀다면 우연이 아닌 합당한 과정을 거친 성공이 눈앞에 찾아올 것이다. 이는 씨를 뿌리고 작물을 거두는 것과 같이 원인과 결과, 그리고 작용과 반작용의 원리에 따른 것이다.

지금부터 목표에 전념하라

정신 법칙은 제2장에서 모두 설명했다. 그러나 사람들은 때때로 정신 법칙의 활용과 적용 방법을 잘 모른다. 하지만 모든 법칙은 우리의 목적에 따라 저절로 적용된다. 따라서 달성을 위해 매일 노력하는 명확한 목표가 있다면 의외로 적용하기 쉽다.

성공의 가장 큰 적은 안전지대이다. 우리는 틀에 갇힌 채 모든 변화에 저항하는 경향이 있다. 그 변화가 설령 긍정적인 것이더라도 안전지대에서 벗어나야 한다면 변화를 거부하려 든다. 변화를 두려워하고 회피하려는 것은 우리의 자연스러운 성향이다.

우리는 상황이 그대로 유지되기를 원하는 동시에 더 나아지기를 바란다.

그러나 모든 성장과 진보, 발전에는 변화가 필요하다. 또한 우리가 어떻게 행동하더라도 인생은 결코 오랜 시간 같은 방식으로 진행되지 않는다.

삶은 언제나 여러 방향으로 흘러간다. 어느 순간에는 상황이 개선되기도 하겠지만, 다른 때에는 악화될 수도 있다. 모든 상황이 결코 같은 상태로 유지되지는 않다는 것이다. 이제 제2장에서 살펴본 각 정신 법칙을 전략적 사고에 적용하는 방법을 다음에 소개하도록 하겠다.

먼저 통제의 법칙에서는 자신의 삶에서 느끼는 통제감의 수준만큼 자신에게 긍정적인 기분을 느끼게 됨을 강조한다. 목표 설정을 통해 삶이 변화하는 방향을 제어할 수 있으며, 이러한 과정에서 변화가 긍정적이고 주도적인 방향으로 나아가도록 할 수 있다.

개선을 위한 변화를 두려워하는 사람은 없다. 목표가 명확하고 세부적인 성취 계획이 뒷받침된다면 자신의 삶을 온전히 통제하는 것이 가능해진다. 그리고 긍정적인 변화의 방향으로 담대하게 나아갈 수 있다.

다음으로 인과의 법칙에 따르면 모든 결과에는 원인이 있다. 이와 관련하여 목표는 원인이고, 성취는 결과다. 즉 목표를 심고 결과를 거두는 것이다. 결과적으로 목표는 생각이나 원인으로 시작해서 조건이나 결과로 마무리된다.

한편 목표를 달성할 것이라고 굳게 믿으면서 그 믿음에 부합하는 행동을 한다면 믿음의 법칙이 작용한다. 믿음이나 목표가 결국 우리의 현실이 되는 것이다.

기대의 법칙은 어떠한 것이라도 현재 일어나는 모든 일이 목표 실현을 도와줄 것이라 끊임없이 기대할 때 작용한다. 어떠한 상황에서든 긍정적이고 유익한 면을 찾으려고 노력한다면, 그 기대만큼의 결과를 보게 될 것이다.

끌어당김의 법칙은 자신의 목표를 계속 생각할 때 활성화된다. 이러한 과정을 거쳐 목표가 우리의 내면을 지배하게 된다. 그러면 목표의 달성은 물론, 그것과 조화를 이루는 사람과 환경을 자신의 삶으로 끌어들이기 시작한다.

그다음으로 상응의 법칙에 따르면 외부 세계와 내면세계가 서로 일치한다. 내면세계가 중요한 일을 달성하는 방법에 대한 생각과 계획으로 가득 차면, 내면의 영향을 밖으로 드러내는 외부 세계 또한 내면세계의 양상을 반영하게 될 것이다.

잠재의식 활동의 법칙은 우리의 잠재의식이 의식에 품고 있는 생각을 현실에 구현하려고 노력함을 나타낸다. 목표에 대한 생각을 계속할 때, 우리의 말과 행동이 목표와 일치하는 패턴을 형성하기 위해 잠재의식에 점점 더 많은 연산 능력을 요구한다.

집중의 법칙은 어떠한 것이라도 우리가 관심을 기울인다면 반드시 성장한다는 법칙이다. 그렇다면 당신이 계속 생각하는 건 무엇인가? 아마 목표가 아닐까.

대체의 법칙은 부정적인 생각을 긍정적인 생각으로 대체할 수 있다는 의미를 지닌다. 당신은 부정적인 생각이나 경험을 대체하기 위해 어떠한 유형의 긍정적인 생각을 활용하는가? 그중에서도 우리는 목표를 활용해야 한다. 일이 잘못될 때마다 목표를 떠올리자. 힘든 하루를 보낼 때마다 목표를 떠올린다면 미래에 이루고자 하는 일에 낙관과 희망이 뿌리를 내린다. 그렇게 목표를 계속해서 생각하다 보면 긍정적인 생각과 의욕이 넘칠 수밖에 없다.

습관의 법칙이란 우리의 행동 전반이 습관의 결과임을 뜻하는 법칙이다. 당신이 들이고 싶은 새로운 습관은 무엇인가? 아마 당신은 매일 규칙적이고 체계적으로 목표를 설정하기를 반복하며, 이를 검토하는 습관을 들이고 싶을 것이다.

　마지막으로 반복의 법칙에서는 무엇이든 반복하면 새로운 습관이 된다고 말한다. 이 법칙을 활용하면 끊임없는 목표의 설정과 달성이 평생의 습관으로 자리 잡게 될 것이다.

무엇이든 반복하면 새로운 습관이 된다.

　스스로 확실하게 정의한 목표에 전념하기 위해 이상의 정신 법칙을 활용한다면 신체적, 정신적으로 무한한 에너지를 갖게 될 것이다. 이처럼 명확하고 구체적인 목표가 있다면 자신의 모든 정신력을 개발하고 활용할 수 있다. 그리고 사람들이 대부분 평생 이루는 일보다 더 많은 것들을 몇 년 안에 이룰 수 있다.

핵심 포인트

- ✓ 전략적 사고는 가치관 확립에서부터 시작된다.
- ✓ 가장 존경하는 타인의 특성은 자신이 가장 열망하는 바를 나타낸다.
- ✓ 가치관을 확립했다면 목표를 체계적으로 세운다.
- ✓ 강령문을 작성한다. 이는 자신의 긍정적인 가치관을 바탕으로 자신의 롤 모델을 묘사하는 설명문이다.
- ✓ 할 수 있는 일, 가질 수 있는 것, 될 수 있는 것을 제한 없이 상상하며 꿈의 목록을 작성한다.
- ✓ 목표 설정은 성공의 핵심 역량이다.
- ✓ 수확을 위해서는 먼저 씨를 뿌려야 한다.

제4장

'나'다운 삶의 원동력, 목표

Take Charge of Your Life

─────────────────── 전략적 사고와 목표 설정을 알게 되었다면 누구나 두 요소에 기반하여 살아가리라는 생각을 할 수도 있겠다. 사람이라면 목표가 있어야 하며, 그것을 달성하기 위해 꾸준히 노력해야 한다는 말을 오랫동안 들어 왔을 것이다.

그러나 안타깝게도 목표가 있는 사람은 거의 없다. 자신의 목표를 글로 적은 사람은 전체 인구의 3% 미만이고, 그 목표를 주기적으로 읽고 검토하는 사람은 1% 미만이다.

수많은 사람이 목표 설정 세미나에 참석하고, 책을 읽거나 오디오 파일을 듣는다. 그러자 정작 그들에게 글로 기록한 명확한 목표와 계획이 있는가를 묻는다면, 대부분 당황하면서 없다고 실토할 것이다. 그 사람들은 목표가 있어야 함을 깨닫고 뒤늦게라도 몇 가지 목표를 정하려 하겠지만, 여전히 실천한 바는 없다.

왜 주저하는가

나는 성공의 원리를 연구하고 적용하면서 실로 놀라운 결과를 경험했기에 나의 말에 귀 기울이는 모든 이에게 그 정보를 공유했다. 그렇게 대중 연설과 함께 세미나도 개최하기 시작했다.

그러나 나의 말에 열성적으로 동의하던 사람들이 정작 강의나 세미나가 끝나고 나서 아무 행동도 하지 않음에 놀랐다. 따라서 나는 사람들이 목표를 세우지 않는 사실을 분석하고, 그 이유를 알아내고자 노력했다.

그 결과 나는 일곱 가지 이유를 발견함으로써 결론을 내렸다. 다음의 내용을 곰곰이 생각해 보고, 그것들이 당신의 상황에도 적용되는가를 판단하는 것이 중요하다. 사람들이 목표를 세우지 않는 이유는 다음과 같다.

첫 번째는 진지하지 않기 때문이다. 목표를 세우지 않는 사람들은 말만 앞설 뿐 행동에 옮기지는 않는다. 삶을 개선하고 성공하고 싶은 마음은 있지만, 노력은 하지 않는다. 그들에게는 스스로 뭔가를 이루고 발전함으로써 삶을 성장시키려는 열망이 없다.

사람의 믿음은 말이 아니라 행동으로만 보여 줄 수 있다. 즉 중요한 것은 우리의 말이나 의도, 소망, 기도 따위가 아니라 행동이라는 것이다. 무릇 진정한 가치와 신념은 행동으로 표출된다.

실천하는 사람 한 명은, 말주변만 뛰어나면서 정작 행동에 옮기지 않는 열 사람만큼의 가치를 지닌다. 나는 다양한 아이디어를 지닌 사람들에게 셀 수 없이 많은 전화와 편지, 제안을 받은 적이 있다. 그중에서도 나에게 감동을 주는 사람은 행동하는 사람뿐이었다.

결국 중요한 것은 행동뿐이다. 다른 건 그다지 중요하지 않다. 그러니 자신이 하려는 일을 남들에게 얘기하지 말고, 그냥 행동으로 보여 주자.

> **무릇 진정한 가치와 신념은
> 행동을 통해서만 표출된다.**

　두 번째는 아직 삶에 대한 책임을 받아들이지 않았기 때문이다. 과거 나는 목표가 성공의 출발점이라고 생각했었다. 그러나 이제는 자신의 삶과 그 안에서 일어나는 모든 일에 스스로 전적인 책임이 있음을 깨닫지 못하면, 목표 설정을 향해 한 걸음도 내딛지 못한다는 사실을 알게 되었다.

　무책임한 사람들은 여전히 '진짜 삶'이 시작되기만을 기다린다. 그들은 창조적 에너지를 진전이 없는 자신의 모습을 변명하는 데 모두 허비한다. 그다음 그들은 복권을 사서 집에 돌아가 텔레비전 전원을 켤 것이다.

　세 번째는 죄책감이 지닌 끔찍하고 파괴적인 영향력과 관련이 있다. 정신적, 정서적 측면이 너무나 연약한 나머지 바닥보다 낮은 상태라면, 향후 몇 년 동안은 당당하고 낙관적인 태도로 목표를 세울 수 없다. 결국 부정적인 환경에서 자란 탓에 모든 것을 '이게 나에게 무슨 소용이 있겠어?'라 여기는 사람에게는 실제로 목표를 설정하는 것이 불가능하다. 이러한 사람을 만나게 된다면, 의외로 도움을 주기가 매우 어렵다는 걸 알게 된다.

　네 번째는 목표의 중요성을 깨닫지 못하기 때문이다. 이는 아이가 게임 외에도 목표가 실재한다는 사실을 모르는 채로 성인이 될 수 있다는 것이다. 일반적으로 목표가 없는 부모 아래에서, 또는 목표의 설정과 달성을 가족과 의논하지 않는 가정에서 자란 경우가 그 예이다.

　나도 스물세 살 때 우연한 기회로 나폴레온 힐의 《생각하라 그리고 부자가 되어라》를 읽기 전까지는 개인적인 목표나 목표 설정에 대해 들어 본 적이 없다. 사회적으로 확실한 목표를 세우고, 이루기 위해 꾸준히 노력하지 않는 집단에 속해 있다면, 목표를 그다지 대수롭지 않은 것으로 여기기 쉽다. 여기에서 주변 사람의 80%는 아무 성과도 올리지 못한다. 따라서 우리도 조심하지 않으면 군중을 따라 떠다니면서 어디에도 닿지 못하는 신세가 될 것이다.

미래에 대한 모든 희망과 꿈과 계획, 포부와 야망이 목표를 세우는 능력과 의지에 달려 있다는 사실을 안다면 지금보다 훨씬 많은 사람이 목표를 세웠을 것이다. 목표가 행복하고 성공적인 삶을 꾸리는 데 얼마나 중요한지를 깨닫는 것 또한 마찬가지이다.

다섯 번째는 방법을 모르기 때문이다. 일반적으로 16~17년 정도 교육을 받으면 대학 학위를 취득할 수 있다. 그러나 그 과정에서 목표 설정에 관한 교육은 단 한 시간도 받지 못했을 것이다. 목표 설정은 장기적인 행복을 보장한다는 점에서 우리가 배울 수 있는 다른 어떤 과목보다 중요한데도 말이다.

그보다 최악의 실수는 목표를 정하는 법을 이미 알고 있다고 생각하는 것이다. 중요한 기술에 대한 이해도가 초보 수준임에도 이미 그 기술을 잘 알고 있다고 여기는 사람은 실패할 위험이 크다.

나는 수십 년 동안 목표 설정을 연구하고 관련 기술을 실천하면서 수많은 사람에게 목표 설정 방법을 가르쳤다. 그리고 매출 규모가 수십억 달러에 이르는 기업을 위한 전략 기획 및 목표 수립 작업을 진행했다. 이 내용을 나만큼 철저히 연구하고 적용하는 사람을 본 적은 없다.

그럼에도 나는 여전히 배워야 할 것이 많다고 느낀다. 정말 냉정하게 목표를 정하는 사람이 있다면 그 사람은 매우 부자이거나 매우 행복하거나, 아니면 둘 다일 것이다.

여섯 번째는 거절이나 비난에 대한 두려움이 커서이다. 우리는 어릴 때부터 남들의 비난과 비웃음 속에서 꿈과 환상, 생각을 짓밟혀 왔다. 어쩌면 부모가 목표를 달성할 수 없는 이유를 재빨리 지적한 이유는 우리가 부푼 꿈을 안고 실망하기를 원치 않았기 때문일지도 모른다. 그런가 하면 형제자매나 친구들은 자기들보다 큰 목표를 이루려고 생각할 때 우리를 비웃었을 것이다.

아이들은 바보가 아니다. 타인과 사이좋게 어울려 지내려면 그 사람들과 같은 길을 가야 함을 곧장 깨닫는다. 이러한 상황에서 살아가는 아이는 시간이 지나면 점차 새로운 아이디어나 목표 세우기를 중단한다. 그러한 활동에 수고할 가치가 없기 때문이다.

비판에 대한 두려움을 해결하는 방법은 목표를 비밀로 간직하는 것이다. 목표 설정에 뛰어난 사람은 자신의 목표를 비밀리에 부치는 법을 배운다. 그러니 아무에게도 말하지 말자. 우리의 목표를 잘 모르는 사람은 우리를 비웃거나 비난할 수 없다. 하지만 유일하게 예외를 두어야 할 곳은 목표 달성에 도움을 받을 상사나 배우자 같은 사람뿐이다. 또 목표 지향적인 타인과 목표를 공유하는 것도 좋은 방법이다.

물론 그보다 더 좋은 방법은 자신의 목표를 털어놓는 사람을 격려하는 것이다. 그들에게 목표만을 좇으라고 말하자. 할 수 있다는 격려의 한마디도 빼놓지 말자. 이처럼 타인을 격려하면 당신도 의욕이 생긴다. 이는 파종과 수확의 법칙을 가장 잘 활용한 사례이다. 타인이 자신을 격려해 주기를 바란다면 우리 또한 그 기회가 있을 때마다 타인을 격려하도록 하자.

일곱 번째는 실패에 대한 두려움 때문이다. 이것이 가장 중요한 원인으로, 성공의 가장 큰 장애물이기도 하다. 두려움 때문에 사람들은 계속 안전지대에 머물려고 한다. 또한 세월이 흘러도 고개를 푹 숙인 채 안전한 방법만을 택한다.

실패에 대한 두려움은 "할 수 없어."라는 태도로도 표현된다. 이는 어린 시절 부모가 허락하지 않은 일을 한 것에 대한 비난과 처벌을 통해 학습된다. 이때 형성된 두려움은 다른 부정적인 감정에 비해 강력하게 희망을 마비시키고, 야망을 거세한다.

사람들은 대부분 성공을 이루는 과정에서 실패의 역할을 이해하지 못한다. 따라서 실패를 두려워한다. 그러나 규칙은 간단하다. 실패 없는 성공이란 있을 수 없다. 즉 실패는 성공을 위한 필수 조건이며, 인류 역사상 가장 큰 실패는 가장 큰 성공이기도 했다. 그 예로 베이브 루스 Babe Ruth 가 홈런왕의 자리에 오른 해, 그는 다른 선수보다 삼진을 많이 당했다.

실패는 성공의 필수 조건이다.

성공은 숫자놀음이다. 즉 시도 횟수와 성공 확률 사이에는 직접적인 상관관계가 있다는 것이다. 아메리칸 리그에서 성적이 가장 나쁜 야구선수라도 타석으로 날아오는 공 하나하나에 전력을 다해 배트를 휘두른다면, 안타 속에서도 끝내 홈런을 치는 것이 확률의 법칙이다. 이때 온 힘을 다해, 그리고 삼진을 걱정하지 말고 계속 배트를 휘두르는 것이 핵심이다. 이와 관련하여 나폴레온 힐은 "모든 역경에는 그와 동등하거나 더 큰 기회와 성취의 가능성이 숨어 있다. Within every adversity is the seed of an equal or greater opportunity or advantage."라고 말한 바 있다.

성공은 숫자놀음이다.

일시적인 실패에 대처하려면 문제 속에서 귀중한 교훈을 찾아야 한다. 그러니 역피해의식 중독자가 되자. 그렇게 자신에게 일어나는 일이 모두 목표와 멀어지게 만드는 것처럼 보이더라도, 결과적으로 달성에 도움이 된다는 확신을 갖도록 하자.

대부분 위대한 성공을 이루기 전까지는 크나큰 실패가 존재했다. 경험을 통해 성공에 가까이 다가갈 수 있음을 이해하고, 좌절을 더 큰 노력의 원동력으로 삼겠다고 미리 결심하도록 하자. 특히 사업이나 영업 분야에 반드시 필요한 일일 것이다.

한편 일시적인 패배는 "이 앞에서 멈추고 다른 방향으로 돌아가세요."라 적힌 표지판이라고 생각하자. 5년간 진행된 한 연구에 따르면 리더의 핵심 자질은 '실패'나 '패배' 같은 단어를 절대 사용하지 않는 것이었다. 대신 그들은 '귀한 교훈이 된 경험'이나 '일시적인 문제' 등의 표현을 사용했다. 일시적인 실패와 좌절을 최고의 성공을 위해 반드시 마주해야 할 것으로 받아들이면 실패에 대한 두려움을 극복할 수 있다.

/ 높은 성취를 달성하는 원칙

전략적 사고와 목표 설정은 인생을 극적으로 바꾸는 경험이 될 수 있다. 이와 관련하여 높은 성취도에 반드시 필요한 목표 설정의 다섯 가지 기본 원칙이 있다.

첫 번째는 '일치의 원칙'이다. 최고의 성과를 올리려면 목표와 가치관이 마치 장갑을 낀 손처럼 딱 들어맞아야 한다. 가치관은 옳고 그름과 선악, 중요하고 의미 있는 것에 대하여 내면의 가장 깊은 곳에 자리한 신념을 나타낸다. 자신의 일과 목표, 가치관이 완벽히 일치해야 큰 성과와 자부심을 얻을 수 있다.

두 번째 원칙은 '강점'이다. 사람들은 모두 한 가지 이상의 일에 탁월한 능력을 지니고 있다. 따라서 자신의 강점을 찾고, 이를 바탕으로 재능을 발굴해야 잠재력을 최대한 발휘할 수 있다.

동기부여 작가인 에멧 폭스 Emmett Fox 는 앞의 내용을 두고 '진정한 소망'이라고 했다. 진정한 소망을 찾고, 그것에 자신의 삶을 바치기 전까지 우리에게 행복이나 만족은 없다. 이는 우리가 탁월한 능력을 발휘할 수 있는 유일한 일이다. 물론 커리어의 발전에 따라 강점도 바뀔 것이다. 하지만 성공한 사람이라면 모두 자신만의 강점을 찾아내 그 분야에서 뛰어난 사람이 되려고 진심을 다했다.

> **자신의 강점을 찾아야만
> 잠재력을 최대한 발휘할 수 있다.**

세 번째 원칙은 '다이아몬드의 땅 Acres of Diamonds '이다. 이 개념은 20세기 초 필라델피아 템플대학교 설립자인 러셀 콘웰 Russell Conwell 의 강연 제목이다. 해당 강연은 다시 열어 달라는 요청만 무려 5,000번 이상을 받을 정도로 큰 인기를 구가했다. 어쨌든 이 이야기는 우리가 찾던 기회가 바로 지금 발밑에 있을 것임을 시사하는 이야기라 할 수 있다.

'다이아몬드의 땅'의 주인공인 늙은 농부는 아프리카에서 다이아몬드 광산을 발견하여 엄청난 부자가 된 사람들의 소식을 듣고 기대감에 차 있었다. 그는 농장을 팔고 사람들을 모아 광활한 아프리카에서 다이아몬드를 캐내어 막대한 부를 쌓아야겠다고 결심했다. 그렇게 그는 수년 동안 그 넓은 아프리카 대륙에서 다이아몬드를 찾아다녔다. 하지만 결국 자금이 바닥나자 절망에 빠진 그는 홀로 바다에 몸을 던져 스스로 목숨을 끊고 말았다.

한편 늙은 농부가 내놓은 농장을 사들인 한 농부는 어느 날 농장 건너편에 흐르는 개울에서 당나귀에게 물을 먹이고 있었다. 거기서 눈에 띄게 번쩍이는 기묘한 돌을 발견했다. 그는 돌을 집으로 가져갔지만, 이후 그 돌을 크게 신경 쓰지 않았다.

그로부터 몇 달 뒤, 사업차 여행 중이던 한 상인이 농장에서 하룻밤 묵다가 그 돌을 보았다. 이에 상인은 농부에게 다이아몬드에 대한 기대감으로 농장을 팔고 떠났던 늙은 농부가 드디어 돌아왔냐고 물었다. 아니다. 늙은 농부를 다시 본 사람은 아무도 없었다. 그런데 상인은 왜 갑자기 흥분했을까?

그 와중에 상인은 돌을 집어 들고 "이게 바로 그 비싸고 귀한 다이아몬드라고요!"라고 말했다. 농부는 의심스러워했지만, 상인은 그 다이아몬드를 어디서 발견했는지 보여 달라고 했다. 그렇게 그들은 농부가 당나귀에게 물을 먹였던 곳으로 갔다.

주위를 둘러보던 두 사람은 또 다른 다이아몬드를 발견한 이후, 이곳저곳에서 연달아 다이아몬드를 찾아냈다. 알고 보니 농장이 있는 땅 전체가 다이아몬드로 뒤덮여 있던 것이다. 결국 늙은 농부는 자신의 발밑을 살펴보지도 않은 채 다이아몬드를 찾아 아프리카로 무작정 떠난 것이다.

마찬가지로, 우리만의 다이아몬드도 지금 발밑에 있을 것이다. 그러나 그 다이아몬드는 각자 힘든 일로 위장하고 있을 것이다. 흔히 "기회는 작업복을 입고 찾아온다. Opprtunities come dressed in work clothes."라고들 말한다. 우리의 다이아몬드의 땅은 당신의 재능, 관심사, 교육 수준, 배경과 경험, 직업,

/ '나'다운 삶의 원동력, 목표 /

거주지와 인맥에 달려 있다. 시간을 내어 작업에 착수한다면 발밑에서 다이아몬드 광맥을 찾아낼 수 있다.

네 번째는 '균형의 원칙'이다. 최고의 성과를 위해서는 인생에서 중요한 여섯 가지 영역에서 다양한 목표를 세워야 한다. 자동차의 바퀴가 부드럽게 돌아가려면 균형이 맞아야 한다. 마찬가지로 우리의 삶이 순조롭게 진행되려면 영역별 목표가 서로 균등해야 한다.

우리에게 필요한 목표는 가족과 개인, 신체 또는 건강, 정신적, 지적인 것 외에도 학습이나 개인 개발을 위한 것들이 있다. 다음으로 경력과 업무를 위한 목표와 재정적, 물질적 목표도 필요하다. 마지막으로 영적 목표, 즉 내면의 발전과 더 고차원적인 이해를 위한 목표가 필요하다. 결과적으로 균형을 유지하려면 영역별 목표가 2~3개씩 있어야 한다. 따라서 총 12~18개의 목표가 필요하다.

목표 간 균형이 맞아야 언제나 자신에게 중요한 일을 할 수 있다. 업무 시간이 아니라면 가족과 함께 시간을 보낼 수 있다. 운동 일정이 없을 때는 개인적, 직업적 발전을 위해 노력할 수 있다. 명상이나 사색, 기타 내면의 발전을 도모하지 않는 때라면 물질적 목표 달성에 다가가는 데 시간을 쓸 수 있다.

다섯 번째 원칙은 중요하고 명확한 인생 목표를 나타낸 강령문이다. 여기에서 '중요하고 명확한 목표'란 자신의 최우선적인 목표, 즉 당장의 다른 목표보다 중요한 것을 말한다. 목표는 다양하게 세울 수 있지만, 중요하고 명확한 목표는 단 하나뿐이다. 당신의 삶에서 가장 중요한 목표를 정하지 못하면 목표를 향한 노력이 분산될 것이다. 이에 시간을 낭비하면서 발전이 더뎌지기 시작할 것이다.

> **'중요하고 명확한 목표'란 자신의 최우선적인 목표,
> 즉 당장의 다른 목표보다 중요한 것을 말한다.**

주요 목표는 "어떤 목표를 달성해야 다른 목표 달성에 가장 많은 도움이 될까?"라는 질문을 던지고, 그 답을 분석하면서 정한다. 보통은 재정적 목표이겠지만, 건강이나 인간관계와 관련된 목표일 수도 있다.

주요 목표의 선택은 세상의 모든 위대한 성공과 성취의 출발점이다. 그 목표는 곧 자신의 사명이자, 달성을 위한 전반적인 활동을 계획하는 원칙이 된다. 또한 그러한 목표는 믿음의 법칙, 끌어당김의 법칙, 상응의 법칙을 활성화하는 촉매제 구실도 한다. 흥미진진하고 중요한 목표가 있는 사람이라면 어떤 장애물과 한계에도 빠른 진전을 이루기 시작할 것이다.

망설임을 버리고 앞으로 나아가라

다음은 주요 목표 설정과 관련된 일곱 가지 질문이다. 스스로 질문하고, 그에 답하기를 반복해 보라.

첫째, 지금의 삶에서 가장 중요한 다섯 가지 가치관은 무엇인가? 이 질문은 자신에게 정말 중요한 것과 상대적으로 중요도가 떨어지는 것을 파악하는 데 도움이 된다.

위 질문에 답하기 위해 가장 중요한 5가지 가치관을 파악한 다음 1순위부터 5순위까지 우선순위를 정해 보자. 우리의 내면은 외면의 삶으로 표출된다. 그리고 가치관은 내면의 가장 깊은 신념을 정의한다. 따라서 목표를 세우기 이전에 자신의 가치관을 이해해야 한다. 가치관이 명확해야 자신에게

가장 중요한 것과 일치하는 목표를 세울 수 있다.

둘째, 지금의 삶에서 가장 중요한 세 가지 목표는 무엇인가? 이 질문에 대한 답을 30초 안에 써 보자. 이를 '빠른 목록 작성법'이라고 한다. 가장 중요한 목표나 문제 세 가지를 30초 안에 기록해야 하는 상황이 되면, 잠재의식이 이를 신속하게 정리하여 의식으로 떠올리게 한다. 30초 안에 쓴 답변이 30분을 들여 쓴 것처럼 정확할 것이다.

셋째, 자신의 수명이 6개월밖에 남지 않았음을 깨닫게 된다면 무엇을 하며 시간을 보낼 것인가? 이 질문은 자신이 관심 있어 하는 것과 사람을 명확하게 파악하는 데 도움이 된다.

누군가는 남은 삶이 한 시간뿐이라면, 그 시간에 무엇을 할지 모르는 사람은 제대로 살 준비가 안 되었다고 말한 이도 있다. 당신이라면 그 시간에 무엇을 할 것인가? 종이에 적어 보도록 하자.

넷째, 내일 바로 별도의 세금 없이 100만 달러의 현금이 생긴다면 삶을 어떻게 바꿀 것인가? 그리고 어떠한 점이 달라질 것인가? 무엇을 살 것이며, 어떤 일을 시작하거나 멈추겠는가?

위 질문에 대한 답은 2~3분 안에 작성해야 한다. 아니면 당장 쓴 내용만큼만 바꿀 수 있다고 상상해 보자. 해당 질문은 시간과 돈이 충분하고, 실패에 대한 두려움이 없음을 전제로 할 일을 정하는 데 도움이 된다.

다섯째, 늘 하고 싶은 일이었지만 시도하기 두려웠던 일이 있는가? 그렇다면 할 의향이 있는 일이었음에도 자신을 가로막는 것은 무엇이었는가? 이 질문은 정말 하고 싶은 일에도 머뭇거리게 하는 두려움이 어디에 있는지를 확인할 수 있게 해 준다.

여섯째, 세상에서 가장 즐거운 일은 무엇인가? 달리 말하자면 정말 좋아하는 일은 무엇인가? 그리고 가장 큰 자부심과 만족감을 안겨주는 활동은 무엇인가? 이는 가치관에 관한 또 다른 질문이다. 이들 질문에서는 스스로 원하는 것을 찾기 위해 살펴보아야 할 곳을 알려 준다.

일곱째, 램프의 요정 지니가 마술 지팡이를 들고 나타나 소원을 한 가지 들어 준다고 상상해 보자. 지니는 우리가 하려는 일의 경중과 기간에 상관없이 절대적이고 완전한 성공을 거둘 것이라고 보장한다. 이때 무슨 소원을 빌 것인가? 어느 것에도 구애받지 않고 성공이 절대적으로 보장되는 일을 한다면 목표를 어떻게 세울 것인가?

일곱 가지 질문 가운데 이 질문이 가장 중요할 것이다. 이 질문에는 어떤 답이라도 적을 수 있다는 사실 자체만으로 당신이 대답으로 쓴 일을 달성할 수 있다는 뜻이다. 이처럼 원하는 것을 파악하고 난 뒤에는 "그 일을 간절히 원하는가, 그 대가를 기꺼이 치를 수 있는가?"라는 질문이 따라올 것이다.

> 원하는 것을 파악하고 난 뒤에는
> "그걸 정말 간절히 원하는가,
> 그 대가를 기꺼이 치를 수 있는가?"
> 라는 질문이 따라올 것이다.

실천하기

질문을 알았으니 이제 연습할 차례다.

몇 분간 시간을 내어 노트 위에 지금까지 소개한 질문의 답을 모두 적어 보자.

다 적었다면 답을 살펴보면서 현재 자신의 삶에서 가장 중요하고 확실한 목표를 하나만 고른다. 자신을 위한 목표를 글로 작성하는 일만으로도 당신은 상위 3% 안에 들 것이다.

이를 통해 당신은 이제 계획을 세우고 신속하게 진행할 준비가 되었다.

핵심 포인트

- ✓ 실패 또한 성공을 이루는 중요한 요소이다.
- ✓ 모든 좌절 속에서 귀중한 교훈을 찾자.
- ✓ 목표 설정에는 일치의 원칙, 강점, 다이아몬드의 땅, 균형의 원칙, 중요하고 명확한 목표에 대한 강령이라는 5가지 기본 원칙이 있다.
- ✓ 목표 설정에 관한 7가지 질문으로 당신의 목표를 명확히 정의하자.

제5장

성공을 향해 정진하라

　　　　　　　　　　　　　지금까지 살펴본 바와 같이 우리가 개발할 수 있는 가장 중요한 성공 습관은 지속적인 목표 설정에 있다. 그리고 행동의 경우 명확하고 도전적인 목표 하나를 정하고 달성하는 것이다. 목표의 선택과 달성은 당신을 긍정적인 사고 영역에서 앎의 영역으로 움직이도록 한다.

　당신의 역할은 의심의 그림자를 거두고, 스스로 원하는 목표를 세우고 달성할 수 있음을 아는 지점에 도달하는 것이다. 그때부터는 누구도 막을 수 없을 정도로 미래가 무한하게 펼쳐진다. 역경을 극복하고 곤란한 상황에 맞서 쟁취한 승리가 주는 성취의 전율은 뇌의 엔도르핀 분비를 촉진하여 어디에서도 얻을 수 없는 기쁨과 쾌감을 선사한다.

　계속해서 목표를 세우고, 정신력을 모두 활용하는 습관은 결국 긍정적인 중독이 된다. 일찍 잠에서 깨어 빨리 하루를 시작하고 싶어 온몸이 근질거리고, 밤에 잠자리에 드는 것이 싫어질 것이다. 또한 긍정적인 마음가짐과 자신감이 넘치기 시작하면서 친구들도 거의 알아보지 못할 것이다.

> **지속적인 목표 설정 습관은
> 결국 긍정적인 중독이 된다.**

그러나 우리에게 극복하기 가장 힘든 정신적 장애물이 하나 있다. 이는 관성으로, 다시 안전지대로 돌아가 앞으로 나아갈 동력을 잃어버리는 것이다. 이에 사람의 성품을 정의한 것 중에 최고로 꼽을 만한 것은 무언가를 결심한 이래로 그것을 지켜 나가는 능력일 것이다.

목표는 누구나 정할 수 있다. 그만큼 많은 사람도 목표를 세운다. 새해가 되면 전체 인구의 반 이상이 새로운 결심을 다지겠지만, 그것만으로는 충분하지 않다. 이와 관련하여 앞으로의 일은 목표를 설정하고, 그 목표를 달성하기 위한 계획을 세우는 방식에 따라 달려 있다고 말할 수 있다.

목표 달성 능력을 극대화하려면 체계적인 방법이 필요하다. 원하는 것을 이루는 데 필요한 정신력을 모두 발휘하려면 특정한 상황과 목표에도 반복해서 사용할 수 있도록 검증된 프로세스가 필요하다.

이 장에서 배우게 될 12단계 프로세스는 지금까지 개발된 방법 가운데 가장 효과적일 것이다. 전 세계의 수십만 명이 해당 프로세스로 삶에 혁명을 일으켜 왔다. 또한 기업에서는 더 큰 성공과 수익성을 위해 내부 조직을 개편하는 수단으로 사용한 바 있다. 세상의 모든 진리가 그렇듯 이 프로세스 또한 매우 단순하지만 아주 효과적이다. 그 방법에 의심을 품는 사람들까지 놀랄 만큼 말이다.

12단계 프로세스의 전반적인 목적은 외부 세계에서 달성하고자 하는 목표와 동등한 정신적 가치를 창조하는 것이다. 마음의 법칙에서는 생각이 자신을 대상화한다고 말한다. 이렇듯 우리는 스스로 생각하는 것을 구현할 수 있다. 그런데 그 생각이 명확하고 생생하다면 목표 달성의 시점을 우리의 상상보다 빠르게 앞당길 수 있다.

위에서 언급한 바는 목표를 이룬 모습을 머릿속에 얼마나 명확하게 떠올릴 수 있는지, 그리고 그 생각이 실제 삶에서 얼마나 빨리 나타나느냐와 직접적으로 연관된다. 다음 12단계 프로세스는 우리의 생각에서 모호한 것을 명확하게 만들고, 원하는 곳으로 향하는 길을 열어 줄 것이다.

이기적 열망을 불태워라

목표의 설정과 달성을 위한 첫 단계는 '열망'이다. 이는 동기 부여에 도움을 주는 힘으로, 대다수 사람의 삶을 방해하는 두려움과 관성을 극복할 수 있도록 돕는다.

두려움은 성공에 가장 큰 장애물에 속한다. 이에 우리는 자신을 과소평가하고, 자신의 능력에 비해 훨씬 적은 것에 만족하는 경향을 보인다. 감정의 법칙에 따르면 우리는 두려움이나 욕망 같은 감정에 따라 모든 결정을 내린다. 또 강한 감정이 약한 감정을 이겨낸다고도 한다.

한편 집중의 법칙에서는 우리가 계속 관심을 기울이는 것이라면 뭐든 성장한다고 말한다. 자신의 열망을 곰곰이 생각하고, 기록하며, 이를 중심으로 계획을 계속해서 세우다 보면 열망이 더욱 강해진다. 이러한 과정을 통해 강력해진 열망은 두려움을 밀어낸다. 이처럼 성취에 대한 불타는 열망을 이용하면 자연스럽게 방해 요소가 가장 적은 길을 택하려는 관성을 극복할 수 있다.

> **우리는 감정에 따라 모든 결정을 내린다.**

열망이란 언제나 개인적이다. 무언가를 원하는 일은 곧 자신에 대한 타인의 기대나 바람이 아닌, 오로지 자신만을 위해야 한다. 그러니 삶의 주요 목적을 정할 때는 완벽하게 이기적이어야 한다. 즉 되고 싶은 것, 갖고 싶은 것, 하고 싶은 것이 무엇인지 절대적으로 명확해야 한다는 것이다.

그렇다면 인생에서 큰 목표 단 하나만 달성할 수 있다면, 그 목표는 무엇인가? 우리의 존재 이유는 무엇이며, 왜 이곳에 있는가? 그리고 어떤 성취가 가장 큰 행복과 만족감을 줄 수 있을까?

큰 성공, 특히 부를 얻는 데 필요한 자질은 갑작스러운 홍수처럼 모든 장애물을 휩쓸어 버리는 강력한 감정, 즉 불타는 열망이다. 우리에게 오랜 시간 간절히 원하는 것이 있다고 생각해 보자. 그것을 손에 넣는 과정을 방해하는 것은 사실상 아무것도 없다. 이에 열망이 모든 과정의 출발점이 된다.

/ 걸음마다 확신을 새겨라

목표 설정의 두 번째 단계는 믿음이다. 잠재의식과 초의식 능력을 활성화하려면 목표를 확실히 달성할 수 있음을 절대적으로 확신해야 한다. 이에 자신은 목표를 달성할 자격과 준비가 되었으니 예정대로 목표가 이루어지리라는 믿음을 가져야 한다. 그렇게 믿음과 신념이 깊어지면서 목표를 달성할 수 있다는 절대적인 확신으로 바꾸어 나가야 한다.

믿음은 정신력을 활성화하는 촉매이다. 이러한 점에서 처음에는 특히 현실적이고 그럴듯한 목표를 세워야 한다.

> 목표를 달성할 자격이 있고,
> 그 목표가 예정대로 이루어지리라는
> 믿음을 가져야 한다.

가령 돈을 더 많이 버는 것이 목표라면, 앞으로 12개월 동안 소득을 25~50% 늘리겠다는 목표를 세우자. 참으로 매력적인 목표이지 않은가. 이러한 목표는 그럴듯하므로 동기 부여의 원천이 될 수 있다. 반면 목표가 이미 달성한 일과 너무 동떨어져 있다면 의욕이 꺾이면서 쉽게 낙담하며, 그 일이 가능하다는 믿음도 금방 사라진다.

완전히 비현실적인 목표는 일종의 자기기만이다. 그리고 자기기만으로 목표를 달성하기란 불가능하다. 목표를 이루겠다면 이 책에서 얘기한 원칙과 조화를 이루면서 강도 높고, 실용적이며 체계적인 노력을 기울여야 한다. 그 예로 체중 감량을 원한다면 단순히 10~30kg 감량이 아닌, 앞으로 30~60일 안에 2kg 감량을 목표로 삼아야 한다. 일단 성공했다면 앞으로 그만큼을 추가로 줄이겠다는 새로운 목표를 정한다. 이 과정을 이상적인 체중에 도달할 때까지 계속 반복한다. 체중을 2kg 줄이겠다는 목표는 그럴듯해 보이지만, 10kg~30kg의 체중 감량은 가능할 것이라고 받아들이기 힘들다.

부모로서 할 수 있는 일 가운데 아이가 현실적이고 달성할 수 있는 목표를 세우도록 돕는 것이 자녀를 위하면서도 가장 도움이 되는 일이다. 따라서 목표를 정하고 달성하는 습관을 키워야 한다.

그렇다고 반드시 큰 목표를 세워야 하는 것은 아니다. '티끌 모아 태산'이라는 옛말이 있지 않은가. 아이가 작은 목표부터 세우고 달성하는 습관을 기른다면, 그다음부터는 중간 크기의 목표로 옮겨 가면서 결국 더 큰 목표로 나아가게 될 것이다.

큰 목표를 달성하려면 먼저 그만큼의 상당한 노력이 필요하다. 때로는 큰 목표를 달성할 준비가 되기까지 몇 주에서 몇 달, 심지어 몇 년 동안의 노력이 필요할 수도 있다. 한마디로 사전부터 준비가 필요하다는 것이다. 그리고 당신이 특출나게 똑똑하거나 재능이 있지 않은 한 자신에게 솔직해야 한다. 이에 달성할 가치가 있는 목표라면 인내심을 갖고 꾸준히 노력해야 한다는 사실을 받아들여야 한다.

사람들 가운데 자신의 능력을 훨씬 뛰어넘는 목표를 정하는 이도 많다. 그들은 한동안 그 목표를 위해 노력하다가 결국 그만두고 만다. 이후 낙담하면서 목표 설정이 자신에게 별 소용이 없다는 결론을 내린다. 이러한 상황은 대개 짧은 시간 안에 과도하게 많은 일을 하려는 의도에서 비롯된다.

믿음의 힘과 관련하여 우리의 주된 책임은 바로 긍정적인 태도를 유지하는 것이다. 이는 특정한 방식에 따라 일을 계속하다 보면 준비가 끝났을 때, 언젠가 목표를 달성하는 데 필요한 사람과 자원을 끌어들일 수 있으리라 확신하는 것이다.

목표에 생명을 불어넣는 기록의 힘

세 번째 단계는 기록이다. 글로 적지 않은 목표는 목표가 아니다. 그저 단순한 소망에 지나지 않는다. 일반적으로 소망이란 에너지가 뒤따르지 않는 목표, 이를테면 화약 없는 탄환과 같다고 정의할 수 있다.

그러나 종이에 목표를 적으면 그 내용이 또렷하게 나타나고 손에 잡힐 듯 확실해진다. 우리는 목표를 적은 종이를 집어 들고, 보고, 잡고, 만지고, 느낄 수 있다. 이는 곧 허공에 떠돌던 생각과 말을 종이에 적음으로써 현실적으로 시도할 수 있는 형태가 되었다는 것이다.

목표를 잠재의식에 각인하는 가장 확실한 방법은 그 목표를 현실에서 보고 싶은 모습대로 명확하고, 생생하며 자세하게 기록하는 것이다. 여기에서는 어떤 것이 가능한가보다 무엇이 옳은가를 가장 먼저 결정해야 한다. 또한 자신의 한계는 걱정하지 말고, 자신이 진정으로 원하는 것부터 결정해야 한다.

목표에 대한 설명은 모든 면에서 이상적이어야 하니 세부 사항도 빠뜨려서는 안 된다. 처음부터 목표를 어떻게 달성할 것인지를 당장 걱정할 필요는 없다. 초기에 할 일은 목표의 달성 과정에 대한 고민이 아니다. 바로 자신이 원하는 것을 결정하고, 이를 절대적으로 확신하는 것이다.

몇 년 전, 우리 부부는 경기 침체기에 현금을 마련하고 각종 대금을 지불하기 위해 집을 팔아야 했다. 그리고 임시로 임대주택에 입주해 2년 동안을 살았다. 이 기간에 우리가 꿈꾸는 집을 진지하게 생각해 보기로 했다.

우리에게 남은 돈은 거의 없었지만, 아름다운 주택 사진과 설명이 실린 잡지를 여러 권 구독했다. 그리고 일주일에 한 번씩 아내와 함께 앉아 잡지를 읽으며, 우리가 생각하는 이상적인 집에서 느끼고 싶은 여러 특징을 얘기했다. 비용이나 위치, 계약금 생각은 잠시 잊고, 나는 우리 가족을 위한 완벽한 집에 필요하다고 생각되는 42가지 특징을 목록으로 작성했다. 그런 다음 목록은 잠시 접어 두고, 일에만 몰두했다.

그로부터 3년이 지나는 동안 수많은 일이 일어났다. 우리는 2년 뒤 세 들어 살던 집에서 나와 우리가 매입한 집으로 이사했다. 예상치 못했던 온갖 일이 일어난 이후, 드디어 상황이 모두 정리되었을 때 우리는 캘리포니아주 샌디에이고에 있는 140평 규모의 햇살 가득한 멋진 집에 살게 되었다.

그날 나는 이삿짐을 풀면서 목록을 발견했다. 우리가 산 집은 3년 전에 적어 둔 42가지 특징 목록 가운데 41가지를 만족하는 것으로 밝혀졌다. 유일하게 부합하지 못한 조건은 빌트인 built-in 진공청소기였는데, 이는 목록에서 그다지 중요하지 않은 조건이었다. 이 일화는 목표를 기록하고, 그 내용을 항상 떠올렸을 때의 효과에 관한 수백 가지 이야기 중 하나일 뿐이다.

목표를 기록하는 가장 중요한 이유는 마음속에 목표를 명확히 하는 것 외에도 목표를 적는다는 행동 자체만으로 목표 달성에 대한 열망과 믿음을 강화하기 때문이다. 이와는 다르게 사람들이 목표를 적지 않는 주된 이유는 그것이 내심 아무 소용도 없을 것이라는 생각에서 비롯된다. 그러나 목표를 기록하는 연습을 꾸준히 한다면, 실패 메커니즘은 멈추고 성공 메커니즘을 최대한 활용하게 된다.

> **목표를 기록하면 실패 메커니즘이 멈춘다.**

끊임없는 이유로 열망을 담금질하라

네 번째 단계는 목표 달성을 통해 얻을 수 있는 모든 이점을 목록화하는 것이다. 목표가 성취라는 용광로에서 연료의 역할을 하는 것처럼, 동기는 열망을 강화하고 멈출 수 없게 만드는 힘이다. 따라서 열망의 수준은 동기, 즉 행동의 이유에 따라 달라진다. 당연하게도 이유가 많을수록 의욕도 높아진다.

이 장의 내용과 관련한 이야기로, 소크라테스에게 지혜를 얻는 방법을 물은 젊은이에 관한 일화가 있다. 이에 소크라테스는 청년을 데리고 근처 호수로 걸어 들어갔다. 수심이 1.2m쯤 되자 소크라테스는 갑자기 청년의 머리를 물속으로 밀어 넣더니 움직이지 못하게 계속 잡고 있었다.

청년은 처음에 장난인 줄 알고 저항하지 않았지만, 물속에 계속 갇혀 있게 되자 정신이 번쩍 들기 시작했다. 청년은 산소 부족으로 폐가 타들어 가는 듯함을 느끼자, 그는 소크라테스의 손아귀에서 벗어나기 위해 필사적으로 몸부림쳤다.

마침내 소크라테스가 청년의 머리를 놓아주자, 그는 콜록거리며 힘겹게 숨을 몰아쉬었다. 이에 소크라테스는 "지금 들이쉬는 산소만큼이나 지혜를 갈망한다면, 그 무엇도 당신이 지혜를 얻는 걸 막지 못할 것이다."라고 말했다.

따라서 우리는 목표 달성을 통해 얻게 될 모든 이익과 만족감, 그리고 즐거움을 계속 생각하면서 열망을 뜨겁게 달구어야 한다. 사람들은 저마다 다른 것에 의욕을 가지고 열광한다. 누군가는 돈과 큰 집에 살면서 근사한 차를 몰 수 있는 가능성에 열광한다.

한편 인정이나, 지위, 명성, 그리고 다른 이들의 존경을 한몸에 받을 생각에 의욕이 생기는 사람도 있다. 유명 작가 E. M. 포스터 E. M. Forster 는 "나는 존경하는 이들의 존경을 받기 위해 글을 쓴다."라고 말했다.

목표를 달성했을 때, 당신이 누릴 수 있는 모든 이점의 목록을 작성해 보자. 그 이점이 유형적이든 무형적이든 상관없다. 목록이 길어질수록 그 누구도 막을 수 없을 정도로 목표 달성을 향한 의지가 강해질 것이다.

또한 목표를 달성하려는 이유가 한두 가지 정도라면 그만한 수준의 의욕만 일어날 것이다. 그렇기에 일이 힘들어지면 쉽게 낙담할 것이다. 어찌 보면 당연한 결과이다. 그러나 목표를 달성해야 하는 이유가 20개나 30개, 심지어 50개씩이나 있다면 그 누구도 거스르지 못하는 자연의 힘에 필적하는 위력을 발휘하게 될 것이다. 그 힘을 통해 마음먹은 일을 이룰 때까지 어떤 것도 당신의 꾸준한 노력을 방해하지 못할 것이다.

/ 시작을 알아야 끝이 보인다

다섯 번째 단계는 자신의 위치, 즉 출발점을 분석하는 것이다. 예컨대 체중 감량을 결심했다면 가장 먼저 해야 할 일은 체중을 재는 것이다. 또한 특정 액수의 순자산을 달성하고자 한다면 먼저 개인 재무제표를 작성하면서 현재 보유한 재산 가치가 얼마인지부터 알아보자.

위와 같이 시작점을 결정하면 진행 상황을 측정할 수 있는 기준이 생긴다. 자신의 일이 어디에서부터 시작되었고, 어떠한 과정으로 진행되는가가 명확할수록 원하는 곳에 도달할 가능성이 커진다. 이는 모두가 알아야 할 정도로 중요한 사실이라 할 수 있다.

/ D-day는 유연하게

여섯 번째 단계는 기한을 정하는 일이다. 소득이나 순자산 올리기 외에 체중 감량이나 일정 거리 달리기 등의 건강 개선 목표처럼 실질적이고 측정 가능한 목표에는 기한을 정해야 한다. 유형의 목표에 달성 기한을 정해두면 그 사실이 마음속에 각인되면서 잠재의식 내부의 압박 시스템이 활성화된다. 따라서 늦더라도 대부분은 마감일까지 목표를 달성할 수 있다.

그러나 인내심, 친절, 동정심, 자기 수양 등 무형의 목표에는 마감일을 정하지 않는 게 좋다. 개인적인 자질에 발전 기한을 정한다면, 압박 시스템이 발동되면서 그 자질을 처음 드러내기 시작한 날이 마감일이 되어 버린다.

한편 마감일까지 목표를 달성하지 못할 것이라는 두려움으로 가끔 마감일 정하기에 거부감을 보이는 사람들이 있다. 그들은 낙담하는 상황을 피하기 위해 할 수 있는 일을 모두 한다. 그렇다면 기한을 정했는데도, 기한까지 목표를 달성하지 못하면 어떻게 될까?

답은 간단하다. 다른 마감일을 정하면 된다. 기한 내에 목표를 달성하지 못하는 것은 아직 목표에 뛰어들 준비가 되지 않았음을 뜻한다. 이는 단지 예측을 잘못한 것뿐이다. 혹시나 새로운 마감일까지도 목표를 달성하지 못할 수도 있을 것이다. 하지만 걱정은 접어 두자. 그 목표를 달성할 때까지 다른 마감일을 정하면 된다.

> **마감일까지 목표를 달성하지 못하겠다면
> 다른 마감일을 정하자.**

나의 친구 돈 허드슨 Don Hudson 에 따르면 세상에 비현실적인 목표 같은 건 없다. 대신 그는 비현실적인 기한이 있을 뿐이라고 말한다. 그러나 구체적인 계획과 현실적인 목표를 충실히 이행하기만 한다면, 정해놓은 기한이 다가오기도 전에 목표를 달성할 가능성이 80%는 될 것이라고 했다.

자신에게 중요하고 명확한 목표 달성을 위해 2년이나 3년, 길게는 5년의 기한을 정했다고 생각해 보자. 그렇다면 다음 단계에서는 큰 목표를 90일 단위의 하위 목표로 나눈다. 그리고 다시 그 90일짜리 목표를 30일 단위의 하위 목표로 더욱 세분화하는 것이다. 이처럼 장기 목표를 중심으로 삼는다면, 꾸준한 계획 진행을 위한 현실적인 단기 목표와 중기 목표를 보다 쉽게 정할 수 있다.

'바위'를 정리하라

일곱 번째 단계는 자신과 목표 달성 사이에 존재하는 모든 장애물을 목록으로 작성하는 것이다. 무릇 큰 성공이 가능한 곳에는 그만큼 커다란 장애물이 존재한다. 사실 장애물은 곧 성공과 성취의 이면이라고 할 수 있다. 자신과 목표 사이에 장애물이 없다면, 이는 목표가 아니라 단순한 활동일 것이다.

머릿속에 떠오르는 장애물을 전부 나열했다면, 이제 중요한 순서대로 정리해 보자. 당신과 목표 사이에 존재하는 가장 큰 장애물은 무엇인가? 나는 이를 '바위'라고 부른다. 가치 있는 일을 성취하는 길목에는 다양한 걸림돌과 장애물을 비롯한 우회로가 있을 것이다. 이 가운데 특히 진행에 방해가 되는 거대한 바위 같은 장애물이 존재하게 마련이다. 작은 문젯거리에 골몰하다가 더는 손쓸 수 없는 상태가 되기 전에, 우리는 바위를 제거하는 데 집중해야 한다.

장애물이나 바위는 우리의 내면이나 외부 모두에 존재한다. 내면이라면 목표 달성에 꼭 필요한 특정 기술이나 능력, 자질의 부족이 있을 것이다. 이때는 매우 객관적인 태도를 유지하면서 "목표를 달성하기 위해 내가 변화해야 할 부분이나 개발해야 할 능력이 있는가?"라는 질문이 필요하다.

외부의 장애물이라면 잘못된 직업이나 회사, 인간관계, 심지어 직종까지 이 범주에 포함된다. 결국 목표를 달성하려면 다른 곳에서 다른 일을 시작해야 할지도 모른다.

그렇다면 당신의 길을 막는 바위는 무엇인가?

/ 정보가 곧 무기다

여덟 번째 단계는 목표 달성에 필요한 추가적인 정보를 파악하는 것이다. 우리는 정보 중심의 사회에 살고 있다. 따라서 자신에게 필요한 정보를 갖고 있는 사람이 가장 성공한다.

경제나 직업의 측면과 관련하여 흔히 저지르는 실수는 대부분 정보의 부족이나 부정확성에서 기인한다. 이와 관련하여 당신에게 필요한 지식이나 정보가 없다면, 그 정보를 어디서 얻을 수 있을까?

그렇다면 필요한 핵심 기술이나 활동을 독서와 학습을 통해 독학해야 하는가, 해당 지식을 지닌 사람을 고용하여 배워야 하는가? 아니면 필요한 지식을 갖춘 컨설턴트나 전문가를 임시로 고용할 수 있는가? 또한 당신이 몸담고 있는 분야에서 성공을 거둔 사람이 누가 있는가? 그 사람에게 직접 조언을 구할 수 있는가?

지금까지의 질문에 대하여 당신에게 필요한 정보나 재능, 기술, 능력 또는 경험의 목록을 작성해 보자. 그리고 이들 정보나 기술을 획득 및 구입하거나 대여할 계획을 최대한 빨리 세워 두도록 하자.

이상과 같이 목표를 이루기 위해서는 자신에게 부족하면서 중요한 정보를 정확하게 파악해야 한다. 여기에는 80/20 규칙을 적용할 수 있다. 이용 가능한 정보의 20% 이내에 당신에게 필요한 중요 정보의 80%가 포함되어 있다고 가정하는 것이다.

그렇다면 목표 달성과 관련하여 당신에게 가장 중요한 정보나 능력은 무엇인가?

협력은 성공의 또 다른 비밀병기

가치 있는 일을 이루기 위해서는 여러 사람의 도움이 필요한 법이다. 이와 관련하여 아홉 번째 단계는 당신에게 협력이 필요한 사람의 목록을 모두 작성하는 것이다. 여기에는 가족, 상사, 고객, 은행가, 비즈니스 파트너나 자금줄, 심지어 친구도 포함될 수 있다.

그다음 그 목록을 우선순위에 따라 다시 정리한다. 누구의 도움이 가장 중요한가? 그리고 두 번째로 중요한 사람은 누구인가? 이는 인과응보 법칙의 결과인 보상의 법칙과 관련된다. 모든 행동에는 그와 동등한 정도의 반대 반응이 따른다. 결국 우리는 투자한 만큼의 보상을 받게 된다는 것이다.

또한 보상의 법칙은 자신의 노력에 대한 보상을 받을 수 있다고 느낄 때만 사람들이 우리를 도와준다고 말한다. 그렇다면 '그 사람들이 날 돕도록 하려면 어떻게 해야 하는가?'가 핵심적인 질문이 될 것이다.

누구나 좋아하는 라디오 방송인 'WII-FM What's In It For Me?, 그 일을 도와줬

을 때 나에게 어떤 이득이 될까?'에 항상 귀를 기울여야 한다. 사회적, 또는 비즈니스 관계는 상호성의 법칙에 기초한다. 이는 우리가 다른 사람의 목표 달성을 돕겠다는 의지를 보여야 그들도 우리를 기꺼이 도울 것이다. 가장 성공한 이들은 곧 가장 많은 사람의 발전을 체계적으로 도운 사람들이기도 하다.

보상의 법칙은 또한 과잉 보상의 법칙, 즉 항상 받는 것보다 더 많은 일을 하는 습관으로 이어진다. 성공한 이들은 예상을 뛰어넘어 자신에 대한 기대치 이상의 일을 해낸다. 보상과 상호성의 관계에서 우리가 유일하게 통제할 수 있는 요소는 노력뿐이다. 이는 파종과 수확의 법칙을 따른다. 기회가 될 때마다 타인을 돕는다면, 그들도 결국 우리에게 필요한 도움을 줄 것이다.

> **성공한 이들은 예상을 뛰어넘어
> 자기 기대치 이상의 일을 해낸다.**

협조를 얻어야 하는 사람이나 집단, 조직을 평가할 때 고려해야 하는 우주의 법칙이 두 가지 있다. 바로 봉사의 법칙과 보답의 법칙이다. 이들 법칙은 인과 법칙의 하위 요소에 해당하며, 중요한 역할을 한다.

봉사의 법칙에 따르면 살면서 받는 보상은 언제나 타인에게 제공한 봉사의 가치와 동일하다. 한편 보답의 법칙은 언제나 자신이 준 만큼 돌려받게 될 것이라고 말한다. 열심히 일하면서 남을 돕고 정직하게 노력한다면 그 대가로 부를 비롯한 보상과 타인의 존경을 받게 될 것이다. 따라서 보답의 양과 질을 높이려면 남에게 제공하는 봉사의 양과 질부터 늘려야 한다.

평생을 바쳐 성공을 연구한 나폴레온 힐은 '마스터마인드 mastermind' 원칙이야말로 위대한 성취의 바탕이라는 결론을 내렸다. 이 원칙은 조직적인 노력, 즉 여러 사람이 서로 합의된 목표를 위해 함께 노력하는 것을 뜻한다. 타인과 효과적으로 협력하여 그들의 목표 달성을 돕고, 그 사람들 또한 우리가 목표를 달성하도록 도와주는 의지와 능력이야말로 성공에서 뗄 수 없는 요소이다.

계획은 인생의 기본기다

목표 달성의 열 번째 단계는 계획을 세우는 것이다. 무엇을, 어느 때에 원하는가? 그리고 계획을 어디서부터 시작해야 하며, 극복해야 하는 장애물은 무엇인가? 또한 목표 달성에 필요한 정보는 무엇이고, 누구에게 도움을 받아야 하는가 등을 자세히 적는 것만으로도 목표 달성을 위한 마스터플랜의 체계를 훌륭히 갖추게 된다.

계획은 시간과 우선순위에 따라 정리된 활동 목록이다. 시간을 기준으로 정리된 목록에는 가장 먼저 해야 할 일부터 시작해 목표 달성 전에 해야 하는 마지막 일까지 모두 포함되어 있다. 이 유형에서는 여러 활동을 동시에 수행하거나, 처음부터 끝까지 한 활동만 계속하기도 한다.

> **계획은 시간과 우선순위에 따라 정리된 활동 목록이다.**

한편 우선순위에 따라 정리된 계획은 활동을 중요도 순으로 나열한다. '가장 중요한 일과 그다음으로 중요한 일은 무엇인가?'라는 질문을 마음속에 계속해서 던지자. 완료된 목표에 대한 가치를 기준으로 모든 활동을 나열할 때까지 질문을 멈추지 말자.

몇 년 전, 한 대기업 회장이 나에게 흔치 않은 기회를 제안했다. 그 일은 일본의 한 자동차 제조 회사가 그에게 접근해 차량 유통권을 제안한 일이 발단이었다. 이에 회장은 나에게 대리점 인수 및 설립, 그리고 차량 수입과 유통의 관점에서 해당 차량을 평가할 수 있는지를 물었다.

나는 이 일이 나를 빠르게 발전시킬 수 있는 기회가 되리라고 생각하며 제안을 즉시 받아들였다. 그러나 어디서부터 시작해야 하며, 뭘 해야 하는지 전혀 감을 잡지 못했다. 따라서 나는 즉시 두 달 동안 현장으로 가 일본 자동차 수입 및 유통을 조사했다. 조사 과정에서 비슷한 차를 판매하는 대리점을 모두 방문했고, 능력껏 관련자를 찾아 도움과 조언을 구했다.

공교롭게도 그 과정을 통해 나와 이야기를 나눈 사업가 중 한 명이 4년 전 대기업에 고용되어 일본 자동차 수입에 관한 타당성 조사를 진행한 적이 있다고 했다. 그는 조사를 통해 별다른 성과를 얻지는 못했지만, 당시 작성한 메모를 아직 보관하고 있다고 말했다.

나는 그에게 조사 파일을 요청했다. 그의 자료를 확인하던 중 우연히 45단계 목록을 발견했다. 오랜 경험과 수개월간의 조사를 바탕으로 작성된 그 목록에는 대리점 간 연결망을 구축하고, 이를 통해 일본 차량의 수입 및 유통을 위한 45가지 작업이 포함되어 있었다.

나는 그에게 목록 사본을 받은 뒤, 그 목록을 밤낮으로 들고 다니며 작업을 시작했다. 3개월 뒤, 목록에 나열된 모든 작업을 끝내고, 마침내 처음으로 수입할 차량이 일본을 떠나 미국으로 향하기 시작했다. 한 사업가가 작성한 목록 덕에 우리는 2,500만 달러 상당의 차량을 판매하여 수백만 달러의 수익을 올렸다. 이는 충분한 계획과 적절하게 작성된 목록만 있다면 어디서 시작하더라도 많은 일을 성취할 수 있음을 보여 주는 또 하나의 사례다.

구체적인 실행 계획을 세웠다면 바로 실천하자. 그리고 당신의 계획에 존재할 결함까지 모두 받아들일 준비를 하자. 처음부터 모든 것이 완벽할 수는 없다. 뛰어난 사람이라면 피드백을 귀중한 정보로 받아들여 현실에 맞게 계획을 변경할 수 있다.

그렇게 모든 버그가 해결될 때까지 계획을 계속 진행해 나가자. 장애물이나 난관에 부딪힐 때마다 돌아가서 다시 계획을 검토하고 필요한 부분을 수정하자. 그러면 결국 잘 관리된 기계처럼 당신에게 잘 어울리는 계획을 세우게 될 것이다. 상세하고 체계적인 계획일수록 목표를 예정한 날짜에 맞추어 정확하게 달성할 확률이 높아진다.

버그가 모두 해결될 때까지 계획을 계속 진행하자.

성공의 이미지를 가슴에 새겨라

열한 번째 단계는 바로 시각화이다. 시각화의 방법은 먼저 목표를 이미 달성한 것처럼 마음속에 명확한 이미지를 만든다. 그다음 그 이미지를 마음속에서 반복 재생한다. 목표를 시각화하면 그때마다 열망이 커지면서 목표를 달성할 수 있다는 믿음이 강해진다.

이미지를 통해 잠재의식을 활성화하는 시각화는 우리에게 보이는 모습대로 이루게 할 것이다. 지금까지 진행한 목표 설정 및 계획의 과정은 모두 우리의 정신을 집중하도록 한다. 즉 시각화는 끌어당김의 법칙을 활성화하는 일련의 명령처럼 체계적이고 지속적으로 잠재의식에 투사할 수 있는 명확한 이미지를 제공한다.

포기는 용납하지 않는다

마지막 단계인 열두 번째 단계는 절대 포기하지 않겠다는 결심을 미리 하는 것이다. 끈기와 결단력으로 목표와 계획을 이어 나가되, 실패 가능성에 대한 고려는 금물이다. 불독처럼 무슨 일이 있어도 목표를 물고 늘어져야 한다. 포기하지만 않는다면 결국 성공할 것이다.

성취를 향한 여정의 길잡이, CAT

이상의 과정을 통해 당신도 목표와 계획이 생겼을 것이다. 그리고 목표를 이루기 전까지는 어느 것도 당신을 막을 수 없으리라는 결심도 했을 테다. 그렇다면 내가 'CAT'이라고 부르는 활동 지속 기법 Continuous Action Technique 을 사용해 보자. 이 방법은 계획에서 벗어나지 않고, 목표를 향해 순조롭게 나아가도록 도와줄 것이다.

활동 지속 기법은 움직이는 물체가 외부에서 가하는 힘의 영향을 받지 않는 한 계속 움직이려는 경향이 있다는 운동량의 물리 원칙에 기초한다. 그리고 신체를 정지 상태에서 전진 상태로 만들려면 몇 단위의 에너지를 요구하지만, 같은 속도로 계속 움직이는 데는 한 단위의 에너지만 필요하다. 이것이 바로 관성의 법칙이다. 우리는 이 법칙을 유리한 방향으로 활용할 수 있다.

운동량의 원칙에는 정신적, 감정적, 영적 측면도 있다. 가치 있는 이상이나 목표 달성을 향해 점진적으로 한 단계씩 나아갈 때 느끼는 지속적인 의욕과 흥분감이 그것이다. 일단 일을 시작했다면 추진력을 유지하는 것이 성공에서 매우 중요하다. 목표를 향해 달려가다가 도중에 멈춰 버리는 사람들이 많기 때문이다. 일단 한 번 멈추면 다시 시작하는 것이 너무나 어려워서 결국 목표를 이루겠다는 생각은 꿈조차 꾸지 못하게 된다.

따라서 목표 달성을 위해 지속적인 행동을 계획함으로써 추진력을 유지해야 한다. 그리고 목표에 대한 정의는 목표 달성에 필요한 활동의 측면에서 이루어져야 한다. 그 뒤 주요 목표 달성을 위하여 날마다 그 목표를 실천하는 연습을 한다. "성공이 성공을 부른다."라는 옛말이 있듯, 작은 승리를 매일 거두다 보면 성공 습관을 키울 수 있다.

또한 매일 목표를 검토하면서 그 목표를 향해 나아가는 데 도움이 될 만한 일을 하겠다는 다짐으로 하루를 시작하자. 추진력을 유지하면서 긍정적이고 의욕이 충만한 태도를 유지하려면, 우리가 달성하려는 목표와 일치하는 행동을 계속해야 한다. 이는 사소한 것부터 중요한 것까지, 목표의 경중과 관계없이 모두 적용된다.

> **매일 목표를 검토하고
> 노력을 다짐하면서
> 하루를 시작하자.**

꾸준한 목표 설정과 달성하는 사람이 될 때까지 매일 활동 지속 기법을 적용해 보자. 하루를 올바르게 시작하기 위해 아침마다 어떤 종류든 성취를 이루도록 하자. 빠른 템포는 성공의 필수 요소이다. 더 많은 일을 빠르게 시도할수록 그만큼의 에너지와 열정이 생겨나면서 더 많은 것을 이룰 수 있다.

이 시점에서 당신에게 연습을 제안하고자 한다. 당신의 주요 목표를 하나 고른 다음, 지금까지 설명한 과정을 단계별로 실천해 보자. 당장 당신에게 주요 목표가 없다면, 12단계 프로세스를 통한 목표 설정을 주요 목표로 삼자. 다만 주요 목표를 둘 이상 설정하는 일은 자전거 두 대를 동시에 타는 것처럼 불가능한 일이다. 이는 곧 그 목표가 결국 중요하고 명확한 것이 아니라는 얘기다.

위의 연습을 완수하려면 주요 목표의 달성과 직결되는 완벽하고 상세한 행동 계획이 필요하다. 이러한 계획을 세웠다면, 신체, 정신, 물질, 가족, 공동체, 그리고 영적 영역에서 주요 목표를 하나씩 선택한다. 그리고 앞선 바와 같은 작업을 반복한다. 지금까지와 마찬가지로 체계적인 목표 설정과 계획을 바탕으로 성공을 향한 탄탄대로를 걷는 도중에도 절대로 뒤를 돌아보지 말자.

핵심 포인트

- ✓ 성취에 대한 불타는 열망으로 관성을 극복해야 한다.
- ✓ 그럴듯한 목표가 곧 목표 달성의 열쇠이다.
- ✓ 목표를 종이에 적고, 마음속에 구체적으로 새기자.
- ✓ 가치 있는 일을 성취하려면 많은 사람의 도움이 필요하다.
- ✓ 성공한 사람들은 기대 이상의 일을 해낸다.
- ✓ 모든 버그가 해결될 때까지 계획을 계속 진행하자.

제6장

시대의 비밀, 초의식

Take Charge of Your Life

이 책은 일련의 내용을 장별로 순차적으로 배치하여 각 장의 내용이 이전 장에 기반하도록 구성되었다. 당신은 지금까지 이 책을 읽으면서 전보다 훨씬 사려 깊은 사람이 되었을 것이다.

그리고 건설적인 방법으로 정신력을 사용하는 능력이 극적으로 증가했을 것이다. 또한 살면서 원하는 것을 더 많이 얻을 수 있도록 특정한 정신 법칙을 적용하는 방법을 배웠다. 그뿐 아니라 자아 개념의 역할과 내면의 태도가 외부의 현실을 어떻게 형성하는지도 알게 되었다.

이제 당신은 현재와 미래의 자신에 대한 책임을 모두 받아들였다. 이 시점에서 당신은 명확하고 구체적인 목표의 중요성을 알게 되었을 것이다. 그러니 앞으로 2~5년 동안 하고 싶은 것과 갖고 싶은 것, 되고 싶은 것에 대한 세부적인 계획을 세워야 한다.

당신은 목표와 열망이 당신의 삶에 더 빨리 나타날 수 있도록 잠재의식을 지속적이고 체계적으로 설계하기 시작했다. 또한 당신은 전보다 더 긍정적이고 낙관적인 사람이 되어가고 있을 것이다. 그리고 목표 달성 능력에 대한 자신감도 커졌을 테다.

그렇다면 당신은 지금부터 '시대의 비밀'을 배울 준비가 되었다. 시대의 비밀이란 인류가 한때 잃어버렸다가 다시 찾게 되었지만, 시간이 지나 또다시 잃어버린 비밀을 말한다. 간단히 말하자면 그 비밀을 올바르게 사용하면 모든 문제와 장애물을 극복하고, 진심으로 원하는 목표를 계속해서 달성할 수 있는 힘과 지성을 얻을 수 있다.

지금까지 시대를 풍미한 사상가들은 일찍이 그 힘에 경외감을 느꼈다. 그리고 그에 관한 글을 쓰면서 그것을 다양하게 명명해 온 바 있다. 시인이자 철학자인 랠프 월도 에머슨 Ralph Waldo Emerson 은 그 힘을 '위대한 영혼 Oversoul'이라고 부르면서 "우리는 우리의 생각에 반응하는 거대한 지성의 품 안에 있다. We lie in the lap of a immense intelligence that responds to our thought."라고 말했다.

에머슨은 '거대한 지성'을 바다에 비유하며, 그로부터 얻은 통찰은 우리의 제한적인 정신을 훨씬 아득히 초월한다고 언급했다. 나폴레온 힐 또한 그 힘을 '무한한 지성'이라고 부르면서 전 세계 지식의 보고이자 모든 상상력과 창의성의 원천이라고 말했다. 힐은 이 지성에 접근할 수 있는 능력이야말로 자신이 연구한 수백 명의 부자들이 거둔 성공의 핵심이라고 주장했다.

스위스 심리학자이자 정신분석학자인 칼 융은 그것을 '집단 무의식 collective unconscious'이라고 지칭했다. 그리고 융은 그 안에 과거, 현재, 미래를 포함한 인류의 모든 지혜가 담겨 있다고 여겼다. 집단적 무의식은 '보편적 잠재의식' 또는 '보편적 정신'이라고도 하는데, '신의 정신 God mind'이나 '창조적 잠재의식'이라고 부르는 이들도 많다.

하지만 나는 그것을 '초의식'이라고 부르고 싶다. 사실 뭐라고 부르더라도 초의식에 접근하여 꾸준히 활용한다면 당신이 이룰 수 있는 것에 제한이란 없다.

> **무한한 지성은
> 전 세계 지식의 보고이자 모든 창의성의 원천이다.**

초의식이 작용하는 원리는 설명하기 어렵다. 하지만 우리는 지금까지 초의식을 우연한 계기로 여러 번이나 사용해 왔다. 사실 우리가 이미 성취한 목표도 대부분 그 힘을 무의식적으로 사용한 결과라 할 수 있다. 여기에서는 우리가 누릴 수 있는 행복과 번영의 질과 양을 극적으로 높일 수 있도록 초의식의 힘을 체계적으로 사용하는 방법을 알려 주고자 한다.

초의식은 순수한 창의성의 원천이다. 위대한 고전이라 일컬어지는 미술, 음악, 문학 작품은 모두 초의식에서 나왔다. 이에 에머슨은 자신의 수필 작품이 저절로 지은 듯하다고 고백했다. 그가 책상에 앉을 때면 단어가 그를 통해 종이 위로 쏟아져 나온다는 것이다. 이 때문일까. 에머슨의 수필은 현재도 영어권에서 가장 아름답고 감동적이라는 평가를 받고 있다.

한편 모차르트는 어려서부터 음악을 작곡했었다. 그는 머릿속으로 흘러나오는 음악을 보고 들은 뒤, 처음부터 완벽한 곡을 만들 수 있던 것이다. 영화 〈아마데우스 Amadeus〉에서 그를 질투하던 작곡가 살리에리도 모차르트를 "마치 받아쓰기라도 한 듯 세상에서 가장 아름다운 곡을 쓴다."라고 인정했다.

그뿐 아니라 베토벤, 바흐, 브람스, 스트라빈스키 등의 음악가 또한 모두 명곡을 작곡할 때마다 초의식에 접근한 적이 있다. 이에 따라 시대를 초월한 듯 내면 깊숙한 곳까지 감동을 주는 음악을 듣거나, 미술 작품을 보거나, 글을 읽을 때마다 우리는 초의식적인 창조를 경험하는 것이다.

또한 초의식은 기술의 발명과 혁신에도 관여한다. 토머스 에디슨 Thomas Edison 은 주기적으로 초의식을 활용하여 수백 가지의 성공적인 발명법을 찾아내었다. 그런가 하면 당시의 천재적인 전기 기술자 니콜라 테슬라 Nikola Tesla 또한 머릿속에서 전기 모터 모형을 구상하고, 분해와 재조립을 반복하면서 완벽하게 수리하는 능력을 갖추게 되었다. 이후 그는 앞에서 구상한 바를 토대로 작업실에서 처음부터 완벽하게 작동하는 새 기계와 모터를 만들어 냈다.

이상과 같이 초의식은 모든 영감과 동기의 원천이며, 일이 순조롭게 진행될 때 느끼는 쾌감의 근원이다. 또한 예감과 직관, 고요하고 작은 내면의 소리, 그리고 번뜩이는 통찰력의 보고이기도 하다. 만약 문제와 씨름하다가 갑자기 완벽한 해결책이 될 훌륭한 아이디어가 떠오른다면, 이는 바로 초의식을 활용한 것이다.

우리가 직면한 도전에 맞설 새로운 해답과 통찰을 제시하는 자발적인 창의성을 발휘할 때마다 초의식이 작용한다. 이처럼 초의식은 문제를 측정하거나 목표를 달성하고자 할 때 잠재의식에 저장된 모든 정보, 즉 우리가 지금까지 받아들인 모든 정보에 접근할 수 있다.

자발적인 창의력을 발휘할 때마다 초의식이 작용한다.

그리고 초의식은 유효한 정보와 그렇지 않은 것을 가려낼 수 있다. 우리는 잠재의식의 '기억 은행'에 사실이 아닌 정보를 굉장히 많이 저장하는 편이다. 더군다나 그 일부는 중요한 반면, 나머지는 그렇지 않다. 그런데 초의식은 어떤 경우라도 진실하고 정확한 정보만 사용한다. 따라서 우리의 상황에 적합한 해결책을 제공한다.

때로는 자신이 사실로 알고 있는 것과 일치하지 않는 아이디어를 얻기도 한다. 그러면 자신의 지식이 불완전하거나 잘못된 정보에 근거했다는 게 드러난다. 그리고 그와 모순되는 듯한 아이디어나 해결책이 올바른 것으로 밝혀질 것이다.

그런가 하면 초의식은 개인적인 경험을 넘어서는 지식과 정보에도 접근할 수 있다. 이는 초의식이 실제로 우리의 뇌 바깥에 존재하기 때문이다. 즉 개인의 의식과 무의식 외부에 있다는 것이다.

그에 대한 유명한 사례를 하나 들자면, 영국인 과학자 마이클 패러데이 Michael Faraday 는 제대로 된 교육을 받지 못했다. 어느 날 그는 한밤중에 잠에서 깨어 자신의 마음이 과학 공식과 조화를 이루고 있음을 발견했다. 그는 자신의 몸을 관통하는 에너지 다발처럼 뻗어 나가는 수학 공식과 그 체계적인 풀이 내용을 적어 나가기 시작했다. 몇 페이지에 걸친 기록 끝에 그는 지쳐 다시 잠이 들었다.

그 후 패러데이가 밤중에 적은 메모를 영국에서 가장 박식한 사람에게 보여 주었다. 그때는 패러데이가 지금껏 존재하지 않았던 새로운 지식을 창조한 사실이 밝혀지는 계기가 되었다. 그의 연구는 진공관 발명을 비롯하여 현재 우리가 살고 있는 전자 시대로 이행하는 초석이 되었다. 이는 모두 패러데이의 초의식에서 비롯된 것이다.

> 초의식으로 개인적인 경험을 넘어서는
> 지식과 정보에 접근할 수 있다.

지금까지의 사례는 모두 종래뿐 아니라 미래에도 존재하게 될 모든 아이디어와 지식의 정수가 담긴 우주적 정신에 둘러싸여 있는 듯한 기분을 느끼게 한다. 가끔 세상의 서로 다른 곳에 사는 사람이라도 동시에 같은 아이디어가 눈앞에 번뜩일 때가 있다.

나의 세미나 졸업생 중 한 명은 캐나다 원자력 연구위원회와 협력하여 감마선 역방사량 측정 장치를 개발했다. 그가 이 장치를 완성하기까지 2년이 걸렸다. 여기에서 중요한 점은 그 사람이 프로젝트를 진행하는 동안 발휘했던 통찰력이다.

몇 달이 지난 뒤, 소련 과학자들이 참석한 국제 심포지엄에서 각자의 연구 내용을 발표하고 있었다. 그러한 도중 그들은 소련 과학자가 자신들과 거의 같은 시기에 같은 통찰력을 발휘하여 거의 똑같은 장비를 발명했다는 사실을 알게 되었다. 이 두 프로젝트는 일급 기밀 정보라 공개일 전까지는 매체를 통한 정보 교환이 불가능했다. 이러한 일이 벌어진 원인은 다름 아닌 초의식이었다.

초의식의 능력을 체계적으로 사용한다면 현재의 지식과 경험에서 벗어난 아이디어를 얻기 시작할 것이다. 경험하지 못한 분야라는 이유로 새로운 제품이나 서비스에 대한 좋은 아이디어가 떠오르더라도 외면한 적이 있었을 것이다. 그리고 몇 년 뒤에 다른 회사에서 당신이 생각한 바를 실제로 출시해 떼돈을 버는 모습도 보았을 것이다. 아이디어가 떠올라도 포기하는 사람과 곧바로 실행에 옮긴 이 가운데 후자가 자신뿐 아니라 아이디어를 현실로 구현하는 능력에도 높은 신뢰감과 자신감을 지니고 있다.

우리는 종종 자신의 아이디어를 가치 없는 것이라 넘겨짚으며 외면하려 든다. 이는 어린 시절부터 겪은 조건화의 결과물이다. 자신의 창의력과 초의식적 능력을 인정한다면, 그때부터 당장 떠오르는 아이디어에 놀랄 것이다. 그리고 그 아이디어를 실천하려고 노력할 것이다.

초의식은 잠재의식에서 하루 24시간, 1년 365일 작동한다. 잠재의식 속에 우리의 목표나 문제를 설정한 뒤 실행시키면 그것이 초의식이라는 컴퓨터로 전송되면서 본격적인 작업이 시작된다. 이때 초의식이 우리에게 필요한 해결책을 마련하는 동안, 우리는 의식과 잠재의식 에너지를 당장의 일에 집중하면서 일상생활을 이어 나간다.

위와 관련하여 의식은 정보의 확인과 분석 끝에 결정을 내리고 명령한다. 잠재의식은 정보의 저장과 검색을 담당하며, 의식의 명령을 따른다. 한편 초의식은 두 요소 너머의 외부에 작용하지만, 의식과 잠재의식을 통해 접근할 수 있다.

> 초의식은 잠재의식에서
> 하루 24시간, 1년 365일 작동한다.

/ 성공을 켜는 스위치

초의식은 우리에게 목표 지향적 동기를 부여한다. 이는 목표를 설정하고, 달성하기 시작할 때 느끼는 열정과 흥분감의 원천이다. 그러나 그러한 동기가 생겨나려면 우리가 전념할 수 있는 목표가 있어야 한다. 그래야 목표 달성을 위한 아이디어와 에너지가 넘쳐흐를 것이다.

또한 초의식은 자유 에너지의 원천이자 강한 흥분감과 열망, 심지어 극도의 위협을 느낄 때 활용할 수 있는 신체적, 정신적 에너지이다. 중요한 일을 할 때는 잠을 거의 자지 않고도 밤낮으로 일할 수 있는 에너지의 무한한 흐름을 느낄 때가 많다. 일반적으로는 이를 신경 에너지라고 부른다. 그러나 신경에는 자체적인 에너지가 없다.

한편 아주 피곤한 상태에서 곤히 자는 도중 응급 상황이 일어났다고 가정해 보자. 이때 잠에서 막 깨어났음에도 초롱초롱한 정신으로 몸을 제대로 움직인 적이 있는가? 이는 초의식의 자유로운 에너지를 활용한 사례에 해당한다.

초의식에 완전히 적응하게 되면 일반인이 일주일 동안 생산하는 것보다 더 많은 양을 몇 시간 안에 생산할 수 있도록 해 주는 건강과 에너지, 그리고 힘의 지속적인 흐름을 발견하게 될 것이다. 그리고 규칙적으로 그 흐름에 빠져들게 된다. 이 상태에서 세상은 느려지고 자신의 정신만 빨라지는 듯한 느낌이 들 것이다. 이때부터는 엄청난 양의 업무를 쉽게 처리하는 능력을 갖게 되면서 놀라운 행복감을 느낀다. 동시에 머릿속에는 필요한 순간에 바로 이용할 수 있는 무한한 아이디어의 흐름이 눈앞에서 반짝일 것이다.

초의식은 명확하고 권위적인 명령이나 긍정 확언에 가장 잘 반응한다. 의식에서 잠재의식을 향해 자신의 목표나 열망을 확언할 때마다 초의식이 활성화되면서 목표 달성에 필요한 아이디어와 에너지가 방출된다. 성공한 사람의 중요한 특징 가운데 결단력이 손꼽히는 이유도 바로 그 때문이다.

그리고 우유부단한 태도를 버리고 무슨 일이라도 하겠다는 확실한 결심이 있다면 어떤 대가를 치르더라도 별안간 모든 것이 자신에게 유리하게 작용하기 시작한다. "나는 나를 사랑해.", "할 수 있어!", "내 체중은 nkg이야.", "나는 1년에 n달러를 벌어." 같은 말을 하면 모든 정신력을 작동시키는 마스터 스위치가 켜진다. 그러면 계속해서 자신과 타인을 모두 놀라게 할 수 있다.

사람들이 자신의 잠재력을 모두 발휘하지 못하는 이유는 대개 진지하지 않기 때문이다. 그들은 삶을 더 나은 방향으로 바꾸기 위해 내려야 하는 결정을 거부한다.

단호한 결정을 내리고 뒤도 돌아보지 않을 작정으로 돌아갈 길을 모조리 없앨 때, 당신에게 일어날 효과에 놀라게 될 것이다. 그러니 포기하거나, 뒤로 물러나거나 다른 일을 하려는 생각은 모두 차단하자. 그리고 목표를 이루기 위해서라면 뭐든 할 것이며, 그 무엇도 당신을 막지 못할 것이라고 다짐하자. 그 시점에서는 평범한 마음도 성취를 위한 특별한 수단이 된다.

목표만 명확하다면, 이를 향한 여정에서 발생하는 모든 문제를 초의식이 알아서 해결해 준다. 가령 돈을 많이 버는 것이 당신의 목표라고 생각해 보자. 그 목표와 관련하여 희망하는 수입과 저축 금액을 명확하게 정해 놓았다면 목표에 도달할 수 있을 것이다.

인류의 역사는 원대하고 흥미로운 목표를 세우고, 때로는 불굴의 의지로 수년 동안을 노력해서 마침내 그 목표에 이룬 이들의 삶으로 쓰였다. 《피터 드러커 자기경영노트 The Effective Executive》의 저자 피터 드러커 Peter Drucker 는 어디선가 일이 성취되는 것을 보게 된다면, 그 이면에는 자신의 사명에 열정적인 인격이 있다고 말한다. 당신 또한 누군가의 위대한 성취 속에 자신이 원하는 일을 분명히 알고, 시간이 걸리더라도 반드시 해내겠다는 의지가 충만한 인격이 있음을 헤아리게 될 것이다.

> **위대한 성취는 자신이 원하는 일을 분명히 알고,
> 그 일을 어떤 식으로든 해내겠다고
> 마음먹은 사람에게서 나온다.**

우리의 역할은 각자 맡은 일에 전념하면서 목표를 잊지 않는 것이다. 그러면 초의식이 목표를 달성하는 과정에서 생기는 모든 문제를 계속해서 해결해 줄 것이다. 이는 우리가 원할 때 초의식의 힘이 바로 필요한 방식에 따라 작동할 것임을 절대적으로 믿을 수 있다는 의미이다. 다만 그 시기와 방식은 우리에게 초의식의 힘이 필요하기 전까지 발동하지 않는다.

초의식은 마음속에 믿음과 인정, 확고한 기대에 찬 상태에서 가장 잘 작동한다. 모든 문제와 방해 요소가 사라지고 목표를 반드시 달성하리라는 확신으로 가득한 기대를 품는다면, 생각의 진동 속도가 빨라지면서 초의식이 최대치로 작동하게 된다.

물론 처음에는 어렵겠지만, 어떤 상황에서든 예기치 않은 듯 문제가 저절로 해결된다면 우리는 평온한 마음으로 결과를 기다릴 수 있다. 그렇더라도 기대하던 최상의 결과가 나올 수도 있고, 가끔은 그 이상일 때도 있는 법이다. 그러니 더 애쓰지 않고 내려놓기를 자주 실천할수록 우리 안에 있는 초의식의 힘을 잘 활용할 수 있다.

위대한 이들은 모두 믿음을 품고 있었다. 그들은 어린아이처럼 자신과 우주의 선함을 신뢰했으며, 세상 모든 일이 제때 이루어지리라는 단순한 믿음으로 일관했다. 이와는 달리 사람들은 대부분 참을성이 없고 까다롭다. 사람들의 짜증은 결국 초의식을 차단하고, 그 힘을 사용할 수 없게 하는 부정적인 감정을 유발한다.

긍정이 통찰의 불을 밝힌다

초의식은 성공에 필요한 경험을 제공하기도 한다. 다만 마음의 준비가 제대로 되지 않은 상태에서는 외적으로 영구적인 성취가 불가능하다. 따라서 스스로 목표를 정했다면 이를 달성하기 위한 배움을 통해 성장하고 변화하면서 준비를 마쳐야 한다.

우리는 사실 목표 달성을 위한 준비를 경험, 특히 힘들고 도전적인 경험을 통해서만 배울 수 있다. 만약 당신이 초의식을 통해 필요한 정보를 얻으며 목표를 이루더라도 뒷맛이 좋지 않은 듯한 실망스러운 기분이 들 것이다. 하지만 이때, 당신이 원하는 정신적인 대가가 이미 생겨났을 것이다. 그 대가는 외부의 현실과 상응하는 만큼의 것이다.

위의 사실은 매우 중요하다. 내적으로 준비되지 않은 상태에서 일정 수준의 성취를 이룬다고 하더라도 이를 유지할 수 없다. 예기치 않게 많은 돈을 벌었음에도 자아 개념이 그에 미치지 못한다면, 자신도 모르는 새 돈을 모두 탕진해 버릴 것이다. 흔히 '쉽게 얻은 건 쉽게 잃는다. Easy come, easy go.'라고 말하는 이유가 바로 그것이다.

그와는 다르게 빠르지는 않지만 점진적으로 성공을 거두고, 생산력을 높임으로써 인간으로서 성장을 이룬 사람을 연상해 보자. 그 사람은 원하는 위치에 도달하더라도 늘 그 자리를 계속 유지할 준비가 되어 있을 것이다.

우리의 삶을 되돌아보면 지금까지 성취한 일마다 어려움과 실망감을 동반하는 실패가 있었음을 알게 될 것이다. 그때마다 우리는 종종 두려움과 불안, 걱정이라는 감정의 롤러코스터에서 온갖 기복을 경험하기도 했다. 하지만 다시 돌이켜보면 부정적인 경험이라도 모두 최종 목표를 달성하여 지금의 위치에 도달하는 데 필수적인 요소였음을 깨닫게 될 것이다.

> **내적으로 준비되지 않은 상태에서는
> 성취를 이루더라도, 이를 유지할 능력이 없다.**

결국 초의식은 우리가 모든 어려움을 이겨낼 수 있도록 일련의 장애물이나 학습 경험을 마련한다. 또한 초의식은 인내심이 매우 강하다. 인간관계, 사업, 돈, 건강을 비롯한 여러 분야에서 교훈을 얻지 못하면 초의식은 우리가 깨우칠 때까지 장애물 코스와 학습 코스로 돌려보내기를 반복한다. 이러한 과정을 통해 우리가 배우는 점이 있어야 성장을 향한 다음 단계로 나아갈 수 있다.

나폴레온 힐은 자신이 인터뷰한 부자들에게서 가장 큰 실패를 딛고 한 걸음 더 나아감으로써 큰 성공을 거두었다는 사실을 알게 되었다. 모든 외적 징후가 포기를 종용할 때, 그들은 목표 달성을 눈앞에 두고 있었다. 마치 목적지에 도착하기 직전에 초의식이 마지막으로 그들을 시험하듯이 말이다.

교훈으로 삼을 만하더라도 가장 힘든 일에 직면하게 되었을 때만큼은 마음을 다스리는 능력을 활용해야 한다. 그리고 어려움 또한 목표 달성을 위해 마주쳐야 할 필연적인 과정이라는 믿음 또한 필요하다.

성공한 이들은 '실패'라는 단어를 쓰지 않는다. 그들은 패배나 좌절을 성공으로 향하는 방법을 배우는 또 다른 기회로 여긴다. 성공한 사람들은 장애물과 실망감 속에서도 그만큼의, 아니면 그 이상의 유익함을 찾으려 한다. 그들은 그동안의 경험을 통해 배우려고 하며, 무엇보다 마음을 차분하고 긍정적으로 유지하면서 목표에 집중한다. 그러니 우리도 긍정적인 마음을 지키면서 초의식의 힘을 깨우자.

세상에 우연은 없다

인간의 경험에는 '동시성 synchronicity'이라는 현상이 있다. 동시성은 겉보기에 서로 관련 없어 보이는 두 사건이 동시에 발생할 때 생긴다. 공교롭게도 두 사건 모두 목표를 향해 나아가는 데 도움이 된다.

그 예로 아침에 출근하기 전부터 하와이로 휴가를 가고 싶다고 생각할 때, 바로 그날 오후에 할인된 가격으로 하와이에서 일주일간 지낼 수 있는 특가 여행 상품을 발견하는 경우가 있다. 아니면 주말에 돈을 더 벌어야겠다고 결심한 경우, 월요일에 상사가 큰 책임과 높은 급여가 보장되는 자리로 승진시켜 주겠다고 제안할 수도 있다.

위와 같이 동시에 일어난 두 사건을 연결하는 유일한 연결 고리는 바로 우리의 마음과 목표가 사건에 부여한 의미이다. 이는 초의식 활동의 또 다른 형태에 속한다. 이와 같은 우연의 일치를 설명하는 데 자주 사용되는 단어가 '세렌디피티 serendipity'이다. 세렌디피티는 곧 행복을 발견하는 활동이다.

세렌디피티를 경험하는 사람들은 모두 한 가지 공통점을 갖고 있는 듯하다. 다들 적극적으로 찾으려 하는 바가 있다는 것이다. 그들에게는 모두 분명한 목표가 있다. 그리고 그들이 발견한 놀라운 것들은 모두 성취하고자 하는 목표와 관련이 있다. 초의식을 사용하기 시작한 사람들은 종종 "저에게 무슨 일이 벌어졌는지 믿지 못하실 거예요."라는 말을 한다. 나는 그 말을 수천 번은 넘게 들었다.

누군가는 그러한 일이 생기더라도 논리적으로 설명할 길 없는 그 일을 행운이나 우연이라고 치부하곤 한다. 하지만 우리는 일련의 법칙이 지배하는 우주에 살고 있다. 우연히 일어나는 일이란 없다. 비록 모든 일은 일어난 당시에 진상을 온전히 파악할 수 없더라도 결국은 법칙이 작용한 결과에 따른 것이다.

초의식은 다음 두 가지 조건이 충족될 때 확정적으로 작동한다. 첫째, 우리의 의식이 문제나 목표에 100% 집중할 때, 둘째, 다른 일에 의식을 모두 집중하고 있을 때이다. 우리는 이들 방법을 여러 문제에 적용함으로써 초의식을 발동시키는 연습이 필요하다.

▌ 문제를 해결하는 의식의 흐름

하나의 문제를 해결하기 위해 의식이 지닌 힘을 모두 집중시킬 수 있는 5단계 과정이 있다. 다음 방법은 매우 단순하다.

1. 문제나 목표를 명확하게 정의한다. 되도록 종이에 적는 것이 좋다.
2. 최대한 많은 정보를 수집한다. 자료를 읽고, 조사하는 것은 물론 질문하면서 필요한 답을 적극적으로 찾아내자.
3. 수집한 정보를 꼼꼼히 검토하면서 의도적으로 문제 해결을 시도해 본다.
4. 의식의 개입으로도 문제를 해결할 수 없다면 초의식에게 맡긴다. 헬륨 풍선을 잡고 있던 손을 놓으면 풍선이 둥실둥실 떠다니는 것처럼 확신을 품고 놓아주기만 하면 된다.
5. 다른 일에 전념한다.

지금 씨름하고 있는 문제에 위의 방법을 시도해 보자. 그러면 그 결과에 놀랄 수도 있다. 초의식은 적절한 때에 꼭 맞는 답을 제시할 것이다. 초의식이 응답해 오면 바로 조치해야 한다.

5단계 과정은 시대를 초월한 문제 해결 방안이다. 만일 누군가에게 연락해서 어떤 말이나 행동이라도 해야겠다는 충동을 느낄 때, 그것이 옳다고 생각한다면 본능에 따라 행동에 옮겨야 한다. 실제로 그러한 행동은 옳다고 간주할 것이기 때문이다.

따라서 타인과 문제가 있는 상황에서 해야 할 말이나 행동을 확실히 알고 있다면, 조금의 마찰이나 불쾌감이 수반되더라도 직감에 따라 행동하자. 나의 경험에 따르면 대부분 예상대로, 또는 그 이상의 좋은 결과를 보게 될 것이다.

/ 초의식 길들이기

지금까지 설명한 내용은 책에서 설명할 가장 중요한 법칙으로 이어진다. 이를 초의식 활동의 법칙이라고 한다. 이 법칙은 무엇이라도 머릿속에 계속 떠오르는 생각과 목표, 계획과 아이디어는 모두 초의식을 통해 실현되어야 한다는 것이다.

우리의 생각을 지배하는 생각의 질과 양, 감정의 강도에 따라 우리는 자신만의 세상을 창조한다. 따라서 원하는 것만을 계속 떠올리면서 두려워하는 것을 생각하지 않는다면, 마침내 목표가 구체화되면서 현실로 나타날 것이다.

> **의식에 계속 담겨 있는 생각과 목표, 아이디어는
> 모두 초의식을 통해 실현된다.**

다른 법칙과 마찬가지로 초의식 활동의 법칙 또한 사람을 가리지 않는다

는 점에서 중립적이다. 이는 인과의 법칙을 가장 잘 표현한 것으로, 초의식의 힘을 긍정적인 방향으로 사용한다면 좋은 일만 생길 것이다. 반대로 그 힘을 부정적으로 활용하면 병들고 불행해지며, 경제적으로도 어려워질 것이다.

선택은 언제나 각자에게 달려 있다. 우리는 스스로 살고 싶은 세상을 자유롭게 선택할 수 있다. 또한 우리는 생각한 대로의 모습이 된다. 따라서 성공적인 삶이란 결국 건강과 행복, 번영 등의 목표와 열망만을 생각하면서 원치 않는 것에 연연하지 않는 성공적인 순간들의 연속일 뿐이다.

초의식의 활동을 자극하는 방법은 여러 가지가 있다. 그중 예측이 가장 쉬우면서 신뢰도가 높은 방법은 항상 목표만을 생각하는 것이다. 그것만으로도 마음이 긍정적인 상태로 유지되면서 초의식 에너지가 성취에 대한 생각과 동기의 형태로 우리의 존재를 타고 흐를 것이다.

그다음으로 효과적인 방법은 고독을 활용하는 것, 즉 침묵에 잠기는 것이다. 나는 위대한 이들의 삶을 소개하는 글을 읽으면서 그들 대부분이 혼자만의 시간을 보내기 시작하면서 위대해졌음을 발견했다. 고독은 생각의 균형과 명료함을 보장하는 훌륭한 강장제와 같다.

고독은 자신이 누구이며, 자신에게 중요한 것은 무엇인지 생각할 기회를 제공한다. 무엇보다 고독은 평온하고 고요한 정신적 매체가 된다. 이를 통해 세부적인 부분까지 완벽하게 다듬어진 초의식의 해결책이 머릿속에 떠오르기 시작한다.

고독을 느껴본 적이 없다면, 그 장소에서 움직이지 말고 한 시간 동안 조용히 앉아 있으면 된다. 커피를 마시거나, 메모를 한다든가, 담배를 피우거나, 음악을 들어서도 안 된다. 한 시간 동안 아무것도 하지 않고 가만히 있어야 한다.

그런 적이 없다면 처음에는 너무나 어려울 것이다. 처음 25~30분 정도는 바로 일어나서 움직이고 싶을 정도로 참을 수 없는 충동을 느낄 것이다. 그러나 30분 동안 가만히 앉아 있을 정도의 자제력이 있다면 당신에게 놀라운 일이 일어날 것이다.

대개는 마음이 차분하고 편안해지면서 자신과 세상을 평화롭게 받아들이게 된다. 그리고 생각이 느려지고 이완되면서 주변에서 몸으로 들어오는 에너지의 흐름을 느낄 것이다. 또한 행복감을 느끼고 세상과 하나가 된 듯한 기분이 든다. 이러한 시간을 보낸 것만으로 기쁘고, 그 경험을 내적 발전을 도모하는 귀중한 투자라 여기게 될 것이다.

바라던 목표를 모두 이룬 것처럼 시각화하는 것도 초의식을 활성화하는 또 다른 방법이다. 공원 벤치에서 몽상에 빠지거나 휴식을 취하다 보면 초의식의 활동이 촉발된다는 사실을 깨닫는 사람들이 많다. 아니면 혼자서 또는 좋아하는 사람들과 함께 클래식 음악을 듣는 중에 멋진 아이디어가 떠오르기도 할 것이다.

또한 산책이나 자연과의 교감은 초의식의 힘을 활성화하는 가장 즐거운 방법에 해당한다. 해변에서 듣는 파도 소리는 우리의 초의식에 강력한 영향을 미친다. 그 외에도 깊은 휴식이나 명상도 초의식을 자극하는 데 매우 도움이 된다.

빠르게 흘러가는 삶 속에서 잠재력을 최대한 발휘하려는 사람에게 가장 큰 위험 요소가 하나 있다. 바로 너무 바쁘다는 이유로 이상에서 소개한 아이디어를 지나치는 것이다. 그러나 초의식에서 비롯된 좋은 통찰이나 아이디어 하나가 우리가 몇 달, 심지어 몇 년을 들여야 할 노력을 덜어 줄 수도 있다. 멈출 수 없을 정도로 바쁜 때가 곧 멈춰야 할 때이기도 하니 말이다.

/ 어디에나 존재하는 초의식

초의식적 해결책의 근원은 세 가지이다. 이들 근원에 대한 구체적인 내용은 다음과 같다.

첫 번째는 직관이다. 직관은 초의식적 해결책을 빈번하게 제시하는 곳으로, 침착하고 작은 내면의 소리이기도 하다. 직관은 때로 우리에게 큰소리를 지르며 지금 하려는 일이 정확히 옳은지를 깨닫도록 한다.

나는 언제나 자신의 직관을 믿으라고 말한다. 이는 내가 할 수 있는 최고의 조언으로, 절대 직관을 거스르지 말자. 직관은 초의식과 무한한 지성으로 통하는 경로이기 때문이다. 따라서 우리는 직관에 귀를 기울이고 신뢰하는 만큼 위대해질 수 있다.

두 번째는 타인이나 매체와의 우연한 접촉이다. 명확한 목표가 있거나, 그 목표를 향해 나아가는 중에 해결해야 할 문제가 생기면 뜻밖에 당신에게 도움을 줄 사람과 만나게 된다. 아니면 당신에게 꼭 필요한 정보가 담긴 책이나 잡지, 기사 등의 매체를 접할 수 있다.

그러니 아침마다 "오늘 내게 놀라운 일이 생길 것 같아."라고 말하며 하루를 시작하자. 자신에게 곧 놀라운 일이 생길 것이라고 믿으며 생활한다면, 이러한 기대를 자기 실현적 예언으로 승화시켜 줄 사람이나 정보를 접하게 될 것이다.

세 번째는 예측할 수 없는 사건이다. 피터 드러커에 따르면 비즈니스 혁신의 주된 원인은 예상치 못한 성공과 실패이다. 이처럼 전혀 예상치 못한 사건 속에 우리가 찾던 초의식적 해결책이 담겨 있는 경우도 자주 있다.

물론 예상치 못한 사건은 종종 큰 좌절이나 실패의 형태로 나타나기도 한다. 알렉산더 플레밍 Alexander Fleming 은 런던에 있는 연구실에서 실험을 하는 중이었다. 그러나 배양접시에 곰팡이가 생기는 바람에 실험을 망쳤다. 배양액을 버리고 실험을 다시 시작하려던 찰나, 그는 접시에 핀 곰팡이로 박테리아가 모두 사멸했음을 발견했다. 이에 곰팡이를 연구하기 시작하면서 플레밍은 페니실린을 발견해 노벨 의학상을 수상하는 영광을 누렸다. 그리고 페니실린은 제2차 세계대전에서 수백만 명의 생명을 구했다.

이상의 초의식적 해결책과 관련하여, 감동을 주는 작가인 노먼 빈센트 필 Norman Vincent Peale 은 다음과 같이 말한 바 있다. "신은 우리에게 보낼 선물을 시련으로 포장한다. 즉 우리가 겪는 시련에 따라 받게 될 선물의 크기도 커진다."라고 말이다.

승자와 패자를 가르는 질문은 간단하다. 그 질문은 바로 '나라면 이 상황에 어떻게 대응할 것인가?'이다. 여기에서 승자는 아무리 어려운 상황이라도 그 안에서 좋은 점을 찾아내려고 한다.

/ 초의식이 이끄는 변화

지금까지 우리는 초의식적 해결책에 대하여 살펴보았다. 그렇다면 의식이나 잠재의식, 그리고 초의식에서 비롯되는 해결책은 서로 어떠한 차이가 있을까? 이와 관련하여 초의식적 해결책에는 다음과 같은 세 가지 특징이 있다.

첫째, 우리가 처한 문제의 모든 측면을 다루기에 완전무결하다. 또한 언제나 상황에 따라 이용 가능한 자원과 능력을 활용하며, 간단하고 실천하기도 쉽다.

둘째, 더없이 분명한 사실의 형태로 갑작스럽게 나타난다. 초의식적 해결책은 매우 단순하면서 명백하다. 따라서 우리가 이를 알게 된 순간, 크나큰 깨달음을 얻은 듯한 반응을 보일 것이다. 이와 동시에 지금까지 왜 그 생각을 하지 못했을까 하는 생각도 들면서 의아할 것이다. 그 이유는 단지 당신이 준비되지 않았거나, 타이밍이 맞지 않았기 때문이다.

셋째, 언제나 폭발적인 기쁨과 에너지, 그리고 크나큰 행복감을 동반하기 때문에 즉시 실천하게 된다. 심지어 한밤중에 초의식적 해결책이 떠올랐다면 바로 일어나서 그 내용을 적는 등 조치를 하기 전까지 잠을 이룰 수 없을 것이다.

> **초의식적 해결책은
> 언제나 폭발적인 기쁨과 에너지를 동반한다.**

그리스의 과학자 아르키메데스가 목욕 중에 갑자기 초의식적 해결책으로 왕관 속 금의 함량을 알아내게 된 이야기는 유명하다. 그는 깨달음의 흥분에 취해 "유레카!"라고 외치며 알몸으로 도시를 내달렸다. 이처럼 초의식적 해결책이 떠오를 때, 오랫동안 노력을 기울임으로써 아르키메데스와 같은 흥분과 기쁨, 열의를 느끼게 된다. 그리고 그 해결책을 당장 실행하고 싶어질 것이다.

우리의 의식에 계속해서 자리 잡은 계획과 목표, 아이디어를 비롯한 모든 생각은 결국 초의식에 의해 실현되어야 한다. 이 놀라운 법칙에 따라 우리의 정신력이 통합된다. 그렇게 초의식이 활성화되면서 삶 속에서 원하는 것을 모두 이루게 해 줄 것이다. 물론 명확하게 정의된 목표와 흔들리지 않는 긍정적인 태도, 그리고 성공에 대해 침착하면서도 당당한 기대가 뒷받침되는 세부적인 계획이 있다면 말이다.

> **실천하기**
>
> 어느 곳이라도 60분 동안 아무것도 하지 않고 가만히 있으며 고독의 시간을 보낼 계획을 세우자. 먼저 한 시간 동안 자신과 약속부터 하고, 최대한 빨리 이 일에 익숙해지도록 연습해야 한다. 다음으로 침묵하는 동안 목표를 향해 나아가는 데 도움이 되면서 많은 시간과 비용을 절감할 수 있는 아이디어와 통찰력을 얻게 될 것이다.
>
> 또한 초의식을 계속 조율하면서 신뢰하는 태도와 함께 차분하고 긍정적인 기대를 품도록 하자. 그리고 그 상태에서 초의식의 대답을 듣겠다고 결심을 하자. 그러면 초의식이 어떤 상황에서든 올바른 말과 행동을 하도록 우리를 안내해 주면서 우리가 목표를 향해 빠르게 앞으로 나아갈 수 있다.
>
> 그 전에 자신의 말과 행동이 원하는 바와 일치하는지 확인하자. 그러면 삶이 곧 도약을 시작하면서 성공과 행복을 향한 탄탄대로에 들어서게 될 것이다. 이에 행운을 빈다.

핵심 포인트

- ✓ 우리는 어떤 목표든 달성할 수 있게 해주는 힘과 지성인 초의식을 이용할 수 있다.
- ✓ 초의식은 명확하면서 권위 있는 명령이나 긍정 확언에 가장 잘 반응한다.
- ✓ 초의식은 믿음과 인정, 확고한 기대가 갖추어질 때 최상의 상태로 작동한다.
- ✓ 분명한 목표는 동시성을 일으킨다.
- ✓ 고독한 시간을 보내는 것은 초의식을 활성화하는 좋은 방법이다.

제7장

금쪽같은 시간 활용법

시간 관리는 우리가 할 수 있는 일을 모두 성취하기 위해 배워야 할 중요한 역량에 해당한다. '인생 관리'라고도 부르는 시간 관리는 그야말로 모든 것의 중심이 되는 핵심 역량이다. 실제로 시간 관리의 질적 측면이 곧 삶의 질을 결정한다. 그 어떤 역량도 시간 관리만큼의 보상과 행복, 성장과 목표 달성의 기쁨을 주지는 못한다.

　시간 관리는 타자 치기나 자전거 타기와 마찬가지로 연습과 반복을 통해 익힐 수 있는 역량이다. 따라서 우리는 시간 관리를 삶과 커리어의 질을 높이는 수단으로 사용할 수 있다. 즉 지금 장소에서 원하는 곳으로 태워다 주는 버스 같은 존재라고 생각할 수도 있다.

　또한 효율적인 사람들은 모두 시간 관리 전문가이기도 하다. 실제로 성공의 사다리에서 위로 올라갈수록 시간을 체계화하여 효과적으로 사용하는 데 능숙해질 가능성이 높다.

효율적인 사람들은 모두 시간 관리 전문가이다.

그리고 시간 관리는 자제력을 외부에 표출하는 일이기도 하다. 이에 행동 하나하나가 성격을 강화하고, 자신에게 중요한 목표를 달성하는 능력을 향상한다. 반대로 게으름을 피울 때마다 효율성과 자존감은 떨어지면서 목표 달성 능력 또한 저하될 것이다.

성공한 사람의 특징이라고 한다면 결과 지향적인 성향이 강하다는 것이다. 즉 자신과 타인을 위해서 얻은 결과의 질과 양에 따라 보상이 결정된다. 따라서 자신에게 중요한 결과를 얻을 수 있는 능력을 키운다면 커리어를 쌓는 동안 부유해질 가능성도 크다.

보상은 결과의 질과 양에 따라 결정된다.

누군가는 성공에 필요한 일을 모두 해낼 시간이 없다고 말한다. 이는 말도 안 되는 소리다. 우리에게는 1년 365일, 일주일 7일, 하루 24시간이 공평하게 주어진다. 여기에서 나타나는 단 하나의 문제는 시간을 어떻게 효율적으로 사용하느냐다. 가장 가치 있는 활동에 최대한 많은 시간을 배분할 준비는 어떻게 해야 할까? 시간을 체계적으로 정리해서 효과적으로 사용하는 능력이야말로 우리가 성취하는 것의 전모를 결정한다.

시간에 융통성은 허용되지 않으며, 인위적으로 늘릴 수도 없다. 그저 우리에게 주어진 시간이 전부이다. 그렇더라도 시간은 우리의 성취에 없어서는 안 되는 요소이다. 시간을 투자하지 않고서는 어떤 성취도 이루지 못하기 때문이다. 특히 인간관계에서 시간은 대체 불가능한 요소이며, 대체재는 존재하지 않는다. 그뿐만 아니라 시간은 돈이나 노력, 지식과 기술 등으로도 맞바꿀 수 없다. 결국 원하는 것을 이루려면 시간이 필요하다.

시간은 휘발성이 강하다. 그렇다고 한꺼번에 모아 저장하거나 보존할 수도 없다. 한번 지나간 시간은 영영 사라진다. 이는 호텔 객실처럼 오늘 체크인을 하지 않았다고 해서 다른 날에 입실할 수는 없는 노릇과 같다. 이상의 내용을 교훈 삼아 진지한 태도 아래 시간을 자신과 삶의 표출 수단이라 여긴다면, 시간 관리에 탁월한 능력을 발휘할 가능성이 커진다.

올바른 시간 관리는 판단력과 통찰력, 자립심, 그리고 용기를 길러 준다. 특히 여러 선택지가 상충하는 어려운 상황에서도 결정을 내릴 용기를 키우는 데 도움이 된다. 앞선 자질은 모두 리더십에 필수적이며, 자신이나 타인을 통해 일을 끝마치는 데도 필요하다.

시간을 잘 활용하면 그저 더 열심히 일하기만 하지 않고, 더 '현명하게' 일할 수 있도록 한다. 실패한 사람이라도 대부분 성공한 사람보다 더욱 근면한 태도로 오랜 시간 동안 일을 할 것이다. 그러나 그들은 자기 관리 역량이 부족하여 가치가 낮은 작업에 종사한다는 점에서 생산성과 급여가 모두 낮은 편이다.

뛰어난 시간 관리 역량은 우리에게 활력과 열정을 선사하는 긍정적인 태도의 원천이기도 하다. 진정한 동기는 스스로 능력이 있으며, 뛰어난 사람이라 여기는 데서 생긴다. 최대한의 능력을 발휘할 수 있는 방식으로 시간을 활용하면 스스로 대단한 사람이라 생각하게 될 것이다.

시간 관리는 명확한 목표와 목적에서 시작된다. 여기에서 핵심은 '명확성'이다. 사람들은 저마다 성취하려는 바를 흔하게 잊어버리기도 한다. 그래서 종종 불분명한 목표에 매달리기도 한다. 이처럼 하지 않아도 될 일을 잘하는 것은 시간을 허비하는 최악의 방법이다.

자신의 가치관과 강령을 명확히 정의하는 것도 중요하다. 일단 목표를 적은 다음 우선순위에 따라 정리하고, 그 목표를 달성하기 위한 구체적인 실천 계획을 세워야 한다. 삶에 대한 비전이 명확하다면 흘러가는 시간을 체계적으로 정리하여 효율성을 극대화할 수 있다. 시간은 우리의 중요한 자산이다. 따라서 시간의 계획과 정리 방식은 다른 활동보다 건강과 부, 행복에 강한 영향을 미친다.

3%의 시간 관리 비법

생산적인 업무를 위해 가장 먼저 해야 할 일은 시간을 체계적으로 정리하는 것이다. 뛰어난 시간 관리의 핵심은 자신의 일을 계획하고 조직하여 생산성을 극대화하는 것이다.

상위 3%의 성공을 이룬 사람들은 집요한 계획가이다. 그들은 목표와 하위 목표 목록을 계속해서 작성한다. 또한 그들은 생각을 모두 기록하면서 계획을 꾸준하게 분석, 평가한다. 그리고 일을 진행하는 동안에도 계획을 수정하고 개선한다.

나는 성공한 사람들이 계획에 많은 시간을 소비하는 이유가 궁금했다. 그렇게 시간이 지나고 나니, 계획을 세우고 수정하는 데 많은 시간을 들일수록 실패할 위험이 줄어든다는 사실을 알게 되었다. 이뿐만 아니라 목표도 점점 그럴듯해지면서 달성이 가능한 것으로 변해 간다는 점도 깨달았다. 또한 목표 달성과 관련하여 내 능력에 대한 자신감도 더욱 커진다.

아무리 거대한 목표라도 개별적인 부분으로 나누고, 해야 할 일을 단계적으로 정리하면 훨씬 관리하기 쉬워진다. 중국의 사상가 노자의 말인 "천릿길도 한 걸음부터 千里之行始於足下" 또한 그와 같다. 첫 단계를 정하고 나면 그다음 단계는 자연스럽게 따라올 것이다.

또한 계획을 많이 세울수록 목표가 잠재의식에 더 깊이 각인된다. 이를 통해 스스로 동기 부여의 힘을 발휘하며 앞으로 나아갈 수 있다.

그 외에도 계획을 잘 세우면 큰 보상을 손에 넣을 수 있다. 계획을 세우는 데 드는 시간이 1분일 때, 실행에 걸리는 시간이 최소 5분 정도 절약되는 것으로 추산한다. 이를 달리 표현하면 계획에 투자했을 때 5배 이상의 수익을 낼 수 있다는 것이다.

우리에게 주어진 것은 시간뿐이다. 그렇기에 같은 조건에서 시간을 더 생산적이고 효율적으로 사용할수록 더 많은 돈을 벌게 될 것이다. 시간과 에너지만으로 5배가 넘는 수익을 올릴 수 있는 곳이 또 어디 있겠는가?

하지만 가만히 앉은 채 계획을 세울 시간이 없다고 말하는 사람들도 있다. 사실 계획을 억지로 세우더라도 날마다 일정 시간 이상 쓰기는 어렵다. 따라서 어떠한 일에 필요한 시간을 확보하는 방법은 신중한 태도로 할 일을 미리 계획하는 것뿐이다. 이것이 시간 관리에서 자제력의 정수이며, 성공을 위한 시작에 필수적인 요소이기도 하다.

반면 계획 없는 행동은 모든 실패의 원인이다. 살면서 저지른 중대한 실수를 되돌아보면 대부분 하나의 공통점이 존재한다. 이는 바로 충분한 고민 없이 그 상황에 뛰어든 것이다. 즉 정보의 양이 충분하지 않았거나, 본격적으로 행동하기 전부터 장단점을 가늠하면서 균형을 맞추어 보지 않았기 때문이다. 또한 사전에 시간을 들여 신중한 계획을 세우지 않은 것 또한 원인이 될 수 있다. 이와 관련하여 '제때의 바느질 한 번이 나중에 아홉 번의 바느질을 덜어 준다. A stitch in time saves nine '라는 속담이 있다. 이 속담은 '유비무환 有備無患'과 의미가 비슷하다.

한편 가장 성공적인 성과는 곧 좋은 계획이 함께한 결과임을 알게 될 것이다. 자기 행동이 불러올 결과를 생각하는 데 많은 시간을 들일수록 행동의 효율과 결과에 대한 만족도도 더욱 높아진다.

> **가장 성공적인 성과는 곧 좋은 계획이 함께한 결과이다.**

계획이 훌륭하고 완벽할수록 성공 가능성도 커진다. 이에 성공은 강도 높은 자제력에서 비롯된 결과라고 말하는 사람도 있다. 가장 좋은 자기 수양 방법은 일을 시작하기 전에 시간을 내서 충분한 시간 동안 여유롭게 생각하며 계획을 세우는 것이다.

/ 깔끔함이 곧 생명이다

이제부터는 시간을 잘 관리하고 체계화하는 데 도움이 되는 아이디어를 살펴보도록 하자. 이 아이디어는 총 네 가지로, 구체적인 내용은 아래와 같다.

첫째, 높은 생산성을 위해서는 깔끔함이 필수이다. 작업 공간을 효율적으로 치우고 정리하는 것만으로도 생산성을 획기적으로 높일 수 있다.

질서는 천국의 제1법칙이라는 말이 있다. 이는 지상 또한 마찬가지이다. 편안함과 통제감을 느끼려면 질서 의식이 필요하다. 우리는 삶의 일부분이나 일을 정리할 때마다 안정감과 만족감을 느낀다. 또한 책상이나 사무실을 정리하거나 세차를 할 때, 그 외에 지갑이나 서류 가방, 집, 옷장 등을 정리할 때면 스스로 더욱 효과적인 사람이 된 듯한 기분을 느낀다. 그러면서 다른 일을 계속하고 싶어지는 에너지와 열정이 솟구친다.

이와 관련된 효과적인 연습 방법은 책상에서 잠시 물러나, 그곳에 어떤 사람이 일할 것 같은지 생각해 보는 것이다. 아니면 지갑이나 서류 가방, 차나 옷장을 넘어 집과 마당도 보면서 어떤 사람이 그것들을 소유하고 있는가를 스스로 예상해 보자.

당신의 업무 환경을 비롯한 역량과 효율성으로 당신이 어떤 사람일지, 타인에게 어떤 신호를 보낼 것인지 생각해 보자. 그리고 제삼자의 관점에서 당신의 업무 환경을 객관적으로 바라보며, 당신이 중요한 일을 맡길 만한 사람인지를 스스로 고민해 보도록 하자.

그렇다면 그 이유는 무엇인가? 이제는 상사 또는 중립적 관점에서 자신을 솔직하게 평가해 보자. 타인이 당신의 작업 환경을 보고 갖게 될 인식을 개선할 방법은 있는가?

최근에 진행한 일련의 인터뷰에서 임원 52명 중 50명은 책상이나 업무 공간이 지저분한 사람은 아무리 높은 성과를 올리고 일을 잘하더라도 승진시키지 않겠다고 답하였다. 즉 정리를 하지 않는 사람에게는 책임이 필요한 자리를 맡기지 않겠다는 것이다.

업무 공간 및 환경이 지저분한 사람은 지능으로 자신을 합리화하려 한다. "이래 봬도 어디에 뭐가 있는지는 다 알아요!"라고 주장하거나, "책상이 깨끗하면 오히려 비정상 아닌가요?"라는 농담을 던지기도 한다. 그러나 직장 내 효율성에 관한 업무 능률 연구에서 그 변명은 자기기만에 불과할 뿐이라 결론지었다. 어디에 무슨 물건이 있는지 모두 안다고 말하는 사람은 업무 처리 능력으로 물건의 위치를 기억하는 데에 허비했음을 알 수 있다.

그밖에 어수선한 환경에서 일이 잘 된다고 하는 핑계는 대부분 틀린 말이다. 그 사람들이 깔끔하고 잘 정돈된 환경에서 오랜 시간을 일한다면, 단연 높아진 생산성에 놀랄 것이다. 당신을 비롯하여 주변 사람 가운데 어질러진 책상을 합리화하려 한다면 하루 종일 깨끗한 책상에서 일을 하도록 해 보자. 그 결과는 의심의 여지 없이 사실로 증명될 것이다.

이제부터는 당장 책상 위에 진행 중인 일 하나를 제외한 나머지는 모두 치워 버리자. 필요한 경우 물건을 서랍 속이나 다른 곳에 넣어 두면 된다. 일을 시작하기 전에 가장 중요한 업무 한 가지만 남긴 후, 책상을 깨끗하고 정돈된 상태로 만드는 데 필요한 일을 모두 해 보자.

/ 준비는 한꺼번에, 처리는 단번에

둘째는 첫 번째와 같다. 즉 시작하기 전부터 필요한 것을 모두 준비하는 것이다. 훌륭한 요리사, 장인, 전문가처럼 업무 시작 전부터 작업에 필요한 도구와 정보를 모두 준비한다. 컴퓨터와 스마트폰에 필요한 파일을 비롯하여 문구류까지 필요한 것들을 전부 구비하자.

우리의 목표는 필요한 게 있어도 자리를 떠나지 않고 앉은 채로 모든 작업을 수행하는 것이다. 서류 가방을 챙겨 다닐 때조차 필요한 것이 모두 준비되어 있어야 한다.

> **업무를 시작하기 전에 필요한 것들을 모두 준비한다.**

셋째는 이메일을 포함한 모든 서류를 한 번만 처리하겠다고 결정하는 것이다. 이는 체계적인 업무 진행에 도움이 되는 아이디어로서 일단 서류를 보기로 결정했다면 그와 관련된 조치를 한다. 반면 아직 실천할 준비가 되지 않았다면 서류를 볼 생각도 하지 말자. 아무것도 하지 않은 채 서류만 계속 만지작거리는 것보다는 나중에 적절한 조치를 할 수 있도록 따로 보관하는 편이 낫다.

선택과 집중, TRAF

스테파니 윈스턴 Stephanie Winston 의 《정리의 비법 Getting Organized 》에서는 서류를 처리할 때, 'TRAF 기법'을 활용하라고 권한다. 'TRAF'의 각 글자는 특정한 행동을 나타낸다.

T는 'Toss', 즉 버리기를 뜻한다. 최고의 시간 관리 도구는 쓰레기통이다. 읽는 시간을 가장 크게 절약하는 방법은 그냥 버리는 것이다. 이 방법은 원치 않는 스팸 메일이나 광고 메일 등 자신과 무관한 것에 모두 적용된다. 그러니 몇 달간 방치한 자료를 모조리 치워 버리자.

그리고 "이 글을 읽지 않으면 내가 불이익을 받을까?"라고 생각해 보자. 아니라고 대답했다면 빨리 버리고, 자신과 무관한 우편물이나 이메일에 대한 호기심을 억누르자. 이것만으로도 엄청난 시간을 절약할 수 있다.

R은 'Refer'로, 위임한다는 의미를 담고 있다. 서류나 이메일을 열람할 때는 그 내용에 관한 조치를 하기 전부터 이 일이 다른 사람이 할 일은 아닌지 자문해 보자. 나보다 그 일을 잘할 수 있는 사람이 있는지, 그 일을 위임할 수 있는 사람이 있는지 마음속으로 질문하라.

당신이 부하 직원을 둔 임원이라면 '70%의 법칙'을 활용하자. 이 법칙에 따라 이 일을 나의 70%만큼 해낼 수 있는 사람이 있는지를 고민해 보고, 있다면 그 사람에게 위임하자.

가장 중요한 몇 가지 일에 집중할 시간을 확보하고자 한다면, 자신의 일 가운데 다른 사람이 할 수 있는 일은 모두 위임해야 한다. 그 일만 물고 늘어지기만 여러 번 반복하면서 대충 넘기기보다는 아예 처음부터 넘기는 편이 낫다. 이상과 같이 위임이라는 간단한 조치를 통해 많은 비용을 절약할 수 있음에 놀랄 것이다.

A는 'Action', 조치를 나타낸다. 이 범주에서는 개인적으로 처리해야 하는 이메일이나 서류 전반이 포함된다. 컴퓨터 바탕화면에서 '처리할 서류'라는 폴더를 만들고, 서류철에도 마찬가지의 제목을 쓰자. 처리해야 할 서류를 발견하면 나중에 마무리할 수 있도록 보관하여 편리하게 활용하면 된다. 이와 같은 식으로 해당 항목에 신속한 결정을 내리면 문제 해결을 향해 한 단계 나아갈 수 있다.

마지막 문자 F는 'File', 즉 파일이다. 서류를 보관하겠다면 그전에 유형 상관없이 보관한 서류의 80%는 전혀 필요하지 않음을 반드시 기억하자. 무턱대고 서류를 보관한다면 결국 다른 사람에게 일을 만들어 주는 꼴이다. 그러니 그 전에 해당 항목을 찾을 수 없다면 어떻게 될지, 그 정보를 사용할 수 없으면 과연 좋지 않은 결과가 생기는지를 고민해 보자. 그러한 일이 생기지 않거나, 생기더라도 매우 미미한 수준이라면 그 서류는 버리자. 해당 정보를 다른 곳에서도 구할 수 있을 때도 마찬가지이다. 가능한 한 삶을 최대한 단순화해야 한다.

지금까지 소개한 TRAF 기법의 목적은 당신이 수신한 이메일이나 서류를 적절하게 처리하는 것이다. 각 항목에 따라 최소 한 단계라도 실천하자. 가장 심각한 시간 낭비는 똑같은 서류를 읽다가 내려놓고 나중에 다시 읽는 일을 반복하는 것이다.

유능한 사람은 마무리도 깔끔하다

업무 체계화를 위한 넷째 아이디어는 일을 끝낼 때 작업 내용을 모두 치운 상태에서 마무리하는 것이다. 한마디로 깨끗한 작업 공간에서 일을 시작했다면 그 끝도 마찬가지여야 한다는 것이다. 업무를 끝냈을 때만큼은 깊은 만족감이 느껴지는데, 이는 주변에 아무것도 남기지 않을 것임을 의미한다.

그러니 시작한 일을 마무리하자. 다른 사람도 일을 끝냈다면 주변을 치우도록 독려하자. 그렇게 당신의 가족과 동료에게 모범을 보이자. 사람들은 대부분 그러한 습관을 들이기 힘들어하지만, 이는 우리에게 평생 약이 되는 습관이다.

할 일은 사전에 기록하라

지금까지 소개한 것 외에도 여러 유형의 시간 관리 수단과 절차를 소개하고자 한다. 이는 생산성을 극대화하기 위한 시간 계획 체계의 일종으로 자세한 내용은 아래와 같다.

첫 번째는 삶의 모든 영역을 계획하고 정리하는 데 필요한 것들이 모두 포함된다. 최고의 타임 플래너는 하루에서 1년까지는 물론이고, 시간별 계획도 세우도록 도와준다. 그 과정에서 가장 먼저 필요한 것은 머릿속에 떠오르는 모든 일과 목표, 그리고 조치 사항을 모두 기록할 수 있는 통합 목록을 만드는 것이다.

통합 목록은 이 체계의 핵심으로, 이 목록의 개별 작업을 월별, 주별, 일별로 다양하게 할당한다. 이처럼 통합 목록을 이용하면 모든 의무와 업무, 책임 사항을 한눈에 파악할 수 있어서 그 내용을 나중에 따로 기억할 필요가 없다.

두 번째는 사전에 시간을 정하여 활동 계획을 세울 수 있는 달력이다. 여기에 시간 계획 체계를 활용하면 종합 목록의 개별 항목을 원하는 때로 옮길 수 있다.

세 번째는 일일 목록이다. '할 일 목록 to-do list'이라고 부르는 일일 목록은 세 가지 시간 계획 수단 가운데 가장 중요하다고 할 수 있다.

시간 관리 전문가인 앨런 레이큰 Alan Laken 은 지금껏 대화를 나눴던 유능한 경영진은 모두 위에서 소개한 것과 같은 목록을 활용한다는 사실을 발견한 바 있다. 이와 달리 할 일은 너무 많은데, 시간은 부족하다고 생각하는 무능한 사람들은 전혀 그렇지 않다. 게다가 레이큰은 그 사람들이 일을 시작하기 전부터 목록에 모든 항목을 기록해야 한다는 점에 거부감을 흔히 표한다는 사실 또한 알아냈다.

> **하루의 할 일을 기록한 일일 목록은
> 가장 중요한 시간 계획 수단이라 할 수 있다.**

한편 시간 관리에 대한 근거 없는 믿음도 있다. 이는 시간을 체계화하고 할 일을 목록화하면 자유와 자발성이 크게 제한된다는 것이다. 하지만 사실은 그와 반대이다. 더 많은 일을 준비하고 계획할수록 그만큼의 자유를 누릴 수 있으며, 다른 영역에서도 더욱 자발적으로 활동할 수 있다.

그렇다면 일일 목록에 당신이 오늘 할 일을 모두 적어 보자. 내 경험에 따르면 목록을 사용하기 시작한 날부터 생산성을 기존의 25%까지 높일 수 있다.

아직 목록을 사용하지 않는다면, 목록을 활용함으로써 빠르게 혼란에서 벗어나 삶의 질서를 유지할 수 있다. 일이 너무 벅차다는 느낌이 들 때마다 하던 일을 잠시 멈추고, 시간을 내서 해야 할 일을 모두 나열해 보자. 자신의 과업과 책임을 목록으로 정리하는 지금의 과정이 상황을 통제할 수 있도록 해 준다. 그리고 통제감은 행복감과 마음의 평화를 끌어올리는 데 도움이 된다는 것을 기억하자.

하루를 보내는 동안 새롭게 할 일과 책임이 떠오를 것이다. 전화 연락도 다시 해야 하고, 서류도 처리해야 한다. 일단 그 전부터 목록에 모든 항목을 기록하는 연습을 해 보자. 긴급해 보이는 일이나 업무에 방해가 되는 일 등을 계속 적다 보면 그 일의 실제 중요도를 알게 된다. 결국 기존에 할 일이나 책임을 기록한 목록과 대조하면, 그러한 일은 상대적으로 중요도가 덜해 보일 것이다.

/ 일정 관리의 A to E

시간 관리의 다음 단계는 하루의 활동 목록을 정리하는 것이다. 여기에서는 긴급한 일과 중요한 일의 차이를 인식하는 것이 급선무다. 일반적으로 긴급한 일이라고 해서 중요한 것은 아니며, 중요한 일이 반드시 긴급한 일이라는 보장도 없다.

따라서 목록에서 가장 먼저 처리해야 하는 일은 긴급하면서도 중요한 일이다. 이러한 유형의 일은 완료 여부를 떠나 미래에 중대한 결과를 초래할 수 있으므로 당장 해결해야 한다.

목록에 포함된 작업이나 프로젝트 가운데 미래에 가장 큰 영향을 미칠 수 있는 일은 일반적으로 중요하지만 긴급하지는 않은 유형에 속한다. 따라서 그러한 일에 더 집중할 수 있도록 시간을 배분한다면 삶의 만족도와 커리어의 측면에서 큰 보상을 얻게 될 것이다.

이상과 관련하여 일일 목록을 정리하는 방법인 ABCDE 기법을 소개하고자 한다.

A는 중요한 일 중에서도 반드시 해야 하는 일이다. 이 일은 마무리하지 않으면 심각할 정도의 부정적인 결과가 발생한다.

B는 꼭 해야 할 중요한 일이기는 하지만, 굳이 정해진 시간 내에 완료하지 않아도 큰 타격은 없는 일이다.

C는 딱히 중요하지는 않지만, 하면 좋은 일이다. 이 일은 아예 하지 않아도 부정적인 결과가 발생하지 않는다.

D는 위임을 뜻한다.

E는 제거를 나타낸다.

물론 E 유형의 일을 통해 즐거움을 느낄 수는 있겠다. 하지만 당신이 하는 일의 가치를 끌어올리지 못하는 것은 과감하게 없애야 한다.

위에서 소개한 ABCDE 방법으로 목록을 작성할 때는 80/20 법칙을 적용해야 한다. 즉 하루에 수행한 작업의 20%가 결과의 80%를 좌우한다는 것이다. 이에 목록을 살펴보면서 다른 항목을 종합한 것보다 더 중요한 한두 가지 일은 무엇인지 스스로 질문하는 것부터 시작하기 바란다.

그 목록을 그날의 비전이나 로드맵으로 활용하면서 일을 진행하자. 해당 목록은 당신이 하루 내내 가장 효율적이고 생산적으로 움직이는 방법을 알려 준다. 또한 그 안에서 해야 할 일과 더불어 그중에서도 중요한 일이 무엇인지도 제시한다. 그러니 목록에 기록한 당신의 일을 다른 항목과 비교해서 그 가치를 판별하기 전까지는 아무것도 하지 말자.

가장 중요한 일부터 처리하라

노력이 필요한 분야에서 바람직한 업무 습관은 성공과 밀접한 관련이 있다. 업무 습관이 훌륭한 사람이라는 평판만큼 상사의 관심을 빠르게 끄는 방법도 없다. 직장에서는 우리가 일하는 방식에 따라 보상의 질과 양이 결정된다. 이는 우리의 수입과 효율성에서 조직에서의 평판과 자기만족의 수준까지 좌우한다.

바람직한 업무 습관의 기초는 '초점'과 '집중'이라는 두 단어로 요약할 수 있다. 초점은 원하는 결과의 명확성과 더불어 결과를 향한 각 단계의 상대적 우선순위를 나타낸다. 초점이라고 하면 피사체의 모습을 선명하게 유지하기 위해 렌즈를 조정하는 사진작가가 떠오르지 않는가? 직장에서도 마찬가지로 효율적으로 일하려면 늘 하는 일이 가장 중요한 목표 달성에 기여하도록 렌즈를 계속 조정해야 한다.

한편 집중이란 일을 완전히 끝낼 때까지 계속할 수 있는 능력을 의미한다. 이는 알다시피 다른 곳에 정신이 팔려 있거나 주의가 산만해지지 않도록 해 준다. 또한 중요도가 떨어지는 일에 매달리느라 막다른 방향으로 새지 않도록 하면서 한결같이 목표를 향한 일에 매진하는 능력을 말한다.

생산성 향상을 위한 4단계는 자주 반복할수록 강력한 효과를 발휘한다. 구체적인 내용은 아래에 제시하고자 한다.

첫째, 명확한 목표와 목적을 서면으로 작성한다. 시작하기 전에 '무엇을, 어떤 식으로 시도할 것인가'를 생각해 보자. 이 과정에서 좌절감을 느꼈다면 다시 질문을 반복하자.

둘째, 목표 달성을 위한 구체적인 실행 계획을 세운다. 정확하게는 '그 목표를 어떤 방법으로 시도할 것인가?'라는 질문에 답을 내리는 것이다. 하지만 목표와 계획을 명확하게 정의했다면 그것을 이룰 방법에 대한 답도 이미 구했을 것이다. 따라서 이 문제에 시간을 들여 깊이 생각하는 사람은 거의 없다.

셋째, 우선순위를 정한다. 지금까지 적은 다양한 활동을 당신이 원하는 결과의 가치와 중요성에 따라 순차적으로 정리한다. 작업이나 활동을 시작하기 전부터 날마다 시간 단위로 80/20 법칙을 반복적으로 적용해 보자.

우선순위를 정할 때 가장 중요한 질문은 '지금 나의 시간을 가장 가치 있게 활용할 방법은 무엇인가?'이다. 이 질문에 대한 답에서 벗어나는 일을 하는 건 시간 낭비에 불과하다. 그 질문을 달리 표현하자면 '한 달 동안 다른 곳으로 가기 전에 당장 단 한 가지 일만 할 수 있다면 무엇을 할 것인가?'라 할 수 있다. 이 질문에 대한 답을 구했다면, 이번에는 '그 일 외에 한 가지 일을 더 마무리할 수 있다면 뭘 해야 할까?'라는 질문을 던져 보자.

또 다른 시간 관리 방법은 바로 '현재 있는 곳과 도달하고 싶은 곳 사이에 존재하는 한계는 무엇인가?'라는 질문에 답하는 것이다. 여기에서 한계란 목표 달성 속도를 제어하는 병목 현상이다. 이에 따라 시간 관리에 대한 지식이 부족한 탓에 많은 이들이 한계에 부딪힌다.

한 영업사원을 예로 든다면 그동안 접촉한 잠재 고객의 수가 그의 한계일 수 있다. 한편으로는 거래를 성사하는 기술이 부족하거나, 프레젠테이션이 끝난 뒤 계약 체결을 요청할 만큼 자신감이 부족한 것이 한계일 것이다. 기업의 경우 광고 효과가 한계로 작용하기도 한다.

업무 완료 속도를 제한하는 한계는 매 순간 존재한다. 이러한 한계를 없애는 것이 업무의 최우선순위, 즉 지금 당장 할 수 있는 가장 가치 있는 일일 수도 있다.

지금 시간을 가장 가치 있게 활용하는 방법을 향한 또 다른 열쇠는 바로 과거가 아닌 미래를 선택하는 것이다. 그리고 미래에 가장 큰 영향을 미칠 수 있는 행동을 고민하는 것이다. 일반적으로 가장 큰 영향을 미칠 수 있는 행동이 중요한 법이니 말이다.

위의 작업은 급하게 해결할 일은 아니지만, 시간을 가장 가치 있게 활용할 수 있다는 것이 장점이다. 예컨대 중요한 제안서나 도서 집필, 또는 새로운 사업 계획 개발 등은 당장 빨리 끝내야 할 일은 아닐 것이다. 다만 마무리하지 않을 때 생길 부정적인 영향을 고려하면 그 일이 가장 중요한 것이 될 수 있다.

> **미래에 가장 큰 영향을 미칠 수 있는 행동에 대해 고민하자.**

넷째, 가장 큰 보상을 받을 수 있는 작업에 전념한다. 이 절차가 일을 완수하기 위한 진짜 열쇠이다. 중요한 작업을 끝내지 않거나 일부만 완료하는 것은 스트레스의 주된 원인이며, 이는 본질적으로 우리의 의욕을 떨어뜨린다. 게다가 별로 중요하지 않은 일은 제때 끝내더라도 만족을 느끼지 못한다.

그와는 다르게 가장 가치 있는 일에 집중하면 큰 이점을 얻을 수 있다. 우리의 활력과 열정, 자부심은 의미 있는 일을 마무리하는 데에서 온다. 이를 통해 큰 활기와 기쁨을 느끼면서 더 많은 일을 해내고 싶다는 의욕이 생긴다.

위와 같은 일은 자신감을 불어넣을 뿐 아니라 자기 통제감, 즉 스스로 인생을 책임지고 있음을 느끼게 한다. 또한 시작한 일을 마무리하는 습관은 인격 형성에 필수적인 요소이기도 하다. 시작한 일을 끝내지 못한다면 성숙한 사람이라고 할 수 없다.

생산성을 높이는 몸과 마음의 자세

높은 성취를 위하여 일에 오롯이 집중하는 자신의 모습을 계속 시각화하면 생산성 높은 사람으로 빠르게 거듭날 수 있다. 그러므로 자신을 매우 생산적이고 능률적인 사람이라고 생각하자. 스스로 이미 되고 싶은 사람이 되었다고 상상해 보자.

위와 관련하여 강력한 시각화 방법은 어떤 이유로든 중요한 작업을 끝내려고 집중했던 과거의 일을 떠올리는 것이다. 이제 그 기억을 현재의 자기 모습에 대입하여 반복적으로 떠올려 보자. 이러한 작업은 마치 과거의 경험이 재현된 것처럼 잠재의식에 기록된다. 이를 통해 우리가 일에 더욱 집중할 수 있으며, 일단 시작한 일을 계속하는 것이 점점 더 쉬워짐을 깨닫게 될 것이다.

높은 생산성으로 향하는 과정을 단축하는 또 다른 방법은 성과를 높이는 자세나 몸짓을 이용하는 것이다. 바람직한 작업 습관을 비롯한 대부분의 심리 상태는 신체의 위치나 생리적인 조건이 수반된다.

책상에서 일할 때 올바른 자세에서 몸을 앞으로 기울이면 생산성이 더 높아지는 듯함을 느낀다. 그리고 고개를 든 채 어깨를 펴고 턱을 높이 들면서 활기차게 걸으면 좀 더 자신감 있고 생산적인 사람처럼 보일 것이다.

반면 의자에 구부정하게 앉아 있으면 생산성이 떨어진다. 또 고개를 숙인 채 느릿하게 걷는다면, 주변에서 자신감과 생산적인 일에 대한 열정이 결여된 사람이라 생각할 것이다.

고성과자의 집중력 비결

여기에서는 집중력 향상을 위해 고성과자들이 공통으로 사용하는 6단계 과정을 소개한다.

첫째, 작업 공간을 정리한다. 일을 시작하기 전, 작업 공간에 우선순위가 가장 높은 일에 필요한 것만 남기고 다른 것은 모두 치운다. 지저분하고 무질서한 것보다는 깔끔하고 질서 있는 분위기가 생산성을 높이는 데 도움이 된다.

둘째, 하루를 계획하고, 그날에 할 일을 시간 구간, 즉 타임 블록 time block 에 따라 체계적으로 정리한다. 다른 일에 들이는 시간을 최소 60~90분 단위로 통합할 방법을 찾아 보자. 최소 구간을 60~90분으로 정한 이유는 그 이하의 시간 안에 '의미 있는 일'을 성취하기가 불가능하기 때문이다.

의미 있는 일은 보고서나 제안서 작성뿐 아니라 사람들과 함께 일과 삶, 그리고 조직의 미래를 논의하는 것까지 아우른다. 하지만 중요한 대화일수록 서두르면 안 된다. 충분한 시간을 들여 주제를 전개해 나가면서 깊이 있게 발전시켜야 한다.

동료들보다 하루에 평균 20~30% 많은 시간을 일에 투자한다면, 단순히 생산성이 조금 높아지는 것만으로 평균 수입보다 2~4배 더 많은 돈을 벌게 될 것이다. 일반적으로 일의 양이 늘어나면 업무의 질도 같은 속도로 향상되기 때문이다.

위와 관련하여 대도시 소재의 대기업에서는 사무실 근처에 아파트를 임대하여 책상과 의자, 사무용품 등을 구비해 두는 경우가 많다. 이는 임원의 사무실 역할을 하는 곳으로, 일하는 도중 전화나 방문객의 방해를 받지 않을 수 있다. 방해받지 않으리라는 사실을 이미 아는 것은 집중력과 생산성을 높이는 데 도움이 된다.

한편 시간 관리의 측면에서 더 많은 양의 일을 처리하는 방법이 있다. 바로 근무 개시 시간보다 한 시간 일찍 사무실에 출근하는 것이다. 그러면 그 시간 동안 하루에 할 일을 모두 정리할 수 있다.

그럴 수 없다면 점심시간 동안 계속 일하는 것도 훌륭한 시간 관리법에 해당한다. 이 시간에는 구성원들의 점심 식사로 활동량과 전화 통화량이 급격히 감소한다. 이때 점심 식사는 12시가 되기 전 또는 1시 이후에 먹도록 하자. 그러면 붐비는 식당에서 식사가 오기를 기다릴 필요가 없다. 또한 식사 시간에 맞추어 점심을 먹는 사람들보다 더 좋은 서비스를 받을 수 있으며, 일터로 복귀하는 시간도 빨라질 것이다.

아니면 모두가 퇴근한 뒤 한두 시간 정도 사무실에 머무르는 것도 좋은 방법이다. 사업가와 영업사원은 대부분 이 전략이 최고의 자리를 유지하는 가장 좋은 방법이라고 여긴다.

위와 같이 60~90분 동안의 타임 블록은 일에 집중함으로써 그 시간을 온전히 활용하는 것이 핵심이다. 문을 닫고 휴대폰을 끄고, 이메일 확인도 하지 않은 채 일에만 몰두해야 한다. 다만 전화와 사람들이 오가는 소리가 큰 방해 요소인 사무실 환경에서는 생산적인 작업이 거의 이루어지지 못한다.

또한 일반적으로 대화의 20%에 해당하는 마지막 부분에 그 대화가 지닌 가치의 80%가 포함되어 있다는 사실을 기억하자. 이는 집중력을 다해 일하는 시간과도 비슷한데, 이 또한 20%의 마지막 구간이 가장 생산적이다. 이때쯤이면 정신이 일에 완전히 집중되기 때문이다. 실제로 자리에 앉더라도 생산적으로 일하기까지 상당한 시간이 걸리는 경우가 비일비재하다.

셋째, 꾸준한 집중을 통한 노력이 높은 생산성과 성공적인 성취의 핵심임을 명심하는 것이다. 인류 역사상 위대한 성취는 모두 오랜 시간, 때로는 몇 달이나 몇 년 동안 한마음으로 집중하여 노력한 끝에 이루어졌다. 그러한 성취를 이루기까지 수많은 시간 동안의 노력이 있었지만, 이를 알아보거나 인정하는 사람은 극소수에 불과하다.

그 예로 미켈란젤로는 시스티나 성당의 천장화를 그리는 데 수년을 쏟았다. 그 외에 예술 작품을 비롯하여 지금에도 계속 가치를 인정받는 것을 떠올려 보자. 그러면 그것을 창조하는 데 들인 인내심과 집중력을 인정하게 될 것이다. 우리의 커리어 또한 그와 마찬가지이다.

넷째, 할 일을 반드시 끝내겠다는 생각으로 일관한다. 중요한 일에 대한 완료 보상 체계를 만들고, 그 일을 모두 완료하기 전까지는 어떠한 보상도 주지 않는 방식으로 실천할 수 있다. 보상에는 외식이나 여행, 신차 구입 등이 있다.

보상을 위해 다른 사람도 참여시킬 수 있다면 추가적인 동기 부여의 원천이 되어 줄 것이다. 핵심 작업뿐 아니라 그 과정에서 중요한 단계를 마무리한 것에 대한 보상도 필요하다. 규칙과 체계에 따라 자신에게 보상을 주는 것은 곧 잠재의식에서 지속적인 행동에 필요한 동기를 부여하는 좋은 훈련에 속한다.

다섯째, 일을 하면서 우선순위가 가장 높은 작업에 집중할 수 있는 말을 무의식에 새긴다. 시간 관리에 대한 책을 쓴 존 몰로이 John Molloy 는 주의가 산만해지면서 업무에 집중할 수 없을 때 집중력을 회복할 말을 만들 것을 권한다. 이에 대하여 가장 좋은 것은 "다시 일에 집중해!"라는 말일 것이다. 집중이 흐트러짐을 느낄 때마다 마음속에서 단호한 태도로 그 말을 반복해 보자. 그러면 언제 그랬냐는 듯 바로 일에 집중하는 모습에 스스로 놀랄 것이다.

업무 개시 시간인 오전 8시나 9시부터 일하는 시간 동안에는 일만 하겠다고 결심하자. 그러면 하루 내내 업무에 집중하게 될 것이다. 사교 활동이나 수다 떨기, 장보기는 물론 세탁물을 가져오거나 친구에게 전화를 거는 일은 없을 것이다. 업무 시간 동안만큼은 일만 하겠다는 확고한 결심은 가장 빠르게 집중력을 향상하는 수단이다.

| **일하는 시간에는 일만 하자.** |

여섯째는 앨릭 맥켄지 Alec Mackenzie 의 저서 《시간 관리의 함정 The Time Trap 》에서 제시한 '싱글 핸들링 single handling '과 관련된다. 싱글 핸들링이란 하나의 일이 모두 끝날 때까지 계속할 것에 대한 결정과 관련된다.

서류 처리나 보고서 및 제안서 작성 또는 영업 상담을 시작한 후, 그 일이 모두 끝날 때까지 계속할 수 있도록 자신을 단련해야 한다. 이처럼 간단한 방법을 활용한다면 첫날부터 생산성을 최대 50%까지 높일 수 있을 것이다. 나 또한 그 효과에 지금도 놀람을 금치 못할 정도이다.

또한 싱글 핸들링은 학습 곡선을 활용할 수 있도록 해 준다. 일반적으로 성격이 비슷한 여러 작업을 한꺼번에 끝내면 후속 작업을 진행하는 데 걸리는 시간이 줄어든다. 이메일 작성 및 회신, 보고서 작성 등 서로 유사한 10~20개의 작업을 수행해야 할 때가 있을 것이다. 이때 학습 곡선을 이용하면 각 작업을 완료하는 데 걸리는 시간을 최대 80%까지 줄일 수 있다. 이에 일을 연속적으로 진행하면 모든 작업의 효율이 더 높아진다.

시간 도둑을 잡아라

일을 처리할 때는 미루는 습관을 극복하는 것 가장 중요하다. 미루는 습관은 우리의 시간에서 나아가 인생까지 도둑질한다. 이는 많은 사람이 노후에 대비하지 못한 채 조용히 절망에 빠져 살아가는 주된 이유이기도 하다.

미루는 습관을 극복하는 방법은 긍정 확언의 힘을 이용하여 잠재의식에 긴박감을 주입하는 것이다. 일을 시작할 때 "당장 시작해."라는 말을 계속 반복해 보자. 보험업에 종사하면서 5억 달러가 넘는 재산을 축적한 W. 클레멘트 스톤도 그 말을 반복했었다. 그는 그 일을 통해 시카고 거리에서 신문을 파는 빈털터리 소년에서 미국 최고의 부자가 될 수 있었다고 밝혔다.

우리의 의식에서 잠재의식으로 긍정 확언과 이미지를 반복적으로 각인한다면 당신이 원하는 내적 습관을 기를 수 있다. 잠재의식에서는 그 일을 새로운 기제를 작동하라는 지시로 받아들인다. 그리고 우리는 양치질이나 머리 빗기 등의 습관과 비슷한 수준의 긴박감을 느끼게 될 것이다.

또한 미루는 버릇을 합리화하거나 변명해서는 안 된다. 미루는 습관에는 반드시 합리화가 수반된다. 이는 사회적으로 용납할 수 없는 행동을 유리하게 해석하려는 시도라는 정의가 가장 정확할 것이다. 즉 자신의 비생산적인 행동을 설명함으로써 변명을 만들어 내는 것이다.

일을 미루는 사람에게는 언제나 자신만의 타당한 이유가 있다. 그러나 변명은 사치다. 따라서 변명은 금물이라 여기며 회피할 여지를 주지 말자. 해야 할 일을 하지 않아도 될 가능성이나, 그 일을 미룰 정당한 핑곗거리로 생각하지 말자.

또 다른 특별한 방법은 일을 '창의적으로 미루는' 것이다. 이는 미루려는 일을 미리 결정하는 것이다. 일을 해결할 수 있는 시간은 한정되어 있기에 우선순위가 낮은 일을 의도적으로 미루어야 가치가 높은 일을 진행할 수 있다. 살다 보면 미뤄야 하는 것도 있는 법이다. 중요하지 않은 일만 선택적으로 미루고, 보상이 높은 일에 집중하는 것이 개인적인 성취를 이루는 열쇠다.

/ 일을 제때 시작하는 방법

일을 미루는 습관을 극복하고자 할 때, 위에서 설명한 방법 외에도 다섯 가지가 더 있다. 다음이 그 내용이다.

첫째, 작업을 작은 단위로 나눈다. 살라미를 통째로 먹지 않듯, 큰일을 잘게 쪼개어 하나씩 완료하는 것이야말로 일을 끝까지 해내는 가장 좋은 방법이다.

'코끼리를 어떻게 먹어야 할까? How do you eat an elephant?'라는 수수께끼를 한 번쯤은 들어봤을 것이다. 답은 당연히 '한 번에 한 입씩 먹는다.'이다. "일을 한꺼번에 해치우려고 하면 힘들지만, 조금씩 진행하면 뭐든 다 쉽다. By the yard, it's hard, but inch by inch, anything's a cinch."라는 말도 있지 않은가. 일을 작게 나누어 해결하는 방법은 미루는 습관을 극복하는 매우 효과적인 방법에 속한다.

둘째, 일과를 시작하면서 가장 큰 두려움과 불안감을 주는 일부터 처리한다. 이는 일반적으로 타인과 관련되는데, 주로 실패나 거절에 대한 두려움을 극복하는 것과 연관되기도 한다.

영업에서는 잠재 고객 발굴, 경영자는 직원 징계 및 해고의 문제와 연결된다. 한편 인간관계에서는 불행한 상황이 그에 해당할 것이다. 이들 사례와 같이 감정적 고통이 가장 큰 일부터 먼저 처리한다면 놀라운 효과를 체감할 수 있다. 힘든 일을 먼저 처리하고 나면 다른 일들이 비교적 쉬워 보일 것이다.

셋째, 아침에 가장 불쾌한 일부터 시작하여 미루는 버릇을 극복한다. 이는 두 번째 방법과 맥락을 같이하는 해결책이다. 이 방법과 관련하여 최근에 두 집단의 사람들을 대상으로 한 연구가 진행된 바 있다. 연구에 따르면 한 집단은 운동을 아침에 시작했고, 다른 집단은 퇴근한 뒤 저녁에 했다.

그 결과 연구진은 아침 운동을 하는 쪽이 6개월 뒤에도 프로그램에 계속 참여할 가능성이 훨씬 높다는 점을 발견했다. 또한 하루를 운동으로 시작하면 규칙적인 운동 습관이 생길 확률이 훨씬 높았다. 적어도 운동을 하지 않으려는 온갖 변명을 늘어놓기 위해 저녁 시간까지 미루는 것보다는 말이다.

넷째, 완벽주의를 버리자. 완벽주의는 일을 미루는 주된 원인이다. 따라서 일을 완벽하게 끝내지 못할 것을 걱정하지 말자. 일단 일을 시작했다면 그냥 꾸준히 진행하자. 나중에 잘못된 부분을 발견하더라도 언제든 바로잡을 수 있다. 가치 있는 일은 처음부터 완벽하게 이루어진 적이 없다.

다섯째, 빠른 템포를 유지하자. 이는 성공에 필수적인 요소이다. 빨리 일하고 행동하면서 일을 계속해 나가자. 일을 시작했다면 반드시 추진력을 유지해야 한다. 첫 시도에는 엄청난 노력이 필요하겠지만, 움직임이 계속된다면 노력이 훨씬 적게 들어간다는 운동량의 법칙을 기억하자. 그리고 습관적인 행동의 속도를 더욱 높이겠다고 다짐해 보자. 평소의 느릿함은 버리고 더 빠르게 움직이려고 노력한다면, 놀라울 정도로 많은 성과를 거두게 될 것이다.

일을 끝까지 해내는 비법은 초점과 집중에 있다. 당신이 최대의 성과를 이루고자 한다면 다음과 같은 것들이 필요하다.

1. 목표와 목적을 명확하게 정의하기
2. 성취를 위한 실행 계획 세우기
3. 매일 할 일의 전체 목록 작성하기
4. 목록 내 항목의 명확한 우선순위 정하기
5. 성실한 태도로 가장 중요한 일을 완수하는 데 집중하기

위의 과정을 바탕으로 일하는 시간 동안만큼은 일에만 집중하겠다는 확고한 결심을 통해 지금까지의 방법을 실천하자. 그리고 주의가 산만해질 때마다 다시 일에 집중하면서 긴박감을 끌어올려 보자. 그러면 전보다 2~3배 높은 성과를 올리게 되며, 커리어 또한 궤도에 오를 것이다.

실천하기

지금쯤이면 당신은 목표를 기록하고, 이를 달성하기 위한 실천 계획을 세웠을 것이다. 또한 매 순간이라도 효과적으로 활용할 시간 관리법을 참고하는 등 지금까지 설명한 권장 사항을 충실히 따랐을 것이다.

이제부터는 당신이 미루는 일 가운데 특별한 진척 없이 발목을 잡는 것을 하나 선택해 보자. 틀림없이 당신은 미래에 중대하고 긍정적인 영향을 줄 중요한 일을 미루고 있을 것이다.

그 후 일을 미루는 버릇을 당장 극복하겠다고 결심한다. 미루는 일이 여러 개라면 우선순위를 정해 보자. 그 버릇을 극복했다면, 그때부터는 당신의 성공에 가장 큰 도움이 될 한 가지 일에 오롯이 집중하자.

한편 일을 성공적으로 완수하려면 가장 힘들고 불쾌한 일부터 적극적으로 해내야 한다. 단일한 일이라면 가장 어려운 부분을 먼저 끝내도록 하자. 또한 당신과 시간을 체계적으로 관리하면서 가장 중요한 작업을 완료하는 데 집중하면 큰 보상이 당신의 손에 들어올 것이다.

이상의 시간 관리법은 재정적 성공 및 성취와 밀접한 관련이 있다. 그리고 일을 완수하는 능력이 생겨나면서 자존감과 자신감이 더욱 커질 것이다. 목표를 정하고 우선순위를 정한 다음 당장 실천하겠다는 결심만큼 높은 만족감과 삶의 질을 보장하는 것도 없다. 그러니 지금 당장 시작해 보자.

핵심 포인트

- ✓ 훌륭한 시간 관리의 핵심은 생산성을 극대화할 수 있는 체계적인 계획에 있다.
- ✓ 일을 시작할 때는 깔끔한 정리가 중요하다.
- ✓ 훌륭한 시간 관리를 위해 타임 플래너, 달력, 일일 목록을 활용하는 것이 좋다.
- ✓ 긴급한 일과 중요한 일의 차이를 이해하자.
- ✓ 성실한 태도로 보상이 높은 일부터 집중하자.
- ✓ "당장 시작해."라는 말을 계속 되뇌면서 일을 미루는 버릇을 극복하자.

제8장

절제가 올바른 선택을 이끈다

_____ 이 장에서는 더 적은 일을 함으로써, 그리고 지금까지와 완전히 다른 일을 하면서 삶을 간소화하고 전반적인 만족도와 행복감을 높이는 방법을 이야기할 것이다.

/ 성공으로 흐르는 배관 설계하기

당신의 성과를 배관에 대입하는 것도 좋은 방법이다. A 지점에서 B 지점으로 이어지는 배관을 생각해 본다면, 이를 직장 생활에 어떻게 비유할 수 있을지 짐작할 수 있을 것이다. 여기에서 A 지점은 현재의 위치를, B 지점은 이루고자 하는 목표를 의미한다.

배관의 형태가 직선형인지 곡선형인지, 연결 방식은 직접적인지, 간접적인지 등의 배치 방식은 배관을 통해 흐르는 물질의 양과 이동 속도, 생산성과 큰 관련이 있다. 따라서 우리는 배관을 타고 흘러가기 전부터 어느 지점으로 가고 싶은가를 명확하게 정하는 것이 매우 중요하다.

개인의 성과에 비유할 수 있는 배관 모델의 생산성은 두 가지 요소에 의해 결정된다. 하나는 배관의 직경이다. 직경이 넓은 배관은 좁은 것에 비해 더 많은 물질을 운반한다. 이에 따라 배관의 직경은 우리의 지식과 기술, 즉 생산성에 따라 결정된다.

지식과 기술력의 수준이 높을수록 생산성은 높아진다. 그렇게 우리의 삶 속에 더 많은 것들이 유입되기 시작한다. 숙련된 영업사원이나 기업의 임원은 고부가가치 상품을 대량으로 생산할 수 있는 능력이 고도로 발달해 있다. 이러한 역량은 라이프 스타일과 소득, 미래에 대한 가능성과 기회를 만들어 갈 것이다.

반면 기술력이 제한적인 사람은 생산성도 매우 낮으므로 명확한 목표와 진정성 있는 목표가 있더라도 많은 일을 이루어 낼 수가 없다. 따라서 우리의 삶에 유입되는 것의 질과 양을 늘리려면 생산성, 즉 지식과 기술을 개선하고 확대하기 위해 계속 노력해야 한다.

다른 하나는 물질이 흐르는 속도이다. 배관을 통해 흐르는 물질이 시속 8km의 속도로 움직인다고 생각해 보자. 그렇다면 그 반대쪽에서도 그와 같은 속도로 일정한 양의 물질이 흘러나올 것이다. 하지만 펌프나 기계, 중력 등 여러 요인을 이용하여 배관 속에 흐르는 물질의 속도를 높일 수 있다면 같은 시간에도 훨씬 많은 물질을 통과하게 할 수 있다.

배관의 물질 통과 속도는 당신의 일, 즉 효과와 일을 잘 수행하는 능력인 효율성에 따라 결정된다. 시간 관리는 우리를 보다 효과적이고 효율적인 사람으로 만들어 결과의 질과 양을 늘린다. 이와 관련하여 배관을 우리의 인생에 빗대어 생각해 보자. 삶 속에서 부와 건강, 그리고 행복을 원한다면 배관의 직경과 물질 통과 속도를 높이는 방법을 계속 고민해야 한다.

마찬가지로 자신의 현재 삶의 질과 양은 지금까지의 배관의 직경과 물질 통과 속도, 즉 생산성과 효과, 효율성이 직접적으로 작용한 결과에 해당한다. 두 요소 모두, 적어도 하나라도 개선한다면 삶의 질도 동시에 향상될 것이다.

/ 당신이라는 공장을 점검하라

공장 모델은 시간을 이해하는 데 도움을 준다. 혹시라도 대규모 제조 공장을 본 적이 있다면, 그 길이가 매우 길다는 사실을 확인했을 것이다. 예컨대 자동차 공장은 길이가 1.6km 이상이기도 하다.

한쪽 끝에서는 성형 및 압착, 밑도장과 본도장, 그리고 타공될 준비를 마친 원자재, 즉 원강이 들어온다. 원자재가 공정을 통과하는 동안 엔진과 변속기, 후부, 바퀴 및 내부 비품과 기타 부품이 조립된다. 이들 공정이 모두 끝나면 반대편 끝에서 완성된 자동차가 나온다.

우리의 인생도 마찬가지로 한쪽 끝에서 원자재가 투입된다. 그리고 다른 쪽 끝에서 삶의 모든 양상이 결과로 제시된다는 점에서 공장과 비슷하다. 여기에서 우리의 원자재는 시간이다.

우리에게는 날마다 24시간이 공평하게 주어진다. 그리고 인생이라는 공장에서 그 시간을 처리한다. 공장의 저편에서는 당신의 집과 자동차, 은행계좌, 건강과 활력 수준, 친구와 주변인을 통틀어 현재와 미래가 출력된다.

잠시 뒤로 물러서서 자신의 공장이 시간이라는 원자재를 가지고 무엇을 생산하는지 지켜보도록 하자. 아마 공장 저편에서 내보내는 결과가 마음에 들지 않을 수도 있다. 그렇다면 다시 공장에 들어가 생산 공정을 바꾸어야 한다.

자신의 삶에서 더 나은 것, 또는 다른 것을 생산하고 싶다면, 스스로 상황에 개입함으로써 뭔가 다른 일, 때로는 평소와 매우 다른 일을 해야 한다. "지금 하고 있는 일을 더 해 봤자 지금 있는 것만 더 늘어날 뿐이다. The more you do of what you're doing, the more you'll get of what you've got."라는 옛말을 들어 봤을 것이다. 같은 일을 같은 방식으로 되풀이하면서 결과가 다르기를 기대하는 건 양심이 없지 않은가.

시간은 돈이다

시간은 돈과 같다. 시간은 돈과 마찬가지로 쓸 수도 있고, 투자할 수도 있다. 시간과 돈 모두 그저 써 버리면 영원히 사라진다. 그러나 현명하게 투자한다면 장기간에 걸쳐 큰 이익으로 되돌아온다.

예를 들어 돈을 저축해서 임대용 부동산을 매입하면, 수십 년간 소득을 올릴 수 있고 자녀와 손자에게 양도할 수도 있다. 반면 호화로운 여행이나 차에 소비한다면 그 돈은 영영 사라지는 것이다.

한편 시간과 돈은 일정 한도까지 교환이 가능하다. 이는 시간과 돈의 또 다른 공통점으로, 시간과 돈을 서로 맞바꿀 수 있다는 것이다.

그 예로 책이나 음성 학습 자료를 구입하거나, 강좌를 추가로 수강할 목적으로 돈을 쓴다면 소득 능력, 즉 사람들이 돈을 내고 살 만한 가치 있는 결과를 만드는 능력을 키울 수 있다. 학습에 투자한 돈은 그보다 몇 배나 더 많은 수익으로 보답할 것이다. 또한 재정적인 면에서 높은 수준에 도달하기 위해 들이는 몇 달, 심지어 몇 년의 노력을 아낄 수 있다.

/ 삶의 관점을 바꾸는 깨달음의 순간

나는 시간 관리 방법을 연구하는 데 수년의 시간과 수천 달러의 비용을 투자했다. 시간 관리에 대한 책이라면 거의 사서 읽었고, 녹음 학습 자료도 이용했다. 또한 시중에 출시된 타임 플래너는 물론이고, 시간 관리를 주제로 한 다양한 세미나에도 참석했다.

그 과정에서 나는 시간과 인생을 바라보는 시각에 강한 영향을 미치는 아이디어를 자주 접한다. 나는 이를 '패러다임 전환'이라 부른다. 이 재치있는 말 덕에 시간을 대하는 관점이 바뀌었다. 그중 여러 가지를 당신과 이미 공유했지만, 이제부터 세 가지를 더 소개하고자 한다.

나의 첫 패러다임 전환은 우리의 삶이 행동 여부와 상관없이 매 순간 중요한 것에 따른 선택을 포함한다는 사실을 배운 데서부터 시작되었다. 우리는 행동할 때마다 그것이 자신의 가치 순위에서 어디쯤인지를 드러낸다.

우리의 삶 전체를 되돌아보면, 순간마다 그동안의 선택이 반영되어 있음을 알 것이다. 결국 성공과 행복은 좋은 선택에 따른 결과이지만, 잘못된 선택은 그 반대의 결과를 부른다. 따라서 선택의 질을 높인다면, 그 결과와 더불어 삶의 질 또한 필연적으로 향상된다. 그렇게 우리는 매 순간을 선택에 따라 살아간다.

한편 두 번째 패러다임 전환은 배타적 선택 법칙의 발견에서 비롯되었다. 한 가지 일을 한다는 것은 곧 다른 일은 하지 않겠음을 뜻한다. 또한 어떠한 물품을 구매하기로 선택하는 것은 다른 대안에 대한 거절을 수반한다. 이와 마찬가지로 한 활동을 선택한다면 그 순간 할 수 있는 다른 활동을 하지 않기로 결정하는 것과 다름이 없다. 결혼을 예로 든다면 현재 결혼 상대를 제외한 타인, 즉 잠재적 결혼 상대를 모두 수용하지 않겠다는 것이다.

지금까지와 같이 우리의 행동이나 소유는 한 번에 한 가지만 할 수 있다. 우리는 각자 하는 일이나 행동, 선택을 통해 가장 중요하다고 생각하는 것을 알 수 있다. 성공은 주로 자신의 삶을 더 발전시킬 수 있는 일을 의도적으로 선택하는 데에서 온다. 그 반대 또는 아무 행동도 하지 않았을 때보다 삶과 관계를 더 악화시키는 일을 선택한다면 실패한다.

선택과 집중은 과감하게

세 번째 패러다임 전환의 시작은 우선순위를 정하는 것이 곧 후순위를 결정하는 것임을 알면서부터 일어났다. 가령 어떤 일을 실천하기로 한다면 그 일에 전념하기 위해 무슨 일을 그만둘 것인지, 즉 후순위를 결정해야 한다. 붙잡는 것이 있다면 놓아주는 것도 있어야 하는 법이다. 목적지에 도착하려면 일단 떠나야 하듯, 한 가지 일을 시작하려면 다른 일을 그만둬야 한다.

> 한 가지 일을 하기로 결심할 때,
> 어떤 일을 그만둘 것인지 결정해야 한다.

사람들은 대부분 정신없이 흘러가는 현대 생활의 속도에 압도당한다. 우리는 평균적으로 한 달 동안 내리는 결정이 조부모 세대의 일생보다 더 많은 것으로 추정된다. 특히 도시에 거주하는 사람이라면 하루에 최대 5,000건의 광고에 노출된다. 또한 선택할 수 있는 라디오와 TV 채널이 수십 개나 되며, 메일과 전화도 감당 못 할 정도로 쏟아진다.

그렇게 우리는 새벽부터 한밤중까지 바빠지면서 잠잘 시간도 부족해짐을 느낄 것이다. 한 연구에서는 여성 참가자의 62%가 피로를 가장 큰 문제로 꼽았다. 참가자들은 아침에 일어나면 그날 밤 몇 시쯤에 다시 잠을 잘 수 있을까를 가장 먼저 고민하고 있었다.

너무 오래되어 기억조차 나지 않을 정도로 우리 삶의 우선순위 명단에는 빈칸을 찾아볼 수 없다. 그 명단은 우리가 갈 곳, 만날 사람, 해야 할 일 등 일과 활동으로 가득하다. 여가는 꿈도 꿀 수 없다.

당신 또한 계속 바쁘게 돌아다니며 살고 있을 것이다. 요컨대 이미 하는 일 외의 추가적인 활동을 결심한다는 것은 곧 여가를 없앤다는 것이다. 먼 옛날이라면 우리에게도 여가가 있었겠지만, 지금은 없다.

따라서 새로운 일을 시작하겠다면, 어떤 일을 그만둬야 할지부터 생각해야 한다. 그러나 사람들은 대부분 줄여야 할 활동은 고려하지 않은 채 시간이 많이 걸리는 활동만을 계속해서 삶 속으로 끌어들인다.

인수 합병, 인력 감축 및 예산 삭감과 기술의 빠른 변화 속도 등으로 우리는 직장에서 점점 더 많은 직무를 수행해야 한다. 이에 직원으로서 할 수 있는 최고의 일은 할 일을 모두 적은 목록을 들고 상사에게 그 일을 모두 할 수는 없다고 말하는 것이다.

만약 당신이 그러한 상황이라면, 가능하다면 상사에게 최선을 다하고 싶으니 업무에 구체적인 우선순위를 정해 달라고 요청하자. 상사가 당신이 가장 먼저 해결해 주길 바라는 업무는 무엇인가?

그리고 한 가지 일을 시작한다면 목록에 있는 다른 일은 할 수 없음을 분명히 밝히자. 하루에 주어진 시간은 정해져 있기에 최고의 시간 관리법을 활용하더라도 일정량 이상의 일을 하는 건 불가능하기 때문이다.

변화를 이끄는 원점사고

앞서 소개한 상황은 현대인의 생활에서 가장 중요한 개념적 도구 중 하나인 원점사고 Zero-based thinking 로 이어진다. 20세기에 가장 존경받는 경영 컨설턴트인 피터 드러커도 그 개념의 중요성을 강조했다.

원점사고란 마음속에서 자신이 하는 일과 과거에 내린 결정을 모두 배제한 채 질문을 던지는 것이다. 그 질문은 "내가 지금 하는 여러 일에 대해 미리 알았더라면 절대 시작하지 않았을 일이 있는가?"로, 원점사고에서 중요한 역할을 한다.

원점사고에서의 질문은 다수의 사람에게 무척 어렵게 다가온다. 스스로 던진 그 질문에 답하려면 큰 용기가 필요하기 때문이다. 나는 수천 명의 청중에게 이상의 아이디어를 공유한 적이 있었다. 그리고 선택의 기회가 다시 찾아온다면, 현재의 상황에 처하지 않을 사람이 있는지를 물었다. 그 많은 사람 가운데 선택권이 주어지더라도 상황을 바꾸지 않겠다고 말하는 사람은 아무도 없었다.

그러나 선택을 다시 하더라도 지금의 상황에 발을 들이지 않겠다고 생각한다면, 시간을 지금보다 생산적으로 관리하기가 불가능해진다. 애초부터 일이 마음에 들지 않거나, 그 자리에 적합하지 않은 사람이라면 일을 더 효과적으로 하려고 노력해도 의미가 없다. 마찬가지로 원치 않는 상황에서 더 생산적으로 살아가는 방법을 배우는 것도 의미가 없다. 그중에서도 최악은 일찍 알았더라면 애초부터 시작하지도 않았을 인간관계를 맺고 있는 경우이다.

그렇다면 당신도 위와 같은 상황을 겪은 적이 있는지 자문해 보자. 만약 '그렇다'라는 답이 나온다면 다음에 던져야 할 질문은 "어떻게 해야 이 상황에서 벗어날 수 있을까? 그러려면 시간은 얼마나 걸릴까?"이다.

세상에는 원치 않는 상황을 벗어나기 위해 애쓰다가 삶이 정체되어 버린 이들이 너무나 많다. 그러나 모든 진보와 개선은 변화를 전제로 한다. 여기에서 변화는 새로운 것을 받아들일 수 있도록 낡은 것을 버리는 일을 의미한다. 즉 보다 높은 가치를 받아들일 수 있도록 그보다 낮은 것을 버려야 한다.

한편 현재 인간관계와 관련하여 과거로 돌아간다면 애초에 관계를 맺지 않았을 사람이 누구인지 자문하는 것부터 시작하자. 이 작업에는 굉장히 큰 용기가 필요하다. 사람들은 현재 잘되고 있지 않으며, 앞으로도 그럴 가능성이 없는 관계를 맺고 있음을 알면서도 갈등과 대립이 두려워 그 관계를 끝내지 못하기 때문이다.

당신이 관리자라면 직원에 대해 스스로 생각해 보자. 내가 그동안 만났던 관리자는 대부분 과거에 진행한 채용 과정을 다시 거친다면 고용하지 않았을 사람이 있음을 인정했다.

아니면 물건이나 투자 상품의 경우, 노출을 최소화하기 위해 우리가 할 수 있는 일이 무엇이며, 그 투자에서 벗어날 수 있을까? 딱히 관심 없는 활동에 참여하고 있다면, 과거로 돌아가더라도 그 활동에 다시 참여할 것인가? 이들 질문에 '아니요'라 대답한다면, 어떻게 빠져나갈 것인가? 그리고 시간은 얼마나 걸릴까?

이상의 내용은 시간에서 나아가 삶을 관리하는 데 매우 중요하다. 스트레스 수준을 고려했을 때, 애초에 시작해서는 안 되는 일이 있는가를 알 수 있다. 자신에게 어울리지 않는 상황은 항상 스트레스와 불안을 일으킨다.

그러한 문제로 고민하는 시간이 지나치게 길어지면서 집에서도 그 문제를 얘기할 것이다. 그 문제가 머릿속에 계속 떠오르면서 일상적인 대화에서도 불쑥 튀어나올 것이다. 이처럼 잘못된 상황은 믿을 수 없을 만큼 빠른 속도로 감정 에너지를 고갈시킨다.

투자로 따지면 위의 상황은 형편없는 것이다. 우리에게는 감정 에너지를 통한 이득을 극대화할 책임이 있기 때문이다. 그러한 상황은 무슨 수를 써서라도 최대한 빨리 벗어나야 한다.

> 자신에게 어울리지 않는 상황은
> 항상 스트레스와 불안을 일으킨다.

24시간을 쪼개라

지금까지 소개한 세 가지 외에도 나는 또 다른 패러다임 전환을 직접 경험한 적이 있다. 바로 만물의 가치가 사람들이 얼마나 많은 시간과 인생을 맞바꿀 의향이 있느냐에 따라 결정된다는 사실을 깨달은 것이다. 여기에서 핵심 단어는 '맞바꿈'이다.

하루의 시간은 정해져 있기에 어떠한 행동을 선택하더라도 삶의 일부와 맞바꾸는 것은 변함이 없다. 그러면서 배타적 선택의 법칙으로 삶의 다른 영역에 쏟을 시간이 그만큼 줄어든다. 우리가 사는 것과 우리가 하는 일은 모두 삶의 일부를 희생시킨다. 그렇게 소모된 삶은 영원히 사라지며, 다시 돌아오지 않는다.

그렇다면 당신을 비롯한 시간과 삶, 그리고 그동안의 활동을 살펴보도록 하자. 소중한 시간을 다른 데 쓸 수 없다는 사실을 알면서도 하나의 활동에 얼마나 많은 시간을 투자할 수 있을지 생각해 보자. 시간에 대한 관점, 시간의 가치에 대한 당신의 평가, 그리고 장단기적으로 시간을 배분하는 방법은 우리에게 일어나는 모든 일을 결정하는 중요한 요인이다.

정치학자 에드워드 밴필드 Edward Banfield 가 미국에서 진행한 성공에 관한 연구에서는 성공이 대체로 태도와 관련되어 있음을 보여 준다. 이 연구에서는 특히 시간에 대한 관점을 중요시한다. 일상적인 결정을 내릴 때도 장기적인 관점을 고려하는 사람은 그렇지 않은 사람보다 경제적으로 성공할 가능성이 훨씬 높다. 이는 대개 장기적으로 더 큰 보상을 누리기 위해 단기적인 희생을 감수하는 태도를 수반한다.

하지만 단기적인 관점을 개발하는 것 또한 필요하다. 단기적인 관점이란 시간을 작은 단위로 할당하는 것을 뜻한다. 사회적으로 고소득 전문직인 의사, 변호사, 건축가, 엔지니어 등은 1시간을 1/10 단위로 쪼개어 사용한다.

그 예로 그들이 서비스 비용으로 시간당 200달러를 청구한다고 생각해 보자. 이는 고객을 위해서 쓴 시간을 6분 단위로 나누어 비용을 청구한 것이다. 또한 고객과의 전화통화에 5분을 사용했다면, 고객은 1/10시간에 대하여 20달러의 청구서를 받을 것이다.

가장 높은 위치에 있는 사람 또는 영업사원이나 임원, 고소득 사원과 같이 자신이 속한 회사나 업계에서 가장 높은 위치에 있는 사람도 시간 계획을 촘촘하게 세운다. 그들은 10분이나 15분 단위로 시간을 배분한다. 또 시간을 어떻게 쓸 것인지를 놓고 많은 고민을 한다. 그 사람들은 운전을 하거나 여행을 갈 때도 매 순간을 생산적으로 사용한다.

안타깝게도 재정적인 어려움을 겪고 있는 사람은 하루 일정이 어떻게 되는지 물어보는 것만으로도 상황을 짐작할 수 있다. 돈을 많이 벌지 못하는 사람은 일정이 느슨하다. 연구에 따르면 평균적인 생산직 근로자는 모든 것을 2주의 급여 기간을 기준으로 생각한다. 그리고 2주 이상의 기간을 미리 생각하는 경우는 거의 없다고 한다.

사회 경제적 지위가 올라갈수록 시간의 범위는 점점 좁아진다. 예를 들어 판매 실적이 좋지 않은 사람은 오전과 오후를 기준으로 생각한다. 반면 그 반대인 사람은 오전 8시나 8시 30분, 혹은 그보다 일찍 일을 시작해 저녁 6시나 그 이후까지 15분 단위로 생각한다. 그들은 집에 돌아간 뒤에도 추가 작업을 위한 계획을 세워 두었을 것이다.

이상에서 소개한 내용을 토대로 날마다 시간 계획을 최대한 촘촘하게 세우기 시작하면 수입을 늘릴 수 있다.

> **시간 계획을 최대한 촘촘하게 세우기 시작하면
> 수입을 늘릴 수 있다.**

/ 식사가 먼저냐, 디저트가 먼저냐

성공과 실패를 비롯하여 자존감과 자아 이미지, 목표, 개인 생산성, 그리고 성과에 대한 연구가 무수히 많이 진행되었다. 그러나 이 모든 연구의 결론은 불변하다. 이를 한 마디로 요약하면 자제력이다. 성공을 이뤄 행복한 사람은 그렇지 않은 이보다 자제력을 더욱 크게 발휘한다.

빠르게 승진하는 사람은 그렇지 않은 사람보다 자신에게 더욱 엄격한 편이다. 가치 있는 일을 이루는 사람 또한 시간과 더불어 자신의 욕구를 통제하는 능력이 뛰어나다. 역사를 통틀어 봐도 자제력이 가장 뛰어난 사람이 약한 이들을 지배해 왔다.

자제력을 가장 간단하게 표현하면, 디저트를 먹기 전 저녁 식사를 하는 능력과도 같다. 우리의 삶 또한 저녁 식사와 디저트에 해당하는 부분으로 나뉜다. 우리의 주변에는 매일 관심을 끌기 위해 아우성치는 수천 가지 목소리가 에워싸고 있다. 그 목소리는 대부분 저녁식사 전부터, 또는 식사를 건너뛰고 디저트를 먹으라고 권한다. 한편 광고에서는 지금 당장 물건을 사면 1월까지 대금을 지불하지 않아도 된다고 소리친다.

디저트는 본식을 다 먹은 뒤에 제공된다. 처음부터 디저트를 제공하는 경우는 없다. 디저트를 먼저 먹는다면 입맛이 떨어질 것이다. 게다가 디저트에는 대개 많은 양의 당과 지방이 함유되어 있다. 따라서 건강에 좋은 본식보다 디저트를 지나치게 많이 먹으면 결국 신체적, 정신적, 정서적으로 좋지 못한 영향을 미치게 된다.

매일 밤 집에 와서 초콜릿 케이크와 아이스크림을 먹는다면 살이 찌고 게을러지면서 운동도 덜 하게 되고, 가만히 앉아 텔레비전을 보는 시간만 늘어날 것이다. 이처럼 설탕을 많이 먹으면 우울해지고, 에너지와 열정이 줄어들며 성격이 더욱 나빠진다. 반대로 건강에 좋은 음식으로 영양이 풍부한 저녁 식사를 한다면 디저트에 대한 욕구가 크게 줄어들 것이다. 무엇보다 디저트에 어떤 관심도 생기지 않는다.

퇴근 후 집에서 하는 저녁 식사는 주로 배우자와 대화를 나누거나 아이들과 놀아 주는 등의 활동을 한다. 디저트 시간에는 TV 시청, 맥주 마시기, 신문 읽기 등을 함께 하기도 한다. 집에 돌아왔을 때, 당신은 저녁 식사와 디저트 중 원하는 걸 선택할 수 있다면 무엇을 먼저 먹을 것인가?

글을 통해 우리에게 가르침을 주는 명작가 엘버트 허버드 Elbert Hubbard 에 따르면 자제력이란 기분에 상관없이 자발적으로 해야 할 일을 제때 해내는 능력을 말한다. 여기서 중요한 부분은 기분을 신경 쓰지 않는다는 것이다. 기분이 내킬 때는 누구나 할 일을 곧잘 한다. 그러나 그 반대인 힘들고 피곤하고 지친 상태에도 옳은 일이기에 강행하려는 마음가짐은 그 사람의 인격을 드러낸다.

가장 중요한 건 그러한 성품이다. 인생의 가장 큰 목표라고 한다면 인격을 발전시킴으로써 성장을 이루어 훌륭한 사람이 되는 것이다. 이처럼 성품이 좋은 사람의 특징은 바로 자제력이다. 자제력을 잘 발휘할수록 자신감이 생기고 더 좋은 사람이 될 수 있다. 그렇지 않다면 자신감이 떨어지면서 훌륭한 사람이 되기 어려워진다.

> **성품이 좋은 사람의 특징은 바로 자제력이다.**

이상으로 지금 하고 있는 일이 저녁 식사인지 아니면 디저트인지 생각해보자. 그런 다음 디저트를 맛보기 전에 저녁 식사를 시작하며 필요한 작업을 모두 끝내도록 하자. 이 단순한 선택이 삶에서 가능한 결과를 모두 만들어 낼 것이다.

지혜롭게 선택하기

몇 년 전, 헨리 해즐릿 Henry Hazlitt 이 《보이는 경제학, 안 보이는 경제학

Economics in One Lesson 》이라는 책을 썼다. 해즐릿은 오랫동안 〈월스트리트 저널 The Wall Street Journal 〉을 비롯한 여러 간행물에 글을 기고하면서 사람과 성격, 경제와 정치를 자세히 연구했다. 이를 통해 그는 직접 책을 쓰기에 이르렀고, 그 책은 밀리언셀러가 되었다. 그리고 이 책은 수많은 독자의 태도와 관점을 완전히 바꾸었다.

해즐릿에 따르면 지혜란 특정한 행위나 결정의 이차적인 결과를 정확하게 고려하는 것이다. 일차적인 결과란 대부분 긍정적이다. 그러므로 그는 사람들이 애초부터 그러한 활동에 참여하는 것이라고 했다. 하지만 사람들은 자신이 한 행동의 이차적인 결과까지 안고 살아가야 한다. 이차적인 결과는 이따금 아무 일도 하지 않았을 때보다 훨씬 좋지 않은 양상을 흔히 보인다.

> **지혜란 특정한 행위나 결정의 이차적인 결과를
> 정확하게 고려하는 것이다.**

예를 들어 퇴근 후 밖에서 술을 마셨을 때, 일차적인 결과는 즉각적인 즐거움, 사람들과 어울림, 개인적인 만족감 및 안정감과 소소한 재미 등이 있다. 그러나 이차적인 결과는 술에 취해 비몽사몽한 탓에 남은 시간 동안 자신에게 도움이 될 만한 것을 공부하거나, 타인과 지적인 관계를 맺을 수 없다는 것이다.

또한 술을 마시면 다음날이 될 때까지 정상적인 상태로 돌아오지 않는다. 이처럼 일차적인 결과는 우리에게 즐거움을 주지만, 이차적인 결과는 그렇지 않은 만큼 부정이다. 운동을 할까 말까 또는 건강에 좋은 음식을 먹을까, 달고 기름진 음식을 먹을까를 고민할 때도 마찬가지이다.

이차적인 결과는 스스로 보유한 기술과 능력의 발전을 위해 지역 전문대에서 저녁 시간을 보내는 대신 텔레비전을 시청하기로 할 때부터 발생한다. 이뿐 아니라 볼링을 치거나, 친구들과 어울리느라 시간을 제대로 활용하지 못한 탓에 업무 시간에 끝내지 못한 일을 처리하는 데 많은 시간을 써야 할 때도 나타난다.

위의 상황에서 일차적인 결과는 대체로 재미있고 즐겁다. 이와는 다르게 이차적인 결과는 재앙 그 자체가 되기도 한다. 현명한 사람이라면 어떤 상황에서든 자신의 행동으로 일어날 수 있는 이차적인 결과를 많이 고려한다.

이차적인 결과를 고려하는 능력은 자제력과 인품을 보여 준다. 이는 개인이 오랜 시간에 걸쳐 관점을 발달시켜 왔음을 틀림없이 보여 주는 증거에 속한다. 이차적인 결과를 정확히 예측하고, 가능한 최선의 활동을 선택하는 것이 성공과 행복, 성취의 전제 조건이다.

이는 체스와 비슷하다. 결정을 내리기 전부터 그 결과는 물론, 장기적인 관점에서 앞으로 일어날 일까지 생각해야 한다. 여기에서 긍정적인 결과가 예상된다면 물론 좋은 일이다. 하지만 부정적인 결과가 예상된다면, 결정을 내릴 때 매우 신중해야 한다.

오늘날 대학에서 학위를 받은 사람은 고등학교 졸업자보다 한 달 소득이 30~50% 정도 더 많다. 대학에서 2~4년 더 공부하면 학위를 취득하는 데 걸린 시간과 거의 같은 기간 내에 더 높은 소득으로 비용을 회수할 수 있다. 교육 수준이 높은 사람은 그때부터 시간이 지날수록 점점 더 많은 돈을 벌게 될 것이다. 그 반대라면 낮은 수준의 일터에 갇혀서 학력을 높이지 않는 이상 계속 저임금으로 살아가는 처지가 된다.

고등학교 때 열심히 공부해서 좋은 성적을 받고 대학 등록금을 마련하려고 저축하는 사람은 자신의 행동에 대한 이차적인 결과를 걱정한다. 친구들이 파티를 즐기면서 즐거운 시간을 보낼 때 그 사람은 장기적인 관점에서 계획을 세우고 있다. 따라서 이 사람은 남들이 아직 정신을 차리기 전에 언덕 위의 큰 집에 살면서 멋진 차를 모는 반면, 다른 이들은 쳇바퀴 같은 삶을 살아갈 것이다.

자기 관리에는 강제적인 효율의 법칙이 작용한다. 모든 일을 할 시간이 충분치 않더라도, 가장 중요한 일을 할 시간은 언제나 충분하다. 여기에서 우리가 할 일은 행동하기 전에 미리 생각하면서 재미있고 쉬우며, 급하거나 편한 일보다 가장 중요한 일을 하고 있는가를 확인하는 것이다. 이에 자신의 삶에서 한걸음 뒤로 물러나 시간을 잘 활용하고 있는지를 계속해서 고민해 보자.

> **모든 일을 할 시간이 충분치 않더라도,
> 가장 중요한 일을 할 시간은 언제나 충분하다.**

전혀 쓸데없는 일을 매우 잘하는 것은 시간 활용법 가운데 최악에 해당한다. 중요하지도 않은 일을 하느라 바쁜 나머지 활동과 성취를 혼동하는 이들이 많다. 그들은 한발 물러서서 자신의 삶을 돌아보지 않기 때문에 그리 중요하지 않은 일을 하느라 바쁘다는 사실을 깨닫지 못한다. 그런 일은 하지 않더라도 장기적으로 성공과 실패에 별 영향을 미치지 않을 것이다.

예컨대 원하는 대로 가장 길고 근사한 휴식과 점심시간이 보장되도록 근무 시간을 계획할 수도 있다. 한편 앞으로 25년 동안 매일 모든 신문의 스포츠 페이지를 읽을 수도 있다. 그러나 이는 우리의 삶에서 원하는 중요한 일, 그리고 인생과 커리어, 인간관계에 사실상 아무 영향도 미치지 않을 것이다.

시간 관리에서 가장 중요한 것은 선택이다. 선택은 지성과 지혜가 최고로 발휘되는 순간이다. 올바른 선택을 하는 능력은 모든 길로 향하는 열쇠와 같다. 현재 우리의 삶은 과거의 자신이 시간을 활용한 결과를 직접적으로 보여 준다. 지금이라도 시간을 활용하는 방식을 바꾼다면 당신의 결과와 성과를 바꿀 수 있다. 이는 언제나 자유롭게 선택할 수 있다.

> **시간을 활용하는 방식을 바꾸면 결과도 바뀐다.**

/ 행복이 곧 인생의 본질이다

사람들은 일과 가정 사이에서 어떻게 균형을 유지해야 할까를 자주 묻는다. 다들 짧은 시간 안에 너무 많은 일을 해야 한다고 느낀다. 사람들은 직장에서의 끊임없는 요구로 인간관계, 특히 자녀와의 관계에 어려움이 생겼다고 느낀다. 하지만 어떻게 대처해야 하는지는 그들도 모른다. 그러면서도 직장 생활을 유지하는 문제를 걱정하면서 가정생활의 질을 유지하는 데에도 관심을 갖고 있다.

일과 삶의 균형에 대한 문제는 사라지지 않을 것이다. 변화하는 속도는 점점 빨라지면서 업무 강도는 앞으로 더욱 커질 것이다. 이는 평생에 걸친 중요한 문제가 될 것이므로 생각과 태도를 바꿔야 한다.

나는 철학, 심리학, 종교, 형이상학을 공부하면서 행복도가 곧 내가 삶을 잘 살아가는지를 알려 주는 가장 좋은 지표라는 결론을 내렸다. 언제든 주위를 둘러보면 직장과 가정생활이 가장 원활할 때 가장 큰 행복감과 평화로움을 느끼게 될 것이다. 반대로 불행하거나 두렵거나 불안한 느낌을 주는 영역은 심각한 문제이자 스트레스의 근원이다.

따라서 우리는 행복이 점점 커지면서 불행은 최대한 줄어들도록 삶을 정리해야 한다. 그러나 자신에게 옳은 게 무엇인지 알려주는 지표로서 행복을 사용해야 한다는 생각은 많은 사람을 불편하게 한다. 그러한 사람들은 개인의 행복이란 부차적인 문제라는 말을 들으면서 자랐기 때문이다.

어릴 적부터 자라오면서 내 인생의 목적은 다른 사람을 행복하게 해주는 것이라 배웠다. 그 과정에서 나 또한 작은 행복이라도 찾을 수 있다면, 나는 운이 매우 좋다고 생각해야 했다. 당시에는 나의 행복을 삶의 중심으로 삼는다는 생각은 이기적이고 잘못되었으며, 용납할 수 없는 것으로 여겼다.

그러나 위와 관련하여 에이브러햄 링컨은 자신마저 가난해지면 가난한 사람들을 도울 수 없다고 말한 바 있다. 이와 마찬가지로, 본인은 불행하면서 남들이 행복해질 수 있도록 도와주는 건 불가능한 일이다. 타인의 행복을 위해 고통을 감수해야 한다는 생각은 어리석다. 자신이 가지지 않은 걸 남과 나누는 것이 불가능하듯, 자신이 불행하면 타인을 행복하게 해 줄 수 없다.

그러니 배우자를 진심으로 사랑한다면 긍정적이고 명랑한 사람, 함께 있으면 즐겁고 행복한 사람이 되도록 노력하자. 자녀에게는 매일 보고 싶어 하는 행복한 부모가 되자.

최근 연구에 따르면 아이들은 항상 싸우는 부모보다 행복한 편부모와 함께 사는 게 훨씬 나은 것으로 나타났다. 아이들을 위해 부부가 함께 살아야 한다는 발상은 구시대적이며 잘못된 것이다. 부부가 서로 적대감에 차 수시로 말싸움을 벌이는 집에서 사는 것만큼 아이의 영혼을 파괴하는 일은 없을 것이다.

한편 자연은 삶을 즐기는 데 필요한 것을 모두 제공하기에 그 자체만으로 위대한 존재이다. 자연은 우리에게 좋은 것과 나쁜 것, 그리고 옳고 그름을 알려주는 방법을 우리의 마음속에 내면화하도록 한다.

예를 들어 성인이라면 뜨거운 것을 만졌을 때 즉시 손을 떼어 화상을 입지 않도록 한다. 뜨거운 표면이 위험하다는 사실을 충분히 경험했기 때문이다. 이처럼 자연은 우리가 다치지 않도록 보호하기 위해 신체적인 고통을 느끼게 한다.

또한 자연은 생활의 측면에서도 옳고 그름을 가려내는 방법을 우리의 내면에 심어 놓았다. 이는 개인의 차원을 넘어 우리의 감정과 직장의 영역에 걸쳐 있다. 여기에서 옳고 그름을 가려내는 방법이란, 행복과 불행을 가르는 느낌과도 같다. 따라서 우리가 할 일은 자신의 내면에 귀를 기울이는 것뿐이다.

자신에게 옳은 일을 말하거나 실천할 때, 차분함과 편안함을 거쳐 행복감을 느낀다. 이와는 반대로 잘못된 일이라면 초조해지고 화가 나면서 두려워지기 시작한다. 그러니 어떤 상황에서든 눈을 감고 내면의 행복감에 귀를 기울이다 보면 자신에게 항상 옳은 일이 무엇인지 알게 될 것이다.

뜨거운 난로 위에 앉으면 화상을 입는다는 사실을 고려하지 않는 사람은 감정적인 화상을 입는 상황에 몇 달, 심지어 몇 년을 머물게 될 것이다. 그들은 자신의 불행한 감정에 귀 기울이며, 이를 지침으로 받아들이려 하지 않는다. 오히려 그 감정을 무시하고 억압하면서 자신이 비참하다는 사실을 잊기 위해 심리적 기제를 이용한다.

가장 성공한 사람들은 대부분 자신을 행복하게 하는 일만 한다는 사실을 분명하게 밝힌다. 그들은 자신을 불행하게 만드는 사람이나 상황에 관여하는 것을 단호하게 거부한다. 만약 그러한 상황에 처한다면 스스로 직접 대응하면서 그 상황을 제거하거나 자신이 물러나는 방법을 통해 마음의 평화를 되찾는다.

> 가장 성공한 이들은
> 자신에게 행복을 주는 일만 한다는 사실을
> 분명하게 밝힌다.

계속해서 불행한 상황에 머무는 이들이 많은 원인은 그 상황을 넘어서는 보상을 받을 수 있으리라는 생각 때문이다. 하지만 그런 일은 거의 일어나지 않는다. 살면서 겪은 나쁜 인간관계와 직장, 사업 상황 등 불행하게 보낸 시간을 돌이켜보아도 결코 가치 있는 것을 얻지 못했다는 사실이 떠오를 것이다. 지금 생각해 보면 우리는 결코 그런 상황에 발을 들이지 않았을 것이고, 그 상황에 빠지더라도 훨씬 빠르게 빠져나왔을 것이다.

나쁜 일에서 결코 좋은 결과를 얻을 수 없다. 뛰어난 사람은 나쁜 일에서 결코 보상을 얻지 못한다는 사실을 오랜 경험 속에서 배웠다. 그들은 어떤 상황에서도 자신을 불행하게 만드는 순간에 머무르려 하지 않는다. 오히려 그 사람들은 상황을 바꾸거나 떠날 것이다. 그들은 어떤 대가를 치르더라도 타인이나 무언가를 위해 자신의 행복과 온전한 감정을 희생시키지 않는다.

자신의 행복을 의사 결정의 기준으로 삼았다면, 행복의 약 85%는 타인과의 관계에서 나온다는 사실을 틀림없이 깨달을 것이다. 물론 불행의 85% 역시 마찬가지이다. 우리의 기쁨과 슬픔 모두 사람에게서 비롯된다. 따라서 자신의 행복에 정말로 관심이 있다면 타인과 상호 작용하는 방식에도 주의를 기울여야 한다. 결과적으로 사람은 행복한 삶을 만드는 부수적인 존재가 아니다. 오히려 즐겁고 행복한 삶의 핵심이자 본질이다.

▌ 이상적인 미래를 창조하라

　삶의 균형을 잡고 유지하려면 자신이 누구이고, 어떻게 살아가는지, 정말 관심 있는 것이 무엇인지 성찰하는 것이 중요하다. 이는 전략적 사고에서 살펴본 바와 같이 자신의 가치관에서부터 시작해야 한다. 따라서 스스로 중요한 것과 관심 있는 것, 그리고 목표한 일을 실천하려는 이유를 끊임없이 고민해야 한다.

　사람들이 균형을 잃는 이유는 생각을 멈추기 때문이다. 그리고 정신없이 움직이면서 그 사실을 숨기려 한다. 그들은 갈수록 바빠지면서 피로감을 느끼며, 가치가 떨어지는 일을 더 많이 한다. 제아무리 빠르게 움직여도 앞으로 나아가지 못하는 쳇바퀴 속의 다람쥐를 보는 듯하다. 그러나 그들은 행복하고 건강한 삶을 보장하는 가장 강력한 수단은 사고 능력이라는 사실을 잊어버렸기에 멈추는 법을 모른다.

　어떤 사람들은 자칫하면 죽을 정도의 심정지를 겪어야 겨우 삶의 속도를 늦추며 생각을 시작하기도 한다. 이처럼 생명을 위협하는 병에 걸리거나 결혼 생활이 파국을 맞아야 균형을 되찾기 시작한다. 결국 우리 인간은 뺨을 세게 맞는 정도의 강렬한 자극이 있어야 관심을 가진다는 점에서 재미있는 존재들이다.

　가치관을 정했다면 종이를 앞에 두고 앉아서 당신의 이상적인 라이프 스타일을 써 내려가자. 여명부터 황혼까지, 월요일부터 금요일까지, 연초부터 연말까지 완벽한 삶을 설계할 수 있다면 어떻게 살고 싶은가? 배우자와 함께 앉아 꿈꾸는 삶을 설계해 보자.

　또한 당신은 어디서 살며, 무슨 일을 하고 싶은가? 그리고 그 일을 하루에 몇 시간 정도 하고 싶은가? 여가에는 무엇을 하고 싶은가? 회사나 업계가 완전히 무너져 거리로 나앉게 된 상황에서도 미래의 직업을 자유롭게 선택할 수 있다면 어떤 일을 하고 싶은가? 그렇다면 그 일을 누구와 함께 하고 싶으며, 돈은 얼마나 벌고 싶은가를 고민해 보자.

당신이 적어 놓은 다양한 목표 목록을 살펴보자. 그리고 이상적인 건강 상태와 체력 수준, 체중부터 설정하자. 나아가 더 배우고 싶은 분야, 참여하고 싶은 활동, 친목을 도모하고 싶은 사람, 특히 가장 가까운 사람들과 시간을 보내고 싶은 방법도 정해 보자.

지금까지 이상적인 라이프 스타일을 모두 설정했다면 현재 자신의 위치가 어디쯤인지 확인하자. 종이를 반으로 접어 왼쪽과 오른쪽에 원을 하나씩 그린다. 왼쪽 원에는 '현재'라고 쓰고 반대쪽에는 '5년 뒤'라고 쓴다. 그런 다음 5년 동안 지금의 위치에서 내가 원하는 곳으로 나아가려면 오늘부터 해야 할 일이 무엇인지를 생각해 보자.

미래를 예측하는 가장 좋은 방법은 미래를 창조하는 것이다. 5년 뒤 원하는 위치에 도달하는 가장 좋은 방법은 미래를 설계하는 것이다. 집을 설계하듯이 말이다. 그 뒤 날마다 자신의 삶을 단계적으로 구축함으로써 5년 뒤에 계획했던 목적지에 도착할 수 있도록 하자.

또한 삶의 균형을 이루려면 마음의 평화를 가장 중요한 목표로 정하고, 이를 중심으로 시간과 삶을 정리해 나가야 한다. 내면의 목소리와 직관은 평화와 만족을 향해 나아가도록 하는 안내자이다. 이들은 우리를 결코 잘못된 길로 인도하지 않을 것이다. 마음의 평화를 상위 목표로 정하고, 그보다 부차적인 목표와 활동을 모두 그 아래에 둔다면 큰 실수를 저지를 가능성이 훨씬 줄어든다.

실천하기

앞으로 당신의 삶이 1시간밖에 남지 않았다고 상상해 보자. 마음속에 무엇이 떠오르며, 어떤 생각이 드는가? 그리고 그 시간 동안 무엇을 하겠는가? 누군가의 얼굴이 마음속에 떠오르면서 손을 뻗어 어루만지고 싶은 사람을 생각할 것이다.

당신이 어떤 사람을 떠올릴지는 모른다. 다만 사무실에 돌아가서 연락하겠다고 생각하지는 않을 것임은 알고 있다. 이처럼 개인 시간 관리의 주목적은 삶에서 가장 중요한 사람, 즉 죽음이 머지않았을 때, 마음속에 떠오르는 사람과 더 많은 시간을 보낼 수 있도록 외부 세계에 책임을 다하는 것이다. 따라서 시간 관리의 궁극적 목적은 사랑하는 사람과 일에 더 많은 시간을 보내는 것이므로 지금 당장 시작해야 한다.

핵심 포인트

- ✓ 행동과 비행동 모두 그 순간의 중요도에 따른 선택이 수반된다.
- ✓ 과거에 미리 알았더라면 절대 하지 않았을 일이 무엇인지 생각해 보자.
- ✓ 자제력이란 기분에 상관없이 자발적으로 해야 할 일을 제때 해내는 것이다.
- ✓ 현재 우리의 삶은 과거의 자신이 시간을 활용한 결과를 직접적으로 보여 준다.
- ✓ 행복을 자신에게 옳은 것을 알려 주는 지표로 활용하자.
- ✓ 시간을 내어 종이에 자신의 이상적인 라이프 스타일을 적어 보자.

제9장

당신의 가치를 올리는 배움의 힘

───────────────── 잠재력을 발휘하려면 일평생 소득 창출 능력을 끌어올리겠다는 의지를 길러야 한다. 우리는 누군가에게 급여를 받더라도 언제나 '자신'이라는 개인 서비스 업체를 운영하는 대표이자 자영업자다. 결국 우리는 자신에 대한 연구 및 개발 사항에 전적인 책임을 쥐고 있다. 우리는 기여의 가치를 높이기 위해 끊임없이 노력해야 한다.

소득을 결정하는 가장 중요한 요소는 가치 있는 결과를 만드는 능력이다. 평생학습은 이제 어떤 분야에서든 성공하기 위한 최소한의 요건이자, 높은 소득과 직업 안정성을 위한 발판이 되었다. 또한 빠르게 변화하는 경제 정세에서 실직을 막아주는 해결책이기도 하다.

그렇다면 사람들이 개인은 물론 직장에서의 발전마저 도모하지 않으려는 이유는 무엇일까? 가장 큰 이유는 목표와 계획이 부족하기 때문이다. 뚜렷한 방향 감각이 없는 사람은 새로운 것을 배우는 데 절실하지 않다. 특히 목표가 부족할수록 자신과 미래에 대한 전념 또한 온전하지 못하다.

자신의 일이 미래에 미칠 잠재적 영향을 평가하면 그 일의 중요성을 측정할 수 있다고 말한 바 있다. 당신이 하려는 일이 만약 미래에 큰 영향을 미칠 가능성이 있다면 지금 당장 실천해야 한다. 그렇지 않다면 그 일은 언제가 되더라도 딱히 중요한 것은 아니라는 얘기이다. 미래의 성공을 보장하는 포괄적인 관점에 따르면 장기적으로 큰 영향을 미치는 일은 단시간에 수행해야 한다.

가장 가치 있는 활동은 배우고, 심성을 계발하고, 소득 창출 능력을 향상하는 데 투자하는 것이다. 책과 음성 파일을 섭렵하면서 세미나에 참석한다면 앞으로 수십 년간 경력에 긍정적 영향을 미칠 유용한 정보를 배울 수 있다.

그 영향은 향후 당신뿐 아니라 가족, 자녀, 손주까지 지속될 것이다. 소득을 극대화하여 상류층에 입성하면 자녀 또한 같은 계층 집단에 소속될 기회가 생긴다. 또한 손주 세대에도 자신에게 투자한 결과로 지속적인 이익을 얻을 수 있다.

배운 만큼 번다

나는 개인적, 직업적 성장의 힘을 굳게 믿는다. 자신이 원하는 바를 명확하게 파악하고, 알아야 할 것을 배우고자 공부한다면 원하는 것은 무엇이든 이룰 수 있다고 생각한다.

목표를 달성하려면 필요한 지식이나 정보를 알아보아야 한다. 가령 재정적 독립이 목표라면 일단 일에 매우 능숙해야 한다. 그렇다면 해당 분야에서 최고가 되려면 무엇을 배워야 할까를 먼저 생각해 보아야 한다. 최고가 되기 위해 필요한 것을 배우려는 노력과 헌신으로 많은 시간을 투자해야 비로소 목표를 달성할 수 있겠다는 확신이 생긴다.

타인이 대가를 치를 만큼 가치 있는 결과를 얻는 능력은 양동이에 담긴 물에 비유할 수 있다. 커리어 초기에는 최소한의 결과만 얻을 수 있다. 이때는 지식과 경험의 제약으로 수입 또한 제한적이다. 즉 양동이에 든 것이 거의 없는 상태이다.

그러다 시간이 흐를수록 지식과 경험이 양동이에 쌓이기 시작한다. 지식이 쌓이면 업무 능력이 향상되면서 수입도 늘어난다. 계속해서 양동이에 더 많은 지식과 경험을 담다 보면 결국 소득 수준도 높아지는 결과가 생길 것이다.

하지만 그 양동이에는 작은 문제가 있다. 밑 빠진 독처럼 구멍이 뚫려 있다. 이는 일부에 해당하며 날마다 쌓아 온 지식과 경험의 가치가 시간의 흐름에 따라 사라져 감을 의미한다. 따라서 소득 창출 능력을 계속 키우기 위해 조치를 하지 않는다면, 그 능력은 시간이 지나면서 점차 떨어질 것이다. 이러한 손실에 대응하려면 양동이에서 새어나가는 양보다 더 많은 지식을 계속해서 채워 넣어야 한다. 이에 따라 배우기를 중단한 사람은 제자리에 머물지 않고, 소득 창출 능력이 새어나가면서 뒤로 미끄러지기 시작한다.

성공한 사람이라고 해서 반드시 그렇지 않은 사람보다 더 똑똑한 것은 아니다. 그들은 단지 중요한 것을 더 많이 알고 있을 뿐이다. 성공한 사람은 일에 대해 더 많이 배움으로써 앞으로 나아가기 위한 대가를 치렀다. 때로는 조금의 부가적인 지식이 커리어의 전체적인 진로를 바꾸고 큰 도약을 이룰 수 있게 해 줄 뿐이다.

개선의 시작은 새로운 정보의 수용, 즉 자신이나 업무에 대한 새로운 통찰과 이해에서 비롯된다. 성공한 사람은 다양한 출처에서 얻은 새로운 아이디어를 계속해서 머릿속으로 받아들인다. 그들은 지식의 강으로 걸어 들어가 끊임없는 정보의 흐름에 자신을 맡긴다.

돈을 더 벌고자 한다면 더 많이 배워야 한다. 새로운 것을 배우고 실천하지 않으면 지금의 수입을 넘어설 수 없다. 지금 우리는 정체 상태에 있다. 현재의 수준에서 벌 수 있는 수입의 최대치에 도달했다. 이 순간부터 이루는 발전은 모두 새롭고 색다른 것을 배우고, 그 내용을 실천하는 데 달려 있다.

> **돈을 더 벌고자 한다면 더 많이 배워야 한다.**

/ 삶을 바꾸는 3%

상응의 법칙에 따르면 외부 세계는 내면 세계를 반영한다. 부와 성취를 위시한 외부 세계는 학습과 준비로 대표되는 내면 세계와 일치하는 경향이 있다. 따라서 배운 내용을 곧장 실천에 옮길 기회를 얻지 못한다면 새롭고 가치 있는 것을 배울 수 없다.

그러한 사실은 우리를 끌어당김의 법칙으로 인도한다. 우리가 가진 것은 모두 우리가 삶 속으로 끌어들인 것이다. 우리는 스스로 본질을 바꿀 수 있기 때문에 더 많은 것들을 끌어들일 수 있다.

끌어당김의 법칙은 매우 강력하기에 자발적으로 역량을 향상하겠다고 결심한다면 그 즉시 새로운 지식을 활용할 수 있는 사람과 환경, 아이디어, 입사 제안까지 끌어들이기 시작할 것이다. 이는 타인이 소위 행운이라고 하는 것을 끌어들이는 에너지장을 만든 것이다. 다만 그것은 스스로 직접 노력하여 얻은 결과물임을 알게 될 것이다.

또 하나의 중요한 법칙은 인과의 법칙이다. 그 외에도 하위 법칙인 파종과 수확의 법칙도 있다. 인과의 법칙에서는 실재와 공상의 여부와 관계없이 결과는 모두 그만한 원인이 있다고 말한다. 부와 성공, 높은 성취의 원인은 근면함과 전념, 그리고 끝없는 준비다.

파종과 수확의 법칙에 따르면 오늘 거두는 것은 모두 지난날 마음속에 품은 소망의 결과이다. 미래에 뭔가 다른 것을 거두려면 지금 다른 생각을 퍼뜨려야 한다. 새로운 지식의 씨앗을 뿌리면 그 지식을 활용할 수 있는 기회를 수확하게 될 것이다.

아마 개인과 커리어 발전에 가장 중요한 법칙은 축적의 법칙일 것이다. 이 법칙에서는 위대하다고 일컬어지는 성취는 모두 아무도 보거나 평가할 수 없는 막대한 시간과 노력이 축적된 결과라고 말한다. 이 법칙의 내용은 미국의 시인 헨리 워즈워스 롱펠로 Henry Wadsworth Longfellow 의 작품에 간결하고 명쾌하게 드러나 있다.

> **위대한 이들이 도달하여 깃든 고지는**
> *The heights by great men reached and kept*
>
> **단번의 비상으로 이루어지지 않았으매,**
> *Were not attained by sudden flight,*
>
> **다른 이들이 잠든 동안**
> *But They, while their companions slept,*
>
> **밤새 힘겹게 오른 끝에 닿은 것이다.**
> *Were toiling upward in the night.*

또한 축적의 법칙에서는 모든 게 중요하다고 말한다. 일상에서의 행동은 물론, 심지어 행동하지 않는 것마저도 그러하다. 그 모든 것들이 삶의 장부에 기록되면서 자산이나 부채가 되기도 한다.

우리는 모든 행동을 통해 목표로 나아가는 동시에 멀어지기도 한다. 책을 읽고, 음성 학습 프로그램을 들으며, 세미나와 강의에 참석하는 시간 모두 중요하다. 그 시간이 모여 위대한 삶과 평범한 삶을 가름하며, 시계는 계속 움직이고 있다.

이제 당신의 인생을 영원히 바꿔 놓을 조언을 하겠다. 오늘부터 연 수입의 3%를 당신의 개인적, 직업적 발전에 재투자해 보자. "지갑의 동전을 머릿속에 채워 넣으면 머리가 다시 지갑에 돈을 채워 줄 것이다. Empty the coins of your purse into your mind and your mind will fill your purse with coins."라는 벤저민 프랭클린의 말이 있지 않은가.

3% 정도의 수입을 자신에게 재투자하면 아주 짧은 시간 안에 다시는 돈 걱정을 할 필요가 없다는 걸 알게 될 것이다. 물론 그 반대의 경우도 마찬가지이다. 수입의 일부를 자신에게 투자하지 않으면 남은 평생 돈 걱정을 해야 할 것이다.

위의 조언을 따르면 당신은 시간이 없어 평생이 가도 모은 돈을 다 쓰지 못하는 수준에 도달하게 될 것이다. 따라서 지금 당장 수입의 3%를 당신의 머리에 투자해 보자. 그러면 당신의 인생 전체가 변하는 속도에 놀랄 것이다.

지식의 깊이를 만드는 독서

개인적, 직업적 발전에는 세 가지 중요한 영역이 있다. 첫 번째는 도움이 될 만한 걸 전부 읽는 것이다. 안타깝게도 학교를 졸업한 뒤에는 책을 읽지 않는 이들이 많다. 그들은 독서가 어렵다고 생각하므로 가능하면 피하려고 한다. 이에 그 사람들은 사용자가 능동적으로 지식을 받아들여야 하는 문자 매체보다 텔레비전, 라디오, 인터넷 등을 통해 수동적으로 정보를 얻는 데 익숙하다.

독서 능력이 부족하다면 읽기 능력을 키울 방법은 셀 수 없이 많다. YMCA, 지역 전문대학, 고등학교, 대학교뿐 아니라 여러 기업에서도 독서 교정 프로그램을 운영하고 있다. 독서 교육을 받고자 하는 학생을 적극적으로 찾아내 전문성 있는 교사를 소개해 주는 국가 주도의 대규모 문해력 프로그램도 계속해서 성장하고 있다. 잘 읽는 법을 배우고 싶어 한다면, 그 사람을 막을 수 있는 건 아무것도 없다.

모든 리더는 독서가이며, 독서를 대체할 수 있는 건 아무것도 없다. 운동이 신체를 위한 것이라면, 독서는 정신을 위한 것이다. 글에 집중할 때만큼 뇌 전체가 학습 활동에 완벽하게 참여하는 시간도 없다.

책을 읽지 않는 사람들은 그 이유로 온갖 변명을 늘어놓지만, 이는 자기기만에 불과하다. 읽기 능력에 문제가 있다면 1~2년 안에 읽기 능력을 탁월한 수준까지 끌어올리겠다는 목표를 세우자. 그러면 독서 문제는 과거의 일이 되면서 상상 이상의 다양한 보상이 주어지게 될 것이다.

그렇다면 책을 얼마나 읽어야 할까? 당신의 관심 분야와 관련된 책을 하루에 1시간씩 읽고 메모해 둔다면, 3년 안에 당신이 선택한 분야의 권위자가 될 것이다. 5년 뒤에는 전국적인 전문가가, 7년 안에는 국제적인 전문가가 될 것이다.

하루에 1시간씩 책을 읽으면 대략 일주일에 한 권 정도 읽을 수 있다. 일주일에 한 권씩 읽는다고 한다면 1년에 약 50권의 책을 읽게 되는 셈이다. 1년에 50권이면 앞으로 10년간 약 500권을 읽게 될 것이다.

미국인 평균 1년 동안 읽는 비소설 서적은 한 권이 채 되지 않는다. 또한 미국인의 58%는 고등학교 졸업 후 책을 전혀 읽지 않는다. 따라서 개인적, 직업적 성장에 도움이 되는 책을 한 달에 한 권씩만 읽어도 미국의 성인 학습자 상위 1%에 들게 될 것이다.

하루 1시간씩 자신의 분야와 관련된 책을 읽는 데 투자한다면, 잠재력을 발휘할 수 있는 가속 장치가 활성화될 것이다. 그러면서 상응의 법칙에 따라 외적인 삶도 극적으로 변하기 시작할 것이다.

/ 차 안에서도 공부하라

소득을 자신에게 재투자하는 두 번째 방법은 시청각 학습이다. 현존하는 최고의 지성인들은 저마다 고품질의 녹음 자료에 최고의 생각을 집약하였다. 이러한 청각 학습의 등장은 인쇄기 발명 이후 교육 분야에서 이루어진 최대의 혁신일 것이다.

나는 음성 교육 자료를 듣고 나서 삶이 근본적으로 바뀐 수천 명을 만나 이야기를 나눠 보았다. 그런데 안타깝게도 평생 음성 교육 자료를 들어본 적이 없는 사람들이 매우 많았다. 그들은 청각 학습 자료가 너무 비싸다거나, 자신에게 도움이 되지 않을 거라는 등 여러 핑계를 대며 본인에게 적합하지 않은 매체라고 하였다.

한편 미국자동차협회에 따르면 미국의 평균 자동차 주행량은 연간 20,000~40,000km이다. 교통 상황을 고려하면 차에 앉아서 보내는 시간이 1년에 무려 500~1,000시간에 달한다. 이는 12.5~25주에 해당하는 긴 시간이다.

상사가 지속적인 교육을 위해 매년 12.5주~25주, 즉 3개월~6개월의 유급 휴가를 준다면 그게 무엇을 의미할지 상상해 보라. 그 시간이면 당연하게도 당신의 소득에 영향을 미칠 것이다. 그리고 그 기간은 대학교의 1~2학기에 버금간다.

따라서 운전하는 동안 녹음 자료를 듣기만 해도 당신의 세대 안에서 교육과 소득 수준이 가장 높은 사람이 될 수 있다. 지금부터 자동차를 바퀴 달린 대학으로, 운전 시간을 공부하는 시간으로 바꿔 보자.

/ 지혜는 인생의 선배에게서

세 번째 방법은 세미나와 워크숍 등 지속하여 운영 중인 학습 강좌에 참여하는 것이다. 자신이 종사하는 분야에서 성공을 거두었으며, 그 성공 비결을 가르치는 전문가의 강좌만 수강하도록 하자.

워크숍이나 세미나에 참석할 때는 최대한 앞쪽에 앉아서 메모하는 것이 중요하다. 또한 강사에게 질문을 던지고, 통찰과 조언을 얻으면서 그 시간을 최대한 활용하자. 때로는 질문을 통해 수천 달러에 상당하면서 수개월의 노력을 아낄 수 있는 정보를 얻을 때도 있다.

그리고 세미나에서 다른 참가자를 만나는 기회도 잘 활용해야 한다. 다른 사람과 명함을 교환하고, 이 기회를 이용해 인맥을 쌓아야 한다. 세미나나 워크숍 참석자들은 야심가이자, 근면하면서 학습 및 자기 관리 의욕이 높은 사람들이다. 인맥을 쌓겠다면 이러한 사람들과 어울리는 것이 좋다.

/ 대체 불가능한 사람이 되어라

평생에 걸친 지식의 탐구는 어디에서 시작되는가? 지금 당신이 있는 곳에서 바로 시작하자. 그리고 당신의 현재 직업과 관련하여 앞으로 나아가고 싶다면 어떤 지식이나 기술을 갖추는 게 도움이 될지를 고민해 보자.

> 앞으로 나아가고 싶다면
> 어떤 지식이나 기술을 갖추는 게 도움이 될지를
> 고민해 보자.

지금 바로 활용할 수 있으며, 관련성이 높고 유용한 지식부터 탐구해 보자. 앞으로 1년에서 5년 뒤에나 필요할지도 모르는 지식을 습득하려고 애쓰지 말자. 이는 당신의 집중력과 노력을 분산시킬 뿐이다. 따라서 자신만을 생각하며 단기간 내에 배우려는 것에 집중해야 한다. 지금보다 나은 결과를 위해 즉시 활용할 수 있는 것만 배우도록 하자.

얼 나이팅게일은 우리가 받는 보수는 종사하는 일과 업무 능력, 그리고 대체 불가능성에 따라 액수가 결정된다고 말했다. 그러므로 우리는 지금 하는 일과 함께 미래에 하고 싶은 일 또한 생각해야 한다. 지금부터 2년 또는 3년, 아니면 5년 후에 하고 싶은 일을 할 준비를 하려면 무엇을 배워야 할지 생각해 보자.

> 우리가 받는 보수는 종사하는 일과 업무 능력,
> 그리고 대체 불가능성에 따라 액수가 결정된다.

일할 분야를 선택한 뒤에는 그 분야에서 최고가 되는 데 집중하자. 특히 대체 불가능한 존재가 되기 위해 심혈을 기울여야 한다. 대체로 이를 달성할 수 있다면, 미래는 보장된다. 결과적으로 오랫동안 일자리와 돈을 걱정할 필요가 없다.

우리는 지식 기반 사회에 살고 있다. 오늘날 미국 근로자의 70%가 정보의 생성 및 처리, 배포 업무를 담당하고 있으며, 그 비율은 매년 증가하고 있다. 따라서 우리는 스스로 선택한 분야에서 최고의 지식을 쌓아 지식 및 정보 경제에 편입되는 것 외에는 다른 방법이 없다. 따라서 〈석세스 Success 〉, 〈Inc.〉, 〈포브스 Forbes 〉, 〈포춘 Fortune 〉, 〈비즈니스 위크 Business Week 〉 외에 당신의 직업을 다룬 전문 간행물을 꾸준히 읽는 것이 좋다.

그리고 당신이 선택한 분야에서 성공한 사람들이 쓴 책을 사서 읽으며, 자신만의 라이브러리를 구축하자. 책을 읽을 때는 중요한 부분을 다시 찾을 수 있도록 메모하거나 밑줄을 그어 놓는 것이 좋다.

/ 책을 100% 활용하는 독서법

학습 능력 향상을 위해 활용할 수 있는 유용한 방법이 있다. 초학습법 superlearning, 불가리아의 게오르기 로자노프(Georgi Lozanov)가 창시한 개념으로, 긴장이나 불안에서 벗어나 뇌의 기능을 향상하여 기억력을 증진하는 학습법 연구에 따르면 책을 읽거나 공부하는 동안 클래식 음악을 들으면 학습 속도가 빨라지고, 정보

유지율도 높아진다고 한다.

또 다른 방법은 정기적으로 공부할 수 있는 조용한 장소를 마련하는 것이다. 그러면 앉아서 공부를 시작할 때 정보를 수용할 준비가 되도록 마음을 가다듬을 수 있다. 이와 함께 책을 최대한 활용하려면 4단계로 구성된 'OPIR 학습법'을 활용해 보자.

O는 개관하기 overview 로, 책을 읽기 전에 내용을 전체적으로 살펴보는 과정이다. 먼저 앞표지와 뒤표지를 읽는다. 그다음 목차를 읽고, 책장을 조금씩 넘기며 책의 구성 방식을 확인한다.

P는 미리보기 preview 이다. 책장을 최대한 빠르게 넘기듯 읽으며, 책에서 주요 아이디어를 제공하는 장과 절의 제목과 항목을 대략적으로 확인한다.

I는 정독하기 in-view 를 뜻한다. 책의 내용을 이해하면서 깊이 있게 읽는다. 책의 내용을 읽는 순서는 개인적인 관심사를 따르는 것이 좋다. 소설을 제외하고 작가가 정한 순서를 반드시 따를 필요는 없다. 구체적으로 가장 관심이 가는 장부터 읽은 뒤, 그다음으로 관심 있는 장의 내용을 읽는다.

그런데 지금 당장 관심 있는 장이 하나뿐인 경우도 있을 것이다. 그럴 때는 그 장만 읽고 책을 덮은 뒤, 나중에 다시 읽어도 좋다.

R은 검토하기 review 를 의미한다. 일반적으로 우리는 2시간 안에 배운 내용의 50%를 완전히 잊어버린다. 따라서 책에서 중요하다고 생각되는 부분을 모두 읽은 뒤, 재빨리 복습하는 것이 좋다. 그렇게 하면 기억 유지율이 2~3배 증가한다.

중요한 문장이나 아이디어에 형광펜이나 빨간 펜으로 밑줄을 긋는 것도 좋은 방법이다. 다만 이 방법으로 책을 읽는다면 처음에는 5~6시간이 걸릴 수도 있다. 그러나 나중에는 한 시간 안에 핵심 아이디어를 모두 다시 읽을 수 있다.

OPIR 학습법

- O overview 개관하기
- P preview 미리보기
- I in-view 정독하기
- R review 검토하기

책 중에서는 재빨리 훑어보기만 해도 되는 것이 있다. 이와는 다르게 첫 장부터 마지막 장까지 빼놓지 말고 읽어야 하는 책도 있지만, 굳이 다시 읽을 필요는 없다. 한편으로는 당신이 하는 일과 관련성이 높은 정보로 가득한 책도 있다. 이러한 책은 계속해서 다시 읽어야 한다. 그렇게 해야 읽을 때마다 새로운 이해의 층위에 도달할 수 있다.

식사, 수면, 운동 외에도 사람들과 어울림을 일상생활에서의 규칙적인 일과로 삼듯, 독서와 학습, 공부도 그러한 활동으로 만들어 보자. 이에 학습 공간을 마련하고, 규칙적인 일정을 세우자.

당신의 머리에 투자하는 데 들인 시간에 따라 3~5년 뒤, 당신이 어느 위치에서 무엇을 하고 있을지 상당히 정확하게 예측할 수 있다. 이와 관련하여 내 친구 찰리 존스 Charlie Jones 는 책을 읽고 다양한 사람들을 만나지 않는다면 5년 뒤에도 지금과 똑같은 자리에 있게 될 것이라고 말한 바 있다.

　개인적, 직업적 발전을 위한 지속적인 노력은 당신의 커리어 내에서 할 수 있는 가장 중요한 일일 것이다. 이는 많은 기회를 열어 줌과 동시에 그 기회를 활용할 수 있게 해 준다. 그 일은 전적으로 당신의 통제하에 있다.

　한편 개인적 발전을 위한 지속적인 노력은 자제력과 장기적인 관점을 외적으로 표출하는 것이다. 이는 곧 성공하는 사람들의 특징을 상징하는 것이기도 하다.

생산성을 10배 높이는 공식

　1,000% 공식은 소득을 향후 10년 동안 1,000%, 즉 10배로 늘릴 수 있다는 가정을 바탕으로 한다. 이는 축적의 법칙에 기초한 것으로, 방법은 매우 간단하다. 나는 이 방법을 이용해 12년 동안 소득을 100배 증가시켰다. 내가 가르친 사람들 또한 1,000% 공식으로 수입을 비약적으로 늘렸다.

　가장 먼저 고민해야 할 내용은 간단하다. 이는 바로 진심을 다해 간절히 원하고 집중한다면, 앞으로 7일 동안 생산성과 성과 및 산출량을 0.5% 증가시킬 수 있는가이다. 이 내용을 생각해 보면, 시간 관리에 대해 이미 알고 있는 내용을 조금만 활용해도 그 정도는 해낼 수 있음을 깨닫게 될 것이다.

앞으로 7일 동안 생산성을 0.5% 늘릴 수 있는가?

　이제 7일 동안의 노력으로 업무 효율을 높였다면, 당연히 그다음 7일 또한 그만큼 해낼 수 있을 것이다. 그 7일 동안에도 해냈다면 그다음 7일 또한 마찬가지이다. 그렇다면 한 달 동안 주마다 반복해서 해낼 수 있을 것이다.

셋째 주가 끝날 무렵에는 발전 과정에서 가속도의 법칙이 활성화된다. 그렇게 날마다 조금씩 효율성을 향상하는 노력을 계속해 보자. 그러면 한 주가 지날수록 점점 더 빠르게 움직이고 성장해 가는 모습을 보게 될 것이다.

지금까지의 과정을 거쳐 첫 달에 생산성을 높이는 데 성공했다면, 당신은 둘째, 셋째 달을 넘어 1년 동안 해낼 수 있을 것이다. 간절히 원한다면 이 추진력을 무한대로 유지할 수 있다. 실제로 효율을 높이기 위한 노력을 오랫동안 계속했다면 그 일이 점차 쉬워질 것이다. 첫해도 해냈다면 이후에도 변함없이 해낼 수 있다.

이제 수치를 계산해 보자. 매주 업무 효율을 0.5%씩 향상하면 4주 동안 생산성이 2% 오른다. 그렇다면 1년은 총 52주이므로, 총 26% 상승한다. 또한 한 영역에서 효율성을 높이기 위해 수행하는 작업은 다른 영역에도 영향을 미친다. 따라서 1년 동안 다양한 분야에 적용된 효율성이 매년 26%씩 증가하는 셈이다. 여기에 10년을 곱하여 복리로 계산하면 10년째 되는 해 말에는 1,004%가 된다.

간단히 말해 축적의 법칙으로 업무 효율이 매주 0.5%의 비율로 개선되면, 10년간 총 생산성과 생산량을 1,004%나 늘릴 수 있다는 것이다. 이 정도의 속도를 유지할 수 있는 자제력을 갖춘 사람은 이와 같은 결과, 아니면 그 이상으로 큰 결과를 얻으리라고 확신한다.

❙ 1,000% 공식의 성립 요소

이상의 방법론을 시도한 사람들은 대부분 연 26%가 너무 낮은 수치라고 말한다. 그들은 단 6개월 만에 생산성과 성과 및 수입이 50~100%, 심지어 300~400%까지 증가했다. 다음은 1,000% 공식을 만드는 일곱 가지 요소이다.

1. **매일 아침 일찍 일어나 공부 또는 동기 부여에 도움이 되는 자료를 읽는 데 30~60분을 투자한다.** 그 정도의 시간을 당신의 머리에 투자한다면 생산성이 높아지면서 더 행복하고 긍정적인 기분으로 좋은 하루를 보낼 것이다. 이처럼 독서만으로 향후 10년간 생산성을 1,000% 늘릴 수 있다.
2. **아침마다 중요한 목표를 현재 시제로 쓰기를 반복하자.** 노트 위에 3~5분 동안 목표를 적으면 잠재의식 속에 더 깊이 각인되어 하루 종일 목표를 달성할 수 있는 기회에 주의를 더욱 기울이게 된다.
3. **날마다 미리 계획을 세운다.** 일을 시작하기 전에 그날의 비전을 그리고, 매 순간 그 비전을 따른다.
4. **우선순위를 신중하게 정한 뒤, 시간을 가장 가치 있게 활용하는 데 집중한다.** 그러면 생산성을 1,000% 향상할 수 있다.
5. **차 안에서 음성 학습 파일을 듣자.** 자료를 재생하지 않은 채로 운전하는 일은 없어야 한다. 모든 것이 중요하다는 사실을 명심하면서 매 순간 배움을 계속하다 보면 재정적 독립이라는 목표에 가까워질 수 있다.
6. **면접, 영업 상담 등 모든 상황에서 온갖 어려움이 끝난 뒤에 당신이 제대로 한 일은 무엇인지, 달리 대처할 방법은 없었는지를 생각해 보자.** 이들 생각은 빠르게 학습하는 데 도움을 준다.

7. 만나는 사람 모두 100만 달러의 가치가 있는 고객처럼 대하자. 가족부터 시작해 하루에 만나는 모든 이들을 세상에서 가장 중요한 사람처럼 대하는 것이다. 사람들은 누구나 자신이 세상에서 가장 중요하다고 생각한다. 이를 인식한다면 원만한 인간관계를 형성하는 데 도움이 될 것이다.

꾸준하고 끈기 있는 개인적, 직업적 발전은 곧 미래로 향하는 열쇠이다. 이제 우리에게는 되지 못할 것도, 이루지 못할 일도 없다. 시간과 돈을 자신에게 재투자하면서 목표를 달성할 때까지 오랫동안 열심히 노력한다면 무엇이든 이룰 수 있을 것이다.

핵심 포인트

- ✓ 가치 있는 결과를 창출하는 능력에 따라 소득이 결정된다.
- ✓ 원점사고로 계속할 일과 중단할 일을 결정한다.
- ✓ 1,000% 공식에 따라 생산성을 극대화하자.
- ✓ 연 소득의 3%를 개인적, 직업적 발전에 재투자하자.
- ✓ 자기 발전에 중요한 세 가지 영역에는 독서, 음성 학습 자료 청취, 워크숍 및 세미나 참석이 있다.
- ✓ 대체 불가능한 사람이 되자.

제10장

즐길 수 있는 일에 뛰어들어라

Take Charge of Your Life

──────────── 성공 비결 가운데 가장 중요한 것은 자신이 좋아하는 일을 하는 것이다. 여러 직업 가운데 다른 것보다 스스로 즐길 수 있는 일을 해야 성공할 수 있다. 일에서 행복을 얻지 못한 채 인생을 낭비하는 최악의 방법은 단연 돈과 안전성만을 따지며 원치 않는 일을 하는 것이다.

　현재 근로자의 80%는 직장에서 자신의 재능과 능력을 충분히 발휘하지 못하는 상태에 있다. 아마 미국의 취업자 가운데 잠재력을 최대한 발휘하고 있다고 느끼는 사람은 5% 미만이지 않을까. 직업에 대한 우리의 주된 책임은 원치 않는 일을 단호히 거부하는 것이다. 따라서 우리는 원하는 직업에 오랫동안 종사하는 것에 전적으로 책임을 져야 한다.

　일반적으로 사람들은 졸업과 동시에 취업하여 경력을 쌓기 시작한다. 이때부터 타인이 자신의 진로를 통제하도록 허용하는 평생 습관이 시작된다.

즉 승진과 강등을 거치며 해고될 때까지 직장에 남으며, 자신에게 일과 급여를 제공할 다른 사람을 찾는다. 그렇게 우리는 고용주의 결정을 전적으로 따르며 살아간다.

자기객관화가 먼저다

여기에서는 원하는 직장으로의 취업과 승진을 거쳐 창의적인 소수 집단에 속하는 방법을 배울 것이다. 높은 급여를 받는 가장 빠른 방법은 급여가 더 높은 직장으로 옮기는 것이다. 그중에서도 최고는 높은 급여뿐 아니라 승진 기회도 많으면서 당신이 좋아하는 일을 할 수 있는 직장이지만 말이다.

다행히도 세상에는 수천여 가지의 일자리가 있다. 한마디로 우리는 거대한 취업 시장 안에 있는 셈이다. 취업 시장은 바다처럼 전경을 한눈에 볼 수는 없지만, 어쨌든 존재한다.

스스로 원하는 것을 정확히 알고 있다면 다양한 목표 설정 및 달성 방법을 이용해서 성취할 수 있다. 이는 특히 창의적인 구직 활동에 적용된다. 당신이 원하는 직종을 정확하게 알고 있다면, 단기간 내에 그 직종에 취업하는 방법을 배우게 될 것이다.

> **우리는 거대한 취업 시장 안에 있다.**

창의적인 구직 활동은 자신에게서 시작된다. 그러니 종이와 펜을 준비하고 당신이 생각하는 이상적인 직업을 적어 보자. 이상적인 직업을 생각할 때는 다음과 같은 사항을 고려해야 한다.

1. 당신이 가장 좋아하는 일은 무엇인가?
2. 당신이 과거에 잘했던 일은 무엇인가?
3. 당신에게 가장 확실한 자격을 갖춘 일은 무엇인가?
4. 당신과 회사에게 가장 성공적이었던 일은 무엇인가?

구직 활동을 하려면 먼저 철저한 자기 평가가 선행되어야 한다. 당신을 돌아보면서 자신이 누구인지부터 현재 잘할 수 있는 일, 그리고 미래에 이상적으로 하고 싶은 일까지 결정한다. 아니면 당신의 성격과 관심사를 자세히 파악하기 위해 심리 테스트를 받을 수도 있다. 또는 가까운 사람이나 지인을 통해 당신에게 가장 좋은 일을 추천받을 수 있다.

당신과 가까운 사람들은 미처 알아채지 못하는 당신의 가능성을 볼 수 있는 경우가 많다. 그러니 그 사람들에게 자신만의 독특한 재능과 강점은 무엇인지 물어보자. 다음 질문들처럼 말이다.

아주 잘하는 일은 무엇이며, 구체적으로 어느 부분이 뛰어난가? 그리고 어떤 종류의 일에 관심이 많은가? 거액의 복권에 당첨되어 평생 원하는 일만 할 수 있다면 어떤 직업을 선택하겠는가?

종이 위에 당신이 생각하는 이상적인 직업을 적을 때, 다음과 같이 매일 하고 싶은 이상적인 일의 종류도 함께 써 보자. 어느 정도의 수입을 올리고 싶은가? 어떤 사람들과 함께 일하고 싶은가? 자신이 일하는 회사의 가치관이 어떻길 바라는가?

그리고 어느 지역에서 일하고 싶은가? 기술은 우리의 손에 휴대할 수 있을 정도로 발전했으니 원하는 곳이라면 어디서든 일할 수 있다. 양극단에 있는 머나먼 곳이라도 이동할 수 있다. 환경과 생활 방식이 당신의 마음에 든다면 지역이나 기후를 막론하고 어디에서나 일할 수 있는 시대가 되었다. 당신의 상상력에 스스로 가하는 제한 외에 다른 제약은 없다.

대기업과 중소기업 가운데 어떤 규모의 회사에서 일하고 싶은가? 그리고 서열이 존재하는 전통적인 기업과 경영 구조가 수평적인 기업 중 어느 곳의 기업 문화가 당신에게 가장 편한가? 또한 어떤 업계에서 일하고 싶은가?

현재 다른 회사에 다니고 있거나 실직한 상태라면 위의 과정을 거치는 것이 좋은 일자리를 더 빠르게 구하는 데 도움이 될 것이다. 나는 수천 명에게 이 방법을 가르쳤으며, 가르친 사람의 90%는 6주 이내에 원하는 직장에 취업했다.

창의적인 구직은 남은 커리어에 대한 책임을 모두 자신이 지고, 무슨 일을 어떻게 할지를 고용주에게 의존하지 않는 데서 시작된다. 창의적인 구직 활동을 하려면 자신의 내면을 들여다보면서 자기 평가를 주기적으로 실시함으로써 어떤 일을 어디에서, 누구와 함께하고 싶은가를 정확하게 파악해야 한다.

치밀하게 탐색하라

세상에는 수백만 가지의 채용 시장이 존재한다. 모든 기업과 부서, 채용 권한을 가진 의사결정자 모두가 곧 채용 시장이다. 그런가 하면 최근에는 링크드인 LinkedIn 같은 온라인 자원도 중요해졌다. 원하는 직종에 취업하려면 회사에서 지불하는 비용만큼의 가치를 제공할 수 있음을 사측에 설득하면 된다. 그러면 스스로 일자리를 만들 수 있다.

우리가 지원할 수 있는 일자리의 85% 이상은 외부에 알려진 바가 없으며, 공개 구인을 하지도 않는다. 따라서 신문에 있는 구인 광고라면 죄다 지원해 보고, 기업 내 담당자 측의 연락처를 입수하여 이력서를 보내도 결국 전체 취업 시장의 약 15%에만 자신을 알릴 수 있다.

전통적인 구직 광고를 통한 입사 지원의 최대 단점은 경쟁이 치열해서 극도로 실망스러운 결과를 안겨 준다는 것이다. 한 연구에 따르면 이력서를 평균 1,470통 정도는 보내야 1건의 일자리 제안을 받을 수 있다고 한다. 우리는 이런 확률에 기댈 수는 없다. 그러기엔 인생이 너무 짧지 않은가.

우리 눈에 보이지 않는 85%의 일자리는 항상 개인적인 접촉을 통해 이루어진다. 이는 곧 당신의 능력이 필요한 사람과 당신을 지인이 연결해 주거나, 당신이 직접 또는 간접적으로 연락함으로써 채용이 성사된다는 뜻이다. 후자의 방법은 이 장의 후반부에서 인맥 구축 방법과 함께 설명하고자 한다.

한편 적합한 인재가 있다면 수많은 일자리가 창출된다. 기업에서는 대부분 유능한 인재를 많이 유치하고 유지해야 지속적인 성장이 가능하다는 사실을 알고 있다. 발전하면서 성공한 기업에서는 제품 및 서비스의 질과 양의 확대에 기여할 우수한 인재를 항상 찾고 있다.

한편 해고와 동시에 새로운 직원을 채용하는 기업들도 많다. 오늘날 미국에서는 일반적으로 유능한 인재를 발견하면 일단 채용부터 하고, 어떤 업무에 배정할지를 나중에 정한다. 따라서 취업을 위해서는 고용주가 높은 급여에 승진 기회까지 제공하는 한이 있더라도 당신을 당장 채용해야 하는 사람으로 인식시켜야 한다. 북미에서의 취업은 내부 채용이나 추천, 인적 관계망 형성을 통해 이루어진다는 점에서 외부 공개채용 위주의 한국과는 차이가 있다.

또한 원하는 일자리가 구체적일수록 경쟁도 덜해서 채용되기 쉽다. 그리고 면접 전에 조사를 철저하게 해야 자신을 지원하는 회사에 걸맞은 이상적인 인재로 소개할 수 있다.

> **원하는 일자리가 구체적일수록 채용되기 쉽다.**

이상적인 직업에 대한 명확한 생각은 있지만, 그 일을 해 본 적이 없다면 해당 사업과 업계, 아니면 일하고 싶은 도시나 지역이라도 조사해 보자. 가장 일반적인 방법부터 시도하는 게 좋다.

먼저 구글 등의 검색 엔진을 통해 광범위한 온라인 조사를 진행한다. 그리고 지역 도서관에서 백과사전을 살펴보면서 업무 유형, 업종, 일하고 싶은 지역과 관련한 모든 정보를 수집, 정리한다.

해당 분야를 전반적으로 이해하게 되면 인터넷과 인쇄 매체를 통해 업계 관련 잡지, 논문, 언론 보도 자료 등을 찾아 읽을 수 있다. 그 예로 도서관에 가서 《미국에서 일하기 좋은 100대 기업 The 100 Best Companies to Work For in America》 같은 책을 읽거나 빌려올 수도 있다. 또한 선택한 분야와 관련된 글을 읽다가 궁금한 점이 생기면 사람들과 이야기를 나누거나, 질문하면서 필요한 자료를 더 찾아 읽자.

특정 분야에 관심이 있다면 그 분야에 종사하는 사람을 찾아서 질문하는 것도 좋은 방법이다. 특정 직업에 종사하는 사람들은 대부분 일 얘기를 좋아한다. 직접 발품을 팔거나 지인을 통해 그러한 사람을 찾았다면 점심 식사를 같이하면서 관심 있는 업종이나 업계와 관련하여 궁금한 점을 모두 물어보자.

인맥을 활용하면서 가족에게도 그 회사나 업계에 대해 더 많은 정보를 알고 싶다고 말하자. 친구들에게도 해당 업계로의 이직을 고려 중이라고 말하면서 아는 사람이나 정보가 있는지 물어보자. 그리고 일상적인 대화를 나누면서도 현재 구직 중이라는 사실을 언급하자. 세상에는 원하는 일자리를 얻는 과정을 빠르게 진행하는 데 필요한 정보를 갖고 있는 사람이 정말 많다.

무엇보다 중요한 것은 당신이 만나는 사람에게 소개와 추천을 부탁하는 것이다. 지인의 수와 이상적인 일자리를 얻는 데 성공할 가능성 사이에는 '직접적인' 관계가 있음을 기억하자.

> 모든 사람에게 소개와 추천을 부탁하자.

확신을 만드는 문의

정보 인터뷰 informational interviewing, 현직자를 만나 자격 요건 등 궁금한 사항을 문의함으로써 인적 관계망을 형성하고, 자연스럽게 입사 지원서류를 전달하는 북미의 취업 지원 방식 는 곧 창의적인 구직 활동의 핵심이다. 정보 인터뷰는 자신이 일하고 싶은 회사를 선택하는 과정이다. 미국 구직자의 상위 5%는 정보 인터뷰를 이용한다. 정보 인터뷰는 양질의 정보와 일자리 제안, 빠른 승진 기회를 더 많이 제공한다. 이 방법을 활용한 사람은 모두 단시간에 바로 결과에 도달할 수 있다. 참으로 놀랍지 않은가.

정보 인터뷰는 자신의 삶을 가치 있게 여긴다는 전제를 바탕으로 한다. 우리는 일자리를 제안한다고 해서 그 일을 덥석 받아들이려 하지는 않는다. 우리가 일하고 싶은 곳을 신중하게 선택하고, 회사에서 원하는 조직 환경 및 문화를 제공할 수 있는가를 판단할 것이다. 이에 다양한 질문을 통해 가능성을 열어 둬야 한다. 이처럼 정보 인터뷰를 통해 지금까지의 요구 사항을 모두 충족할 수 있다.

그 예로 특정 업계에 취직하기로 했다고 가정해 보자. 당신은 도서관과 인터넷으로 조사를 하면서 해당 업계에 관한 자료라면 구할 수 있는 대로 찾아 읽었을 것이다. 친구들과 얘기를 나누면서 해당 업계와 관련된 출판 매체도 모두 읽었다.

취업을 희망하는 업계에 대해 검색을 계속하다 보면, 그 업계와 관련하여 당신이 살고 싶어 하는 도시에 소재한 선두 기업을 알게 될 것이다. 이후 그 기업에 연락하여 채용 담당자일 가능성이 있는 임원에게 10~20분 정도 시간을 내 달라고 요청하는 것이다. 그리고 면접 자리가 마련되면 이직 계획이 있어 해당 분야를 조사해 왔음을 언급하면서 이직을 확정하는 데 도움이 될 만한 질문을 꺼내자.

정보 인터뷰가 어떻게 진행되는지 예를 들어 보겠다. 나는 몇 년 전 카피라이터가 되고 싶다고 생각한 적이 있었다. 당시에는 카피라이터가 무슨 일을 하는지도 잘 몰랐다. 단순히 다양한 제품에 대한 글을 쓰면서 광고를 제작하는 직업이라고만 생각했다.

그 길로 나는 광고 대행사를 방문해서 카피 책임자와 이야기를 나누었다. 나는 카피 책임자에게 카피라이터에 관심이 있다고 말했다. 그는 몇 가지 질문을 던졌고, 현재 내가 가진 자격만으로는 누구도 나를 고용하지 않을 것이라고 지적했다. 나는 그에게 조언을 구했다. 이에 그는 카피라이팅에 대해 배우면서 카피를 쓰는 방법부터 제대로 익히라고 말했다.

당시 나는 대형 백화점 프랜차이즈에서 일하고 있었다. 하지만 급여도 적고 업무도 즐겁지 않아 늘 불만스럽고 답답했다. 그래서 공공도서관에서 카피라이팅에 관한 책들을 빌렸다. 그 외에도 직무 개발이나 효과적인 카피 작성법을 다룬 책도 읽었다.

그리고 이듬해에 작성한 광고용 샘플 카피를 들고 내가 살던 도시의 여러 광고 대행사를 방문했다. 소규모 대행사부터 시작해 내가 쓴 카피를 보여 주면서 더 잘 쓰는 방법을 물었다. 그 뒤에도 6개월 동안 그 도시의 광고 대행사에 모두 지원했다. 면접이 끝날 때마다 내 입사 지원을 거절한 사람에게 직접 발전 방안을 묻기도 했다.

그동안의 배움을 통해 6개월이 지나서 나는 그 도시의 가장 큰 광고 대행사에 신입 카피라이터로 채용되었다. 지난 과정을 돌이켜보면 나도 모르는 새 나만의 창의적인 구직 방법을 찾아냈음을 깨달았다. 당신 또한 위의 방법을 통해 성공할 수 있다.

한편 정보 인터뷰를 하며 상대방에게 건넬 수 있는 질문은 다음과 같은 것들이 있다.

1. 창립한 지 얼마나 되었는가?
2. 이 지역에 얼마나 오래 있었는가?
3. 주력으로 판매하는 제품/서비스는 무엇인가?
4. 귀사의 제품/서비스를 가장 많이 소비하는 사람/조직의 유형은 무엇인가?
5. 현 경제 상황이 귀사의 사업에 어떤 영향을 미치고 있는가?
6. 귀사에서 진행하는 사업이 내년에 어떻게 발전할 것인가?
   향후 3~5년 동안에는 또 어떠할 것인가?
7. 이 업계에서 가장 필요한 역량은 무엇인가?
8. 가까운 미래에 이 업계에 종사하는 이들을 위한 기회가 어디에서 열릴 것이라 생각하는가?

9. 마지막으로 이 업계가 직면한 문제나 어려움을 한 가지 해결할 수 있다면, 무엇부터 먼저 해결하고 싶은가?

위의 질문 외에도 상대방에게 개인적인 질문을 할 수도 있다. 업계에 종사하거나 직책을 맡은 기간에 대한 질문이 그 예에 해당한다. 아니면 이전에 하던 일이 무엇이었으며, 전직 사유와 계기를 비롯하여 다음과 같은 질문을 건넬 수도 있다.

이 업계에서의 일이 만족스러우며, 다른 사람에게도 추천할 만한가? 또한 이 업계로의 취업을 희망하는 사람에게 조언할 만한 것이 있는가? 마지막으로 이 업계를 잘 이해하는 데 도움이 될 만한 자료를 추천해 줄 수 있는가?

위와 같은 질문을 하면 답변을 들을 수 있을 것이다. 이에 상대방의 답변 내용을 바로 적어 두자. 구직자의 경우 때때로 기사를 쓰려는 듯이 미래의 고용주와 인터뷰를 하기도 한다. 당신이 진지한 태도로 임하고 있음을 고용주가 알 수 있도록 정성껏 메모하는 것이 중요하다. 고용주는 현명한 질문을 하면서 답변을 주의 깊게 듣는 사람을 선호한다. 상대의 말을 경청하면 신뢰가 쌓인다.

이상의 정보 인터뷰를 통해 고용주와 우리가 서로 어떤 사람인가를 이해할 수 있다. 또한 인터뷰가 끝나도 둘 중 누구도 결정을 서두르거나 종용받을 필요도 없다.

그리고 정보 인터뷰는 20분 이내에 마무리하는 것이 좋다. 정해진 시간이 다 되면 고용주에게 예의 바르고 상냥한 태도로 감사를 표하고 떠날 준비를 한다. 그리고 즉시 감사 편지나 이메일을 보내야 한다.

확실하게 나타내기

당신이 입사를 희망하는 회사에서 함께 일하고 싶은 상사를 만났다면, 그 사람에게 다시 연락하자. 그리고 그에게 조사 결과를 설명하고 싶은데 잠깐 시간을 내어 주기를 요청하자. 정보 인터뷰에서 당신이 고용주에게 좋은 인상을 남겼다면 틀림없이 다시 만나자는 연락을 받게 될 것이다.

그 후 의사 결정자와 함께 앉아 조사 과정 및 결과를 설명하자. 이 과정에서 회사에 입사한 뒤 함께 일하고 싶은 사람과 희망하는 업무 내용을 포함하여 당신이 내린 결론을 말하자. 그리고 다른 회사와도 인터뷰를 진행했지만, 이 회사가 업계 최고라는 생각이 들어 이곳에서 일하고 싶다고 밝히자.

그동안 다른 곳에서 입사 제안을 받았다면, 그 사실도 반드시 언급해야 한다. 그래야 상대방이 당신의 가치를 높이 살 것이다. 그런 다음 인터뷰와 조사 내용을 바탕으로 당신이 그 회사에 구체적으로 기여할 수 있는 바를 의사 결정자에게 다음과 같이 설명한다.

> "저에게는 해당 사업/부서를 대폭 개선할 수 있는 아이디어가 몇 가지 있습니다."

위와 같이 아무 일자리나 구해서 돈을 벌 목적이 아니라 성과를 내고 가시적인 결과를 이룰 기회를 찾고 있음을 분명히 밝혀야 한다. 또한 구직 활동하면서 발견한 아이디어, 특히 조직에 결정적으로 기여할 수 있는 것이나 고용주를 위한 문제 해결 방안 등 사측에서 당신을 고용할 만한 가치도 반드시 제시해야 한다.

또한 지금까지 설명한 방식대로 당신이 쌓아온 경험과 지식, 능력이 업무를 수행하는 데 도움이 될 것이라는 얘기도 해야 한다. 당신을 채용했을 때 회사 측에서 누릴 확실한 이점과 혜택을 설명하자. 이처럼 개인과 기업, 나아가 업계에 대한 정보와 지식을 바탕으로 자신을 홍보해야 한다.

보편 채용 원칙 universal hiring principle 에 따르면 구직자가 자신을 고용하는 기업에게 더 많은 수익을 창출하거나 비용을 절감할 수 있는 가능성으로 설득할 수 있다면 언제, 어디라도 취업이 가능하다. 이처럼 회사는 급여와 복리후생에 들인 액수보다 더 많은 수익을 올리거나, 비용을 절약할 수 있다면 항상 추가 인력을 고용한다.

따라서 당신 또한 보편 채용 원칙이 적용되고 있음을 고용주에게 증명해야 한다. 그리고 모든 일자리는 문제 해결과 기회 활용의 장임을 기억하자. 발전 가능성이 남아 있는 곳이라면 반드시 새로운 일자리가 있을 것이다. 미국 역사상 최악의 불황 속에서도 노동 인구의 75%는 직업이 있었으니 말이다.

> **구직자가 자신을 고용하는 기업에게
> 더 많은 수익을 창출하거나
> 비용을 절감할 수 있다는 가능성으로 설득할 수 있다면
> 언제, 어디라도 취업이 가능하다.**

이상과 같이 정보 인터뷰를 활용한다면 당신 또한 평생 정규직 일자리를 구할 수 있다. 이외에도 창의적인 구직 활동에서 중요한 주제가 두 가지 더 있다. 이들 주제는 바로 이력서의 준비 및 활용법과 면접에서 최대한 좋은 인상을 남기는 법이다.

이력서는 성과로 말한다

이력서를 기반으로 고용된 사람은 사실 아무도 없다. 이력서는 명함과 매우 유사하다. 의사 결정자와 연락할 수 있는 다른 방법이 있다면 이력서를 보내지 않는 편이 낫다.

상대방에게 이력서를 보낼 때는 1쪽 분량의 경력 개요 서류를 별도로 첨부해야 한다. 대량 인쇄본이나 사본을 보내서는 안 된다. 특히 직접 연락 또는 다른 경로를 통해 의사 결정자의 이름을 확인하지 않았다면, 회사로 서류를 보내는 것은 금물이다.

이력서의 유형에는 연대순 이력서 chronological résumé 와 기능적 이력서 functional résumé 가 있다. 연대순 이력서에는 경력을 처음 시작했을 때부터 최근 직장에 이르기까지 쌓아 온 직무 성과와 자격 사항을 나열한다. 반면 기능적 이력서는 자신이 수행한 업무 유형에 따라 경력을 정리한다.

어느 유형이라도 이력서라면 공통으로 지금까지 이룬 성과와 업적을 정확하게 기술해야 한다. 그것이 이력서에서 전달할 수 있는 유일하면서 중요한 정보이다. 이로써 의사 결정자는 이력서를 통해 성과를 낼 수 있는 가능성을 본다.

의사 결정자는 당신을 채용했을 때 사측에 어떠한 이익을 가져다 줄 것인가를 생각한다. 따라서 이력서에 담긴 답변은 당신이 지원하려는 회사에도 적용할 수 있는 구체적인 성과로 구성되어야 한다. 이 점이 이력서를 보낸 지원자를 면접에 부르는 유일한 이유에 해당한다.

또한 이력서 작성을 절대 다른 사람에게 맡겨서는 안 된다. 의사 결정자는 전문가가 작성한 이력서를 바로 알아볼 수 있다. 그러므로 이력서 대필은 구직자가 전문가의 도움 없이 본인의 성과를 설명할 지성이나 능력이 없음을 드러내는 것이기도 하다.

면접 기회를 얻으려면 이력서를 여러 회사에 보내야 한다. 그리고 채용을 위해서는 면접을 많이 봐야 한다. 이력서는 창의적인 구직 활동의 일부일 뿐이다. 다시 언급하는 바이지만 이력서를 기반으로 채용되는 사람은 거의 없다. 대부분의 채용 결정은 사람을 기준으로 이루어지며, 이력서는 전혀 살펴보지 않거나 차후에 검토하는 경우가 많다.

채용의 당락을 결정하는 요소

취업 면접에서 가장 중요한 것은 면접관에게 매력적이고 바람직한 모습을 보이는 것이다. 성공적인 면접을 위해서는 단정하면서도 사내 분위기에 어울리는 옷을 입어야 한다. 가장 좋은 방법은 개인 재정이 좋지 않은 상태에서 대출 신청을 하러 은행에 갈 때처럼 옷을 입는 것이다. 모든 면에서 최선을 다하자.

면접을 볼 때는 항상 약속된 시간보다 10분 일찍 도착하도록 하자. 의사 결정자라면 대부분 면접에 지각하는 사람을 절대 고용하지 않는다. 나 또한 그 철학에 동의한다. 최고의 첫인상을 남겨야 할 면접에 지각한다는 것은 그 지원자의 성격에 근본적인 결함이 있음을 나타낸다.

사람들은 대개 처음 만나고 나서 4초 안에 상대방의 첫인상을 판단한다. 전문 면접관은 대부분 면접 시작 후 2분 안에 지원자의 전반적인 윤곽을 파악한다. 나도 이에 동의한다. 이에 당신이 할 일은 충분한 휴식을 취한 뒤 사측에 긍정적이고 낙관적이며 열정적인 태도를 보이는 것이다.

채용 결정에는 자격증이 확실히 중요하다. 하지만 마케팅 조사 기업 버크

Burke 에서 인사 담당 임원을 대상으로 한 설문 조사 결과, 채용 결정에 가장 많은 영향을 미치는 핵심 요소는 다음과 같이 열 가지로 밝혀졌다.

1. 성격 또는 면접에서 자신을 표현하는 방식
2. 지원하려는 회사에도 적용 가능한 직무 경험이나 자격증
3. 다른 사람이 당신에 대해 작성한 이력 사항 및 추천서
4. 잠재적 고용주에 대한 열정과 취업 가능성
5. 학력 및 전문 경력
6. 더욱 유능한 인재로 발전하는 성장 잠재력
7. 함께 일하는 다른 구성원과의 상호 작용 능력
8. 여가를 보내는 방식에서 종종 드러나는 지능과 학습 능력
9. 당신에 대한 면접관의 호감 및 신뢰
10. 직원으로서의 근면함과 성실성

한편 임원 및 경력자 등 고연봉 직원을 채용하는 방법은 위와 다르다. 이에 버크의 두 번째 조사에서는 최고 경영진 대다수가 일곱 가지 요소에 따라 고연봉 직원을 채용한다는 사실에 동의하는 것으로 나타났다. 그 일곱 가지 요소는 다음과 같다.

1. **성격과 지성.** 상급 의사 결정자는 성격이 올바르고 적합한 인재라면 특정 직무에 대한 경험 부족은 스스로 보완할 수 있다고 여긴다.
2. **면접에서의 적극성과 자기주장.** 수년간의 연구에 따르면 일에 대한 열의는 그 사람이 일을 얼마나 잘할 것인지를 나타내는 좋은 지표라고 한다. 특히 입

사를 간절하게 원하는 모습은 지원자의 절실함을 드러낸다. 이와 달리 다소 무심한 표정으로 일관하면서 굳이 이곳에서 일하지 않더라도 별 상관은 없음을 분명히 밝히는 것도 좋은 생각이다.

3. **시선.** 면접관의 눈을 피하지 않고 똑바로 바라봐야 한다.
4. **이전 직장에서의 해고 사실.** 이것이 유일하게 불리한 점이라도 채용 결격 사유가 될 수 없다.
5. **이혼 사실.** 이 또한 대부분의 채용 결정에 불리하게 작용하지 않는다.
6. **열정.** 대부분의 직장에서 기본적이며 가장 중요한 자질로 손꼽힌다. 긍정적인 사고방식과 유쾌한 성격도 마찬가지이다.
7. **서신.** 특히 최고 경영진에게 자발적으로 보낸 편지라면 상대방이 대부분 수신하는 편이며, 응답도 받을 수 있다. 개인적으로 의사 결정자에게 서신을 직접 보내면 80% 정도 읽고 조치한다. 그 서신의 2~10%는 면접 기회로 이어질 수 있는 호의적인 반응을 이끌어 낸다.

창의적인 구직 활동은 단기적으로 끝나지 않는다. 오히려 계속되는 과정이다. 이에 우리가 할 일은 진심을 다할 수 있는 직장을 구하는 것이다. 당신이 좋아하고 몰입할 수 있는 직장을 찾을 때까지 일자리를 계속 알아보면서 자발적으로 변화하자.

창의적인 구직자가 찾을 수 있는 직업은 수천 가지나 된다. 하지만 재능과 능력을 모두 활용하면서 승진과 성장 기회가 충분한 직장에서 최선을 다할 수 있도록 스스로 온전히 책임을 져야 한다.

출근이 기대되지 않거나, 자신이 하는 일을 좋아하지 않을 수도 있다. 아니면 동료나 고객이 마음에 들지 않기도 할 것이다. 그렇다면 당신은 잘못된 직장에 있다고 할 수 있다. 이는 직장 생활을 허비할 위험이 있다.

따라서 좋아하는 일만 하겠다고 고집해야 한다. 당신의 이상적인 직업에 대한 설명서를 작성하고, 목표 설정 능력과 전략적 사고를 이용해서 자신을 기쁨으로 가득 채울 수 있는 자리로 향하자. 좋아하는 일을 고집하는 것은 재정적 독립을 달성하는 데 필수적인 단계다. 그렇지 않으면 행복도, 성공도 불가능하다.

실천하기

편안한 자세로 앉아 당신이 원하는 직업을 가질 수 있다고 상상해 보자. 그리고 다음 질문들을 자신에게 던져 보자.

어떤 직업일까? 원하는 곳에 살면서 일할 수 있다면 그곳은 어디일까? 어떤 사람과 함께 일하고 싶은가? 당신이 부러워하는 직업을 가진 사람은 누구인가? 그 사람은 어떤 일을 하며, 어디서 일하고 있는가? 당신이 꿈꾸던 직업을 얻기 위해 지금 당장 취할 수 있는 구체적인 조치는 무엇인가?

이제 모든 건 당신에게 달려 있다. 위의 질문에 당장 답하자. 어떤 일이라도 오늘 바로 실천해 보도록 하자.

핵심 포인트

- ✓ 좋아하지 않는 일은 거부하자.
- ✓ 구직 활동을 시작할 때는 엄격한 자기 평가가 선행되어야 한다.
- ✓ 면접은 성공적인 취업 활동의 핵심이다.
- ✓ 취업 면접에서 가장 중요한 것은 면접관에게 매력적으로 보이는 것이다.
- ✓ 온 진심을 다할 수 있는 직업을 구하자.

제11장

당신만의 필살기를 개발하라

──────────────────────── 이 장에서는 발전 속도를 높이고 성과를 증폭시키면서 재정적 독립을 위해 당신이 개발할 수 있는 다양한 기반을 소개하겠다. 여기에서는 사회에서 큰 성공을 거둔 이들이 사용하는 수단과 역량을 이해하게 될 것이다. 그중에는 모두가 아는 것도 있겠지만, 그렇지 않은 것도 있다. 이들 역량을 이용한다면 당신이 성취하는 일의 양과 속도를 기하급수적으로 높일 수 있다.

다음에 소개할 기반은 공짜로 개발이 가능하다는 놀라운 장점이 있다. 또한 자제력과 노력만 있다면 실생활에 적용하는 데도 무리가 없다. 재정적 독립이라는 목표를 달성하기 위해 당신이 개발할 수 있는 기반은 기본적으로 열 가지가 있다.

끊임없이 배워라

오늘날 미국인의 70%는 다양한 형태의 지식을 생산, 처리 및 배포하는 지식 기반 산업에 종사하고 있다. 적절한 시기와 상황에 걸맞은 중요한 지식을 활용한다면 몇 주에서 몇 달, 심지어 몇 년간의 노력을 절감할 수 있다.

'아는 것이 힘이다.'라는 옛말이 있다. 사실 이 말은 100% 정확하지는 않다. 좀 더 정확하게 말하자면 자신이나 타인, 또는 특정 목표나 이익을 위해 활용할 수 있는 실용적인 지식만 힘이 된다. 세상에는 흥미와 즐거움을 주지만, 실용성이 떨어지는 지식도 많다.

삶 속에서 우리가 할 일은 빠른 커리어 발전에 활용할 새로운 지식을 계속 찾고 습득하면서 인생을 체계적으로 만들어 나가는 것이다. 지식은 지속적인 공부 또는 타인의 활동에 대한 관찰에서 얻을 수 있다. 이에 성공한 사람은 관찰력이 평균치보다 훨씬 뛰어난 경향이 있다. 그들은 일과 사생활에서 일어난 일을 잘 알고 있으며, 이를 나중에 활용할 수 있도록 관찰한 내용을 반드시 기억한다.

| 빠른 커리어 발전에 활용할 새로운 지식을 찾자. |

또한 전문가에게 질문하면서 지식을 습득할 수도 있다. 가끔은 혼자 몇 시간씩 책을 읽으며 정보를 찾으려 애쓰는 것보다 전문가와의 대화 몇 분에서 더 실용적인 지식을 얻을 수 있다.

특정 분야의 지식 부족으로 진전을 이루지 못할 때, 가장 먼저 해야 할 일은 한때 당신과 같은 문제를 겪고, 이를 해결한 사람을 찾아보는 것이다. 전문가는 대부분 질문이 많고, 자신의 답변에 귀 기울여 주는 사람과의 대화에 마음이 열려 있다.

능력이 위치를 결정한다

최고의 위치에 있는 사람들은 항상 평범한 이들보다 훨씬 많은 급여를 받는다. 영업 분야에서는 상위 20%의 직원이 매출의 80%를 차지하며, 일반적으로 수수료의 80%를 받는다. 이는 영업사원의 상위 20%가 하위 80%에 비해 평균적으로 16배나 많은 돈을 번다는 뜻이다.

영업사원의 평균 수입이 연 10,000~15,000달러인 분야에서 경쟁 조건과 고객에게 판매하는 제품 및 서비스와 그 가격이 같더라도 연 30만~50만 달러를 버는 이들이 있다. 여기에서 알 수 있는 점이라면 상위 20%에 속하는 사람은 자기 분야에서 우위를 점하기 위해 시간을 투자했다는 것이다.

내 세미나에 참석한 한 영업사원은 제품 및 서비스 판매를 시도할 때마다 19번씩이나 거절당하는 것이 예삿일이라며 영업직을 그만두려고 했다. 하지만 그는 세미나를 듣고 나서 일을 그만두지 않았다. 오히려 유망한 영업 대상을 찾는 방법을 찾고, 판매를 성사하는 능력을 개선해 보기로 했다.

그는 위의 목표를 달성하기 위해 영업 성공률을 1/20에서 1/15로 향상했다. 그리고 결국 1/10에서 1/5를 거쳐 1/3로 점차 성공률을 늘려 갔다. 그 결과 1년도 채 지나지 않았는데도 수입이 최대 4배까지 뛰었다.

우리는 원하는 능력이라면 무엇이든 개발할 수 있다. 모든 분야에는 우리가 활용할 수 있는 정보와 교육 기회가 무궁무진하다. 이에 우리는 밖으로 나가 그 기회를 활용하면서 배운 내용을 실천에 옮기기만 하면 된다.

> **우리는 원하는 능력이라면
> 무엇이든 개발할 수 있다.**

/ 계기를 만드는 관계

　지인이란 주지하다시피 우리가 만나서 인맥을 형성하는 사람을 말한다. 성공은 평소 알고 지내면서 우리를 긍정적이고 호의적인 시선으로 바라보는 사람의 수에 정비례한다. 더 많은 사람을 알고 지낼수록 우리에게 기회의 문을 열어 줄 사람을 시기적절하게 만날 확률이 높아진다.

　돌이켜보면 인생에서 최고의 기회나 새로운 전환점은 특정한 사람을 만나면서 생겨났음을 깨닫는다. 자수성가한 백만장자들은 대개 훌륭한 인맥 관리 전문가이기도 하다. 그들은 자신을 도와줄 수 있으면서 그 대가로 자신도 도움을 줄 수 있는 사람과 교류할 기회를 계속해서 찾고 있다.

> **자수성가한 백만장자들은
> 대개 훌륭한 인맥 관리 전문가이기도 하다.**

　성공은 상호성의 법칙이 좌우한다. 상호성의 법칙에 따르면 타인에게 선행을 베풀었을 때, 그 사람의 내면에 무의식적인 의무감 또는 보답하고자 하는 열망이 생겨난다.

　인맥을 활용하는 방법은 다양하다. 하나는 자신의 직업과 관련된 협회나 전문가 협회에 가입하여 모임에 적극적으로 참여하는 것이다. 커리어에서 돈보다 시간이 많은 단계에서는 항상 모임에 참석함으로써 서로 도움을 줄 수 있는 사람과 어울려야 한다.

그 예로 영업직에 종사하고 있다면 전문 영업 및 마케팅 비영리 단체인 SMEI Sales & Marketing Executives International 에 가입하자. 일반적으로 대도시마다 지부를 두고 있다. 한편 일반 사무직이라면 해당 업계의 전문가 협회나 동업조합에 가입하자. 사업체를 운영하는 사람은 상공회의소와 로터리 클럽 Rotary club , 라이온스 클럽 Lions club 등 사회 봉사 단체에 가입하는 것이 좋다.

위에서 소개한 조직에 가입할 때는 이사회 및 위원회에서 구성원의 이름과 직업을 살펴보자. 그리고 조직의 성공에 중요한 역할을 하며, 알아 두면 도움이 될 회원이 소속된 이사회나 위원회를 선택하고, 위원회에 자원해서 일하도록 하자. 그 조직에서 자신의 책임을 받아들이며 중책을 맡아야 한다. 또한 중요한 일에 크게 기여했다는 평판을 받으며 다른 일에도 자원하는 것도 중요하다.

이후 모든 위원회 회의에 참석해야 하며, 주기적으로 열리는 총회에 참석해서 자신을 알려야 한다. 그렇다고 억지로 자신을 내세우지는 말고, "그냥 와서 얼굴만 비춰도 80%는 성공한 것"이라는 우디 앨런 Woody Allen 의 말을 기억하자. 이러한 방식으로 인맥을 구축해 나가면 당신에게 도움을 줄 위치에 있는 이들의 관심을 불편하지 않은 방식으로 끌게 된다. 즉 상대에게 요구하지 않아도 자신의 능력과 인품을 증명할 기회가 생긴다.

**자원봉사는 취업 시장에서
자신의 능력을 입증할 수 있는 최고의 방법이다.**

한편 경력 전환을 위한 방법으로는 당신이 신뢰하면서 큰 관심을 보이는 지역 사회의 봉사 활동에 참여하는 것이다. 나는 유나이티드 웨이 United Way 에 적극적으로 참여하면서 커리어가 모두 뒤바뀌었다. 덕분에 지역 사회의 주요 사업가들과 만나면서 지난 3년 동안보다 더 많은 사업을 3개월 안에 할 수 있게 되었다. 이는 가치 있는 일을 하는 자선 단체에 나의 시간과 에너지를 기꺼이 바쳤기에 가능한 일이었다. 그러한 활동을 통해 나는 많은 이를 알게 되었으며, 그중 상당수가 나의 고객이 되었다.

인맥과 관계를 구축하는 또 다른 방법은 자신이 사는 지역의 고위층 인사 100명을 만나기 위한 계획을 전략적으로 세우는 것이다. 지역 신문과 잡지를 읽거나 사람들과 이야기를 나누면서 해당 지역 사회 유력자의 이름을 들으면 종이에 적어 놓는다. 그리고 그들에게 서신을 보낼 계획을 세운다.

그 뒤 지역 사회에서 후원하는 활동이나 정당 모임 또는 행사에 참여한다. 아니면 지역 고위층 인사를 아는 사람과 인맥을 맺을 방법을 찾아보자. 지역 고위층 인사 100명과 아는 사이가 된다면 당신에게도 틀림없이 도움이 될 것이다.

/ 저축으로 자유를 쌓아라

돈은 여러 이유로 매우 중요하다. 은행에 돈이 많을 때라면 각종 청구서와 빚으로 허덕여 돈이 없을 때와는 완전히 다른 사람이 된다. 특히 타인을 대할 때 그러한 모습이 더 잘 드러나는데, 돈이 많다면 성격이 밝아지면서 더 강하고 자신감 있는 사람이 된다. 또한 모든 일을 효율적으로 처리하면서 사람들을 대하는 데 설득력이 생긴다.

또한 돈이 많으면 다가오는 기회를 바로 활용할 수 있다. 예컨대 새로운 사업장 1층에서 사람들의 인기를 끄는 제품 및 서비스를 판매하는 일은 순자산을 늘릴 수 있는 가장 좋은 기회이다. 하지만 투자할 돈이 없다면 아무 소용도 없다.

전국을 순회하는 동안 나는 놀라운 기회가 생겼음에도 저축해 둔 돈이 없어 아무것도 하지 못한 이들을 많이 만났다. 그들은 번 돈을 다 쓰고도 돈이 모자라 빚을 내서 소비하는 습관에 빠져 있었다. 그 탓에 그 사람들은 끝없는 빚의 굴레에 갇혀 버렸다.

그리고 돈이 많으면 나쁜 직장에서 벗어날 수 있다. 소득을 늘리는 가장 빠른 방법은 지금 다니는 직장을 그만두고 더 높은 조건을 제시하는 새 직장을 구하는 것이다.

우리는 선택권이 있어야 자유로울 수 있다. 다른 일을 하고, 다른 곳에 갈 수 있어야 자유로워진다는 말이다. 마음에 들지 않는 직장을 계속 다니는 것은 인생의 낭비다. 오늘날 미국 직장인의 80%는 빚과 생활비라는 돈의 사슬에 묶여 직장을 그만두지 못할 것이다.

> **소득을 늘리는 가장 빠른 방법은
> 지금 다니는 직장을 그만두고
> 돈을 더 벌 수 있는 더 나은 일자리를 구하는 것이다.**

/ 사소함이 평판을 좌우한다

바람직한 업무 습관이란 업무를 훌륭하게 완료하는 능력이다. 한 조사에서 CEO 104명을 대상으로 젊은 직장인의 빠른 승진을 위해 필수적으로 갖추어야 할 자질이 무엇인가를 물었다. 이에 85%는 업무와의 관련성을 고려하여 우선순위를 정하는 능력, 그리고 지체 없이 빠르게 작업을 완료하는 능력을 꼽았다.

바람직한 업무 습관을 지닌 사람은 직장에 있는 동안 일에만 몰두하는 사람이다. 그 사람은 동료보다 더 열심히 일한다는 평판을 얻게 될 것이다. 다른 사람보다 열심히 일한다는 평판만큼 상사의 관심을 빠르게 끌 수 있는 방법은 없다.

누구보다 빠르게, 더 오래

남보다 앞서가려면 남보다 오래, 더 열심히 일할 수 있는 체력과 에너지가 있어야 한다. 미국에서는 생존을 위해 주당 40시간만 일하며, 그 이상의 일은 성공을 위한 노력이라고 말한다. 즉 일주일에 40시간만 일한다면 정체된 채로 공과금과 생활비 정도만 벌 수 있다는 말이다. 따라서 남들을 앞질러 성공하려면 평균 근무 시간을 50~60시간까지 늘려야 한다. 경영자나 기업가라면 그 정도가 평균 근무 시간이다.

몇 년 전, 은퇴를 앞둔 미국 상공회의소 회장이 송별회에서 자신의 오랜 성공 비결을 공유했다. 그는 젊은 시절, 학교 게시판에 부착된 "인생에서의 성공은 해야 할 일을 다 마친 뒤에 무엇을 하느냐에 달려 있다."라는 명언에서 교훈을 얻었다고 말했다. 그는 그 명언을 인생 지침으로 삼아 미국에서 가장 성공하고 존경받는 사람이 되었다.

평생 가난을 딛고 부자가 된 사람들을 연구한 나폴레온 힐은 그런 부자에게 기회의 문을 열어 준 습관은 더 많은 일을 하는 것이라는 결론을 내린 바 있다. 언제나 급여보다 더 많은 일을 하며, 예상보다 더 많은 시간을 투자하는 것이 빠른 발전의 열쇠이다. 이처럼 평균 이상으로 노력하는 사람에게는 모세의 기적이 일어나듯 기회가 열릴 것이다.

> 급여보다 더 많은 일을 하는 것이
> 빠른 발전의 열쇠이다.

더 멀리 나아가려면 많은 체력과 에너지가 필요하다. 따라서 하루에 7~8시간 자고, 건강한 음식을 올바르게 섭취하며, 규칙적인 운동으로 에너지를 충전하자. 더 큰 에너지를 축적하는 활동 모두 당신의 현재와 미래에 대한 투자이다.

호감을 주는 소통의 비결

뛰어난 의사소통 능력과 긍정적인 성격을 접목하는 것 역시 중요하다. 누구에게나 호감을 주며, 명랑하고 낙관적인 사람이라면 빠르게 발전할 수 있다. 호감은 협력에 강한 영향을 미치는 요소이다. 사람에게 호감을 산다면 거래는 돈과 상품 거래는 물론, 당신을 무조건 믿어 주며 남들보다 빠르게 승진시키고 싶어 할 것이다.

뛰어난 의사소통 능력은 단순히 말만 잘할 뿐 아니라 어휘력도 상당한 수준임을 뜻한다. 언어 능력은 숨길 수가 없다. 다수의 연구에 따르면 소득 수준은 의사소통 상황에서 직접 사용하거나 인식할 수 있는 단어 수와 밀접한 연관이 있다. 우리가 입을 열자마자 주변 사람들은 곧바로 우리가 어떤 사람인지를 판단하기 시작한다는 것이다.

> **뛰어난 의사소통 능력은 단순히 말만 잘할 뿐 아니라
> 어휘력도 상당한 수준임을 뜻한다.**

유능하고 근면하더라도 언어 구사 능력이 떨어진다는 이유로 취업과 승진에서 제외되는 이들이 많다. 우리가 배우는 새로운 단어 1개는 최대 10개의 다른 단어와 연결된다. 따라서 하루에 단어를 하나씩 배우는 습관을 들이면 1년에 365개의 새로운 단어를 배우게 된다. 이들 단어가 각각 다른 10개의 단어와 연관되어 있다면, 1년에 최대 3,650개의 새 단어를 인식하고 사용하는 법을 배운다.

미국인은 일상 대화에서 평균 2,000개 미만의 단어를 사용한다. 그러므로 하루에 새 단어를 하나씩 공부하는 습관을 들인다면, 미국 전체 인구의 상위 10%에 해당하는 어휘력을 지니게 될 것이다.

어휘력이 중요한 또 다른 이유는 단어가 곧 사고의 수단이기 때문이다. 아는 단어가 많을수록 사고는 더욱 능수능란해진다. 어휘를 많이 사용할수록 생각과 말을 보다 명확하고 정확하게 표현할 수 있다. 그뿐 아니라 복잡한 문제와 생각도 바로 이해하고 처리할 수 있다.

폭넓은 어휘력도 중요하지만, 다른 사람들 앞에서 말하는 법을 배우는 것 또한 고려해야 할 문제이다. 그렇다면 대중 연설과 리더십 역량을 가르치는 비영리 교육 단체인 토스트마스터스 인터내셔널 Toastmasters International 지부에 가입해 보자. 그러면 6개월 안에 대중 연설에 대한 두려움을 극복하고,

잠깐의 준비만으로도 능숙하게 공개 강연을 할 수 있게 된다. 또 데일 카네기 트레이닝 Dale Carnegie Training 강좌를 통해 자신감, 의사소통 기술, 공개적인 자리에서 효과적으로 말하는 능력을 신장할 수 있다.

자신에 대한 투자 가운데 청중 앞에서 뛰어난 소통가가 되는 방법을 배우는 것만큼 큰 성과를 올릴 수 있는 것은 없을 것이다. 거절에 대한 두려움으로 주저하던 한 영업사원은 대중 연설 강좌를 통해 잠재 고객 발굴 및 방문 영업에 대한 자신감이 극적으로 높아졌음을 알게 되었다. 그들은 새롭게 얻은 자신감의 효과를 늘어난 급여와 수수료를 통해 즉시 확인하게 되었다. 뛰어난 의사소통 기술과 폭넓은 어휘력 개발은 성공이라는 결실을 맺기 위한 시간 투자의 일환이라 할 수 있다.

옷으로 당신을 말하라

긍정적인 이미지 또한 성공을 부르는 요소이다. 사람들은 보통 겉모습으로 타인을 판단한다. 일반적으로 첫인상의 95%는 옷에서 좌우된다. 옷이 우리 몸을 그만큼 덮고 있기 때문이다.

누군가는 외모지상주의, 즉 옷차림이나 외모로 남을 평가하는 것은 옳지 않다고 말한다. 하지만 이는 자기기만에 불과하다. 안타깝지만 우리 또한 남을 외모로 판단하고 분류한다. 이는 타인이 우리를 볼 때도 마찬가지다.

그러한 상황에서 최고의 대처는 타인이 자신을 평가하는 데 외모와 이미지가 차지하는 비중이 상당하다는 사실을 인정하는 것이다. 이는 당신의 직종, 승진 기회, 급여뿐 아니라 상사와 동료, 부하 직원이 당신을 대하는 태도에 확실히 영향을 미칠 것이다. 그러니 당장 구글에 '성공하는 사람의 옷차림'이라도 검색해 보자.

직장에서는 현재 직위보다 두 자리 위의 자리에 어울리는 옷차림이 이상적이다. 즉 상사의 상사가 입는 대로 옷을 입어야 한다는 말이다. 사람들은 외모와 옷차림이 자신과 비슷하거나 더 나은 사람에게 함께 일하거나, 승진시키거나, 더 높은 급여를 주고 싶어 한다는 사실이 계속 증명되었다.

패션 잡지를 통해 옷차림에 대한 정보를 찾으려는 실수는 저지르지 말자. 잡지에 실린 의류와 스타일에 관한 기사는 화보에 등장하는 제품을 광고하기 위해 작성된 것이다. 패션 잡지에서 추천하는 직장인 옷차림은 대부분 잘못되었다. 잡지의 내용만 믿고 캐주얼한 복장으로 직장에 다녀도 괜찮겠다고 생각한다면, 승진 누락은 말할 것도 없고 애초에 채용조차 되지 않을 것이다.

따라서 패션 잡지보다는 주변의 성공한 이들에게서 옷차림에 대한 힌트를 얻어야 한다. 당신이 다니는 회사의 고위 경영진의 옷차림이 어떠한지 살펴보자. 그리고 신문이나 잡지의 기사에 실린 사진을 통해 유명인사의 옷차림도 확인해 보자. 패션의 추종자가 되고 싶다면 유행을 선도하는 사람을 따라야 한다. 특히 다른 추종자나 패션 잡지의 조언을 따르는 것은 금물이다.

/ 성공의 격을 높이는 인성

인성 또한 성공에 큰 영향을 미치는 요소에 속한다. 이에 랠프 월도 에머슨은 "행동은 말보다 강하다. What you do speaks so loudly I cannot hear what you are saying."라고 말한 바 있다. 인성은 가치관, 자제력, 도덕성, 특히 성실성이 총체적으로 어우러진 결과물이다.

> **인성은 가치관, 자제력, 도덕성, 특히 성실성이
> 총체적으로 어우러진 결과물이다.**

나는 수백 곳의 기업에서 컨설턴트로 일한 바 있다. 그때마다 나는 책임자의 위치에 오른 이들이라면 최고의 인성과 성실함을 갖추고 있음을 확인한다. 인성이 올바른 이들은 가치를 중시하는 조직에서 권위 있는 위치까지 올라가는 경향이 있다.

인성은 신뢰도, 즉 실천하겠다고 선언한 바를 실제로 해내는가에 따라 결정된다. 그 외에도 결단력이나 일에 대한 간절함을 기준으로 판단하기도 한다.

무엇보다 타인을 대하는 방식에 따라 인성을 평가받기도 한다. 이와 관련하여 "위대한 사람은 아랫사람을 대하는 태도로써 자신의 위대함을 증명한다. A great man shows his greatness by the way he treats little men."라는 토머스 칼라일 Thomas Carlyle 의 명언이 있다. 이에 따라 누군가가 아랫사람을 대하는 태도를 통해 그 사람이 진짜 위대한 사람인지를 가려낼 수 있다.

물론 인성을 속일 수는 없다. 다만 확실하게 정해 놓은 가치관을 따르며, 무엇과도 타협하지 않는 태도로 일관한다면 인성을 발달시킬 수 있다. 자신을 다스리면서 자제력을 발휘해 나갈수록 성품 또한 다듬어지면서 강인해질 것이다.

타인은 우리의 존재를 총체적으로 보여 주는 인성을 쉽게 파악할 수 있다. 훌륭한 인성은 성공의 사다리를 오르는 데 큰 도움이 될 수 있다. 하지만 정직하지 못하거나 신뢰할 수 없을 정도의 심각한 성격적 결함은 성공에 치명적이다.

운은 공짜가 아니다

성공한 사람들은 대부분 자신의 성공을 운으로 돌린다. 그러나 한 치의 오차도 허용하지 않는 법칙의 지배 아래 흘러가는 우주에 우연은 없음을 모두가 알고 있다. 운이란 그저 우리가 논리적으로 이해할 수 없는 일을 설명하려는 수단일 뿐이다.

우리가 행운이라 여기는 일도 사실은 철저한 인과의 법칙, 특히 끌어당김의 법칙에 따른 것이다. 우리는 지배적인 생각 또는 성격에 걸맞은 사람과 아이디어, 상황 및 기회를 자신의 삶 속으로 끌어들인다.

끌어당김의 법칙은 실용적인 지식을 확장하였을 때 작용하기 시작한다. 능력을 연마할수록 이를 활용할 기회도 늘어난다. 인맥 또한 늘리면 원하는 바를 이루는 데 도움이 될 사람들을 모두 끌어들이는 경향이 있다.

돈을 저축했을 때는 더 많은 돈을 활용할 기회가 생긴다. 좋은 업무 습관을 개발하면, 갈수록 중요한 일을 수행하는 데 그 습관을 활용할 기회가 생긴다. 높은 수준의 건강과 활력을 위해 양질의 식사와 수면, 운동 습관을 들이려고 노력하면 생산적인 목적에 에너지를 쏟을 수 있는 기회를 얻게 된다.

한편 의사소통 능력과 긍정적인 성격을 발달시키면 자신에게 도움이 된다. 그리고 그 대가로 당신을 도울 긍정적인 사람들을 삶 속에 끌어들인다. 엄격한 도덕적 원칙을 바탕으로 인성을 갈고 닦으면 목표 달성을 위해 함께 할 사람들, 특히 당신과 같은 인성을 지닌 이들을 주변에 끌어들인다.

위의 일이 모두 마무리되면 다른 사람들이 운이라고 부르는 것들이 생겨나기 시작한다. 이는 내면의 가장 깊은 열망을 향해 나아가는 길에서 더 빠르게 달릴 수 있도록 돕는다. 이러한 운은 당신에게 계속해서 놀라운 경험을 선사한다.

실천하기

종이와 펜을 준비하고, 성공을 위한 다음 열 가지 기반에 대한 목록을 작성해 보자.

지식
_____
_____
_____

돈
_____
_____
_____

긍정적인 이미지
_____
_____
_____

인성
_____
_____
_____

능력
_____
_____
_____

바람직한 업무 습관
_____
_____
_____

긍정적인 성격
_____
_____
_____

운
_____
_____
_____

인맥
_____
_____
_____

에너지
_____
_____
_____

위에 제시된 항목을 모두 왼쪽에 적고, 각 항목마다 간격을 세 줄씩 띄운다. 그리고 각각의 기반을 개발하기 위해 당신이 할 수 있는 일을 구체적으로 세 가지 이상 적어 보자. 지금까지 작성한 내용 중 가장 명확한 것을 선택하고, 그 내용을 당장 실천하도록 하자.

조직의 분위기는 구성원이 만든다

빠른 목표 달성에 이르는 비법은 바로 좋은 회사에서 좋은 상사와 함께 일하는 것이다. 좋은 회사란 직원을 존중하며, 성과에 따라 보상을 제공하는 직장을 말한다. 구체적으로 좋은 회사는 역동적이면서 구성원의 지속적인 성장을 돕고, 새로운 아이디어에 개방적이며, 야심이 있고 진취적인 사람을 위한 기회로 가득한 곳을 의미한다.

특히 상사를 신중하게 선택하고, 성미가 까다롭고 부정적인 사람 밑에서 일할 상황을 거부하는 것이 가장 중요하다. 우리의 행복과 직업 만족도는 대부분 상사와의 관계에 달려 있다. 상사와 사이가 좋지 않다면 상황을 해결하는 데 최선을 다하거나 부서를 옮기자. 그럴 수 없다면 회사를 떠날 준비를 해야 한다.

일, 그리고 그 일을 수행하는 장소와 사람이 모두 적절해야 한다. 그리고 이에 대한 적절한 선택이 곧 성공의 기반이 된다.

나만의 틈새 전략을 개척하라

훌륭한 업무 습관을 확립하고 전문적으로 성장할 수 있는 올바른 환경을 찾았다면 이제 틈새 전략을 구현할 준비를 해 보자. 이는 조직의 건전성에 특정 직무가 다른 것보다 더 중요한 역할을 한다는 사실에 근거한다.

'전략적 틈새'란 회사의 현금 흐름에 영향을 미치는 직무나 직위를 말한다. 여기에서 현금 흐름은 대부분 영업과 마케팅이 좌우한다. 1960년대 전 IBM 회장인 벅 로저스 Buck Rodgers 는 기업의 생명인 마케팅을 담당한 덕분으로 사내에서 가장 유력한 인재가 되었다.

나의 세미나에 참석한 사람들은 어떻게 해야 직장에서 돈을 더 많이 벌 수 있는가를 묻는다. 그러나 질문자들이 자신의 직위를 말하는 순간, 문제의 원인이 명확해진다. 그들은 대부분 사내에서 그다지 중요한 대우를 받지 못하는 분야와 직종에서 일하고 있었다. 따라서 그동안 열심히 일하고 업무를 잘 수행하더라도 높은 평가를 받지 못했다.

결국 그 사람들의 임금 인상 폭은 간신히 회사를 그만두지 않을 정도의 수준이었다. 그만두더라도 그들의 임금 수준은 다른 사람을 빨리 채용할 수 있을 정도의 수준으로 책정되었다. 그들은 그렇게 계속 제자리에 갇혀 있었다.

자신의 소득을 늘리려면 회사의 수익을 올리거나, 비용을 절감할 수 있는 위치에 있어야 한다. 그러니 회사의 상황을 살펴보면서 자신의 가치를 더 높일 수 있는 틈새를 찾자. 가치가 높아진 뒤에도 더 많은 노력을 기울이면서 회사에 없어서는 안 될 존재가 되자.

기업에서는 대부분 영업사원에게 많은 급여를 지급하는 것을 내키지 않아 한다. 이는 사내에 고위 임원만큼 많은 돈을 받는 사람이 있어서는 안 된다는 생각 때문이다. 당신 또한 그러한 상황에 놓이더라도 자신의 가치만큼 돈을 벌고 싶을 것이다. 그러려면 사내 정치나 고위 경영진의 자존심을 신경 쓰지 않고 성과에 따라 급여를 지급하는 회사를 찾아볼 수밖에 없다.

또한 당신이 직원의 신분이라면, 직위에 상관없이 더 빠르게 승진할 방법을 지속하여 모색할 필요가 있다. 여기에서 당신이 할 일은 에너지와 업무 능력을 동원하여 성과를 창출함으로써 최대한 높은 수익을 내는 것이다.

직장 생활에서 위의 장애물과 마주친 경우나 생각만큼 빠르게 승진할 수 없을 때도 있을 것이다. 이때 가장 좋은 전략은 직장을 그만두고 사업을 시작하는 것이다. 미국에서 자수성가한 백만장자의 74%는 모두 사업을 시작하면서 부를 쌓았다.

삶을 이기는 게임으로 만들어라

커리어에서 남들보다 앞서나가기 위한 훌륭한 규칙은 총 열 가지가 있다. 이들 규칙에 대한 구체적인 내용은 다음과 같다.

1. **직장 생활과 경력에 전념하면서 당신만의 저력을 키우자.** 한 회사에 오랫동안 출근하면서 자신이 조직의 성공을 위해 헌신하는 충직한 직원임을 상사에게 분명하게 어필해야 한다.
2. **가정이나 업무 외 활동을 일에 전념하지 못하는 핑계로 삼아서는 안 된다.** 그러한 변명이 계속될수록 당신의 약점이 될 수 있으며, 상사에게서 신뢰성이나 성실함을 의심받을 수 있다.
3. **누구보다 많은 시간을 투자하자.** 남보다 일찍 출근해서 더 열심히 일하고, 퇴근 시간 뒤에도 조금 더 사무실에 머무르도록 하자. 상사 또한 자신보다 먼저 출근하고 늦게 퇴근하는 당신의 모습에 큰 인상을 받는다. 그렇게 당신의 직장 생활에 매일 30~60분을 더 투자하면 앞으로 나아가는 속도에 큰 영향을 미친다.
4. **정보와 조언을 구하고 상담 및 안내를 받을 수 있는 사람들과 인맥을 형성하자.** 회사 안팎의 사람들과 효과적으로 인맥을 맺고 교류하는 능력을 활용하는 것이 가장 중요한 일이 될 수도 있다. 그러니 점심과 저녁 시간을 한가로운 사교 활동에 허비하지 말자. 서로에게 도움을 주고받을 수 있는 이들과 함께 시간을 보내자. 그리고 그 시간도 업무에 활용하자.
5. **가치 있는 분야를 개발하여 전문가가 되자.** 조직에서 중요하며, 없어서는 안 될 사람이 되어야 한다.
6. 관리자가 되는 법을 배우며, 당신이 기대하는 바가 실제로 어떻게 이루어지

고 있는가를 검토해야 한다. 그 결과에 전적으로 책임져야 하며, 변명은 금물이다. 또한 일이 잘못되거나 위기가 발생했을 때 빠르게 대처하는 자세도 필요하다.

7. **협동의 대가가 되어 동료에게 지원과 협력을 아끼지 말자.** 동료 간 평판 또한 승진 여부에 큰 영향을 미친다.

8. **당신에게 도움을 준 사람들에게 감사하자.** 감사 메모나 작은 몸짓이라도 괜찮다. 감사를 표할 때마다 상대방의 기분이 좋아지면서 내면에도 그러한 기분을 다시 느끼기 위해 감사 인사를 더 받겠다는 욕구가 생긴다.

9. **당신의 외모를 바꾸어 강인함과 신뢰를 느낄 수 있는 이미지를 만들자.** 머리부터 발끝까지 전문가답게 옷을 차려입자. 그리고 성공한 이들 가운데 롤 모델로 삼은 사람의 외모부터 걸음걸이, 말투, 행동까지 따라 해야 한다.

10. **당신의 소속은 물론, 직장 내 모든 구성원을 충실하게 대하자.** 회사 안팎으로 타인과 조직을 비방하거나 부정적으로 들릴 법한 말을 해서는 안 된다. 특히 상사를 비난하는 불온한 태도는 커리어를 무너뜨리는 데 상상 이상의 영향력을 지닌다.

자신이 한 말을 모두가 기억하리라 여기는 것 또한 성공에 이르는 중요한 규칙에 속한다. 다른 사람에게 한 말이 오랫동안 비밀로 남을 것이라는 생각을 하지 말아야 한다. 자신이 한 말을 들어서는 안 될 사람이 듣는 것을 원치 않는다면, 아예 말을 하지 않는 것이 상책이다.

조직 내의 정치나 소통에서도 마찬가지이다. 위에서 언급한 규칙을 계속해서 따른다면 앞으로 막대한 시간과 노력을 절감할 뿐만 아니라 당신이 할 말 또한 아낄 수 있다.

그리고 자신에게 가장 중요한 고객은 상사라는 사실도 기억하자. 당신은 상사의 명령에 따르기 위해 고용되었다. 이는 좋은 것도, 나쁜 것도 아니다. 그저 중립적인 사실일 뿐이다.

그렇게 우리는 고객을 만족시키며 생활한다. 고객이 어떤 사람인지는 중요하지 않다. 우리는 각자의 고객 만족도에 따라 급여가 책정된다. 우리의 커리어에서 가장 중요한 고객은 우리를 지금의 위치에 올려 준 사람이다.

한편 사람들은 대부분 상사와 함께 일하기를 원치 않으면서 엮이기조차 싫어한다. 한마디로 상사를 필요악이라 여기는 것이다. 그러나 빠른 속도로 성공의 길에 오른 사람들은 자신의 커리어가 상사와 연결되어 있음을 알고 있다. 즉 우리의 계속된 노력으로 상사를 얼마나 만족시키느냐에 따라 커리어가 달라질 수도 있다.

또한 신속하게 커리어를 쌓고 유지하기 위한 핵심적인 사고는 자신을 자영업자라고 여기는 것이다. 전체 업계에서 상위 3%에 속하는 이들은 자신이 마치 대표자라는 듯이 행동한다. 그들은 회사를 언급할 때 '우리' 또는 '나'를 강조한다. 그들은 회사에서 일어나는 모든 일을 자기 일처럼 여긴다. 이러한 유형의 사람들은 회사의 일에 진심으로 뛰어들며, 조직의 성공을 위해 헌신한다.

상사의 목표 달성을 돕고, 조직의 생존과 성장을 위한 책임감 아래 성공을 결심하는 당신의 모습을 상사가 발견할 것이다. 그러면 당신은 성공을 향한 지름길에 오르면서 더 높은 급여와 더 큰 책임이 따르는 위치로 나아가게 될 것이다.

이상의 노력을 통해 보상을 손에 넣는다면 빠른 성공의 길이 생각보다 복잡하지 않음을 깨달을 것이다. 사람들은 대부분 누군가의 눈에 띌 만큼 노력하지 않으려 한다. 이는 잘못된 정보에 따라 잘못된 결론에 도달한 것이 원인이다. 이에 따라 사람들은 최대한 적게 일하는 것이 최고의 업무 수행 방법이라고 생각한다.

이제 경쟁의 조건을 다시 정의해 보자. 당신은 경쟁자를 앞질러 성공의 지름길에 오를 것이다. 이는 돈을 원하는 만큼, 자격에 어울리는 정도로 벌 수 있음을 의미한다. 그러면 당신은 정년을 맞기 전에 재정적 독립을 달성하게 될 것이다.

핵심 포인트

- 능력은 원하는 대로 무엇이든 개발할 수 있다.
- 성공은 할 일을 모두 마친 후 무엇을 하느냐에 달렸다.
- 청중 앞에서 효과적으로 의사를 전달하는 법을 배우자.
- 우리는 지배적인 생각 또는 성격에 걸맞은 사람과 아이디어, 기회를 모두 끌어들인다.
- 인성을 속일 수는 없다.
- 좋은 회사와 상사를 위해 일하자.
- 틈새 전략을 활용하여 발전하자.

제12장

자유로 향하는 부의 사다리 오르기

우리에게 가장 중요한 책임은 곧 자신과 가족을 위한 재정적 독립일 것이다. 재정적 자유는 앞으로 필요한 돈이 모두 손안에 있음을 느낄 수 있다는 실질적인 이점이 있다. 그 밖의 이점은 자신의 삶에 대한 통제감에 따라 긍정적인 감정을 느낀다는 통제의 법칙과 직결된다. 각종 세금은 차치하고 생활비마저 부족한 상황만큼 통제력을 상실하게 하는 일도 없을 것이다.

> **우리에게 가장 중요한 책임은 곧
> 자신과 가족을 위한 재정적 독립일 것이다.**

'안전의 욕구'는 인간의 가장 기본적인 욕구에 속한다. 빈곤에 대한 두려움에서 벗어나는 것 또한 안전의 욕구에 포함된다. 빈곤에 대한 두려움, 그리고 그와 결부된 실패에 대한 두려움은 큰 불만족과 부진을 불러온다.

따라서 재정적 독립은 당신이 원하는 것을 모두 이룰 수 있는가를 결정한다는 점에서 중요한 문제이다. 항상 돈 걱정을 하는 사람들은 인생에서 더 좋은 것을 누릴 기회가 전혀 없다.

재정적 독립은 마음의 상태에서 시작된다. 부는 긍정, 시각화, 감정화를 동반한 목표에서 시작된다. 목표를 잠재의식에 깊이 새기면서 이제까지 언급한 정신의 법칙이 모두 활성화될 때까지 앞의 작업을 반복해야 한다.

재정적 자유는 자신의 재정 상태에 어떠한 변명도 하지 않고, 책임을 모두 인정할 때에야 비로소 성취할 수 있다. 유의미한 개선을 이루려면 그동안 자신이 이뤄 온 것에 대한 책임을 받아들여야 한다.

> **재정적 자유는 자신의 재정 상태에 대한 책임을 모두 인정할 때에야 비로소 성취할 수 있다.**

당장의 만족을 참지 못하는 버릇은 평생을 돈에 쪼들린 채 비참한 은퇴를 맞는 원흉이다. 번 돈을 모조리 쓰고도 빌려 쓰기를 자제할 수 없다면 평생 돈 걱정만 하게 될 것이다. 이와 다르게 장기적인 관점에서 단기적인 지출을 절제하는 능력을 갖춘다면 재정적 독립이 가능하다.

축적의 법칙에 따르면 위대한 성취는 아무도 알아주지 않는 자잘한 노력과 희생이 수없이 쌓인 결과라고 한다. 따라서 뛰어난 커리어를 쌓으려면 누구보다 탁월한 인재로 거듭나야 한다. 여기에는 셀 수 없는 시간의 노력과 준비가 선행되어야 한다.

재정적 독립 역시 절약하고 희생하는 작은 노력이 수없이 반복된다. 이

것이 바로 큰돈을 모으는 과정임을 깨달아야 재정적 독립을 이룰 수 있다. 그렇게 해야 더 이상의 돈 걱정이 필요 없는 부유한 상태로 은퇴할 수 있다.

끌어당김의 법칙은 '유유상종'이라는 사자성어와 같다. '돈이 돈을 번다.'라는 말을 들어 본 적이 있을 것이다. 돈을 조금씩 모으기 시작하면 그 과정에서 자력을 방출하여 더 많은 돈을 끌어들이기 시작한다.

돈을 존중하며, 그 태도가 긍정적이라면 점점 더 많은 돈을 얻게 될 것이다. 저축을 늘리고, 이에 긍정적인 감정을 쏟으면 이곳저곳에서 예상 이상으로 많은 돈이 점차 들어올 것이다. 돈이 많아질수록 자력은 더 강해지면서 더 많은 돈이 들어오게 된다.

반면에 돈이 적거나 없는 경우, 삶 속으로 돈을 끌어들이는 자력이 약해지면서 늘 돈 문제에 시달리게 된다. 재정적 독립은 매달 수입의 일부를 저축하는 것에서 시작한다.

돈을 모으기 위한 기본 규칙은 항상 미래를 위해 수입의 일부를 미리 저축하는 것이다. 월급을 받을 때마다 일정 금액을 저축 계좌에 입금한다. 신중하고 보수적으로 투자할 때 외에는 그 돈에 절대 손을 대지 말아야 한다.

사람들은 돈을 여기저기에 모두 써 버리고 남은 만큼만 저축한다. 이는 재정적 성공에 치명적이다. 재정적 독립을 이루려면 월급에서 일정량을 저축한 후, 남은 돈으로 필요한 비용을 지출해야 한다.

미래를 위해 수입의 일부를 미리 저축한다.

우리가 매달 저축해야 하는 최소 목표 금액은 순수입의 10%이다. 모든 세금과 공제액을 제외한 순수입이 10,000달러라면, 다른 비용을 지불하기 전에 저축 계좌에 1,000달러를 예치해야 한다. 따라서 순수입의 90%로 생활이 가능하도록 노력해야 한다.

'진짜' 부자가 되어라

저축을 시작할 때 빚이 있다면, 한 달을 버틸 돈마저 부족하다면 어떻게 해야 할까? 일단 가능한 액수만큼 저축하는 것부터 시작하자. 조금만 노력하면 순수입의 1~2% 정도는 쉽게 저축할 수 있을 것이며, 그러면 98~99%에 해당하는 돈이 한 달 생활비가 된다. 그 정도의 생활비로 한 달을 보내는 것이 익숙해지면 저축액을 3~4%, 나중에는 5~6%로 차례차례 늘려 가자. 이 과정을 통해 한 달에 최대 10%까지 저축하도록 하자.

그리고 그동안의 불필요한 지출을 모두 줄이고, 매달 수입의 최소 비율로 부채를 상환하자. 이 시점에서 저축 계좌와 부채 상환 계좌, 총 두 개의 계좌가 있을 것이다. 부채 상환 또한 저축과 마찬가지로 순수입의 1~2%로 시작하면서 상환액을 점차 늘리자. 그러면 머지않아 순수입의 80%대의 생활비에도 적응하게 될 것이다.

"돈을 저축하지 못하는 사람은 성공의 싹을 틔울 수 없다. If you cannot save money, then the seeds of greatness are not in you."라는 W. 클레멘트 스톤의 말은 저축의 중요성을 잘 드러낸다. 재정적 독립으로 향하는 여정은 저축액을 늘리면서 점차 부족해져 가는 생활비로 살아갈 수 있도록 자신을 단련하는 것에서 시작된다.

돈을 저축하면서 얻을 수 있는 가장 큰 심리적 이점은 자신감과 자존감이 커진다는 것이다. 계좌와 지갑에 여유가 있는 사람은 그렇지 못해 돈 걱정에 시달리는 사람과 매우 다른 태도를 보여 준다.

또한 부자가 되려면 '파킨슨의 법칙'의 저항할 수 없는 힘에 맞서야 한다. 파킨슨의 법칙에서는 수입이 늘어나는 만큼 지출도 그에 비례하여 증가한다고 말한다. 이와 같이 실생활에서도 생활비 또한 소득에 따라 늘어나면서 결국 돈이 남게 되지 않는 경향이 있다. 예를 들어 월 소득이 4,000달러에서 10,000달러로 인상되었을 때, 소비를 극도로 자제하지 않는다면 생활비도 같은 수준으로 뛰면서 번 돈을 모두 써 버릴 것이다.

한편 《이웃집 백만장자 The Millionaire Next Door》의 저자 토머스 스탠리 Thomas Stanley 는 미국의 부자 수천 명을 연구해 왔다. 그 결과 스탠리는 부자에 두 가지 유형이 있다는 결론을 내렸다. 바로 '부자로 보이는 사람'과 '실제 부자'이다.

스탠리의 연구에 따르면 '부자로 보이는 사람'은 호화로운 자동차와 옷, 그리고 여행에 돈을 쓰면서 크게 성공한 사람처럼 보인다. 그러나 이러한 유형에 속하는 사람들은 대부분 각종 대금 청구서에 허덕이는 것으로 나타났다.

반면 자수성가한 백만장자를 비롯한 '실제 부자' 유형에 속하는 사람들은 대개 평범한 동네에 거주한다. 따라서 운전하는 차도, 생활도 모두 일반적인 사람들과 다를 것 없이 평범하다. 당시 미국 최고의 부자로 손꼽히던 월마트 Walmart 의 창업주 샘 월튼 Sam Walton 또한 마찬가지였다.

월튼은 자산 규모가 87억 달러에 이르렀던 1988년에도 늘 픽업 트럭을 타고 출근했다. 이처럼 부자들의 차는 대부분 평범하다. 실제로 부자들은 '부자로 보이는 사람'과 달리 더 큰 수익을 창출할 수 있는 곳에 투자하기 때문이다. 이와 달리 겉보기에 부유해 보이는 사람들은 돈을 모두 부의 상징에 투자하지만, 그 가치는 날이 갈수록 떨어지고 있다.

기반이 탄탄한 부자 되는 법

'재무 계획'이라는 지붕을 받치는 세 개의 기둥은 '저축', '보험', '투자'이다. 저축의 경우, 경제의 역동성에 따라 예상치 못한 기복에서 버틸 수 있을 만큼 저축함으로써 탄탄한 재정적 기반을 구축하는 것을 목표로 삼아야 한다. 저축의 최소 목표는 저축 계좌 또는 머니 마켓 계좌나 펀드처럼 유동적인 형태로 2~6개월분의 생활비를 따로 모아 놓는 것이다.

> **예상치 못한 경기 변화에 버틸 수 있을 만큼 저축하여 탄탄한 재정적 기반을 구축하자.**

탄탄한 재정적 기반을 구축하고 나면 당신은 전과 완전히 다른 사람이 되어 있을 것이다. 흔들리지 않는 자신감과 자기 확신의 아우라를 갖게 될 것이다. 마음에 들지 않는 직장이나 상사를 더 이상 감내할 필요도 없다. 그저 돈 때문에 차마 직장을 그만두지 못한 채 계속 일하지 않아도 된다.

그때라면 당신과 가장 적합한 일을 할 수 있다. 일은 물론 함께 일할 사람을 직접 선택할 수도 있다. 돈 외에 아무 의미도 없는 일을 더는 억지로 하지 않아도 되며, 당신이 좋아하는 일만 골라서 할 수 있게 된다.

보험, 그중에서도 생명 보험은 부양할 가족이 있는 경우에만 가입해야 한다. 특히 당신이 가입해야 할 생명 보험은 다른 상품보다 보험료가 훨씬 저렴한 '정기 보험'뿐이다. 정기 보험의 가입 금액은 가입자가 원하는 대로 조정할 수 있으며, 당신이 사망할 경우 유산 관리인이나 가족에게 액면 그대로의 보험금을 지급한다.

부자가 된다면 사망 시 상속세가 부과되지 않도록 보호해야 할 자산도 있을 것이다. 이 경우 보험료에 자산이나 만기 환급금이 포함되어 어떤 이유에서도 무효로 할 수 없는 종신 보험 가입을 고려해 볼 수도 있다. 그때까지 당신이 가족을 부양해야 한다면 정기 보험에만 가입하는 것이 좋다.

정기 보험 중에서도 가족이 현재의 생활 수준을 유지할 수 있도록 충분한 수익을 지급하는 상품에 가입하는 것이 좋다. 예컨대 현재 소득이 1년에 10만 달러이고 가족이 생명 보험금 수익으로 연 10%를 받을 수 있다고 생각해 보자. 그러면 상속인인 배우자에게 지급할 수 있는 100만 달러 상당의 정기 보험에 가입해야 한다. 이때 당신이 사망할 경우 해당 금액은 수혜자인 배우자에게 직접 지급되며, 세금은 면제된다.

한편 투자는 결과적으로 우리를 부자로 만들어 준다. 다만 투자할 때는 뱀처럼 지혜롭고 여우처럼 영리하게 행동해야 한다.

투자에도 공부가 필요하다

다양한 투자 상품 가운데서도 개인형 퇴직연금 계좌 Individual Retirement Account, IRA, 자영업자를 위한 퇴직연금 제도인 키오 플랜 Keogh plan 또는 회사에서 운영하는 연금 플랜 등 자기 주도적이면서 비과세 혜택까지 있는 것을 최우선으로 활용해야 한다. 이들 상품에 투자할 수 있는 금액에는 제한이 있지만, 투자하는 동안에는 금액을 최고 한도로 넣는 것이 좋다. 비과세 상품 투자로 모은 돈은 과세 대상보다 대략 50~100% 정도 빠르게 늘어난다.

이자나 배당금 형태의 소득은 IRA나 키오 플랜에 투자한 것이 아니라면 전액 과세 대상이다. 반면 두 상품으로 발생한 수익은 과세가 유예되며, 은퇴 후 계좌 인출 시까지 비과세인 상태로 계속 증가하면서 복리 이자가 붙는다.

위와 같이 비과세 투자 상품의 이점을 최대한 활용했다면 이제부터는 세 가지 유형의 투자를 고려해야 한다. 여기에서 말하고자 하는 투자 유형은 바로 머니 마켓 펀드, 주식형 뮤추얼 펀드, 채권형 뮤추얼 펀드이다. 이들에 대한 내용은 다음과 같다.

먼저 머니 마켓 펀드는 더욱 적극적으로 투자하여 더 높은 이자율을 챙길 수 있다는 점에서 은행의 머니 마켓 계좌와 다르다. 머니 마켓 펀드는 500달러 정도의 적은 돈으로도 개설할 수 있으며, 거의 모든 재무 설계 기관에서 이용할 수 있다. 머니마켓 펀드에 투자할 때는 투자 설명서를 읽고, 펀드 운용 비용이 연 0.5~0.75%를 넘지 않도록 하는 것이 매우 중요하다. 그 비율을 초과한다면 다른 펀드 상품을 찾아야 한다.

머니 마켓 펀드에 투자하는 시기는 금리나 주식시장이 불안정하고 예측이 어려울 때이다. 특히 이상적인 시기는 금리가 상승할 때인데, 그중에서도 연방 준비제도 이사회에서 은행에 돈을 빌려주는 금리인 우대 대출 금리가 높을 때이다. 그때 가장 높고 안전한 수익을 실현할 수 있다.

그다음은 주식형 뮤추얼 펀드이다. 이 유형의 펀드 상품 가운데에서도 우리가 투자를 고려해야 할 것은 '노 로드 펀드 no-load fund '뿐이다. 노 로드 펀드는 수수료가 부과되지 않아 투자금 전액이 즉시 투자에 사용된다는 특징이 있다.

그러나 풀 로드 펀드 full-load fund 는 힘들게 번 돈을 투자한 특권을 누리는 이들에게 8.5~9%의 수수료를 청구한다. 수수료는 투자 상품 판매자에게 지급된다. 결국 투자자의 계좌에 입금되는 돈이 아니므로 다시는 사용할 수 없다.

위와 같이 수수료가 부과되는 투자 상품은 투자 수익이 8.5~9%의 증가율을 보여야 간신히 원금 회수가 가능하다. 그렇다 하더라도 노 로드 펀드와 풀 로드 펀드 간 재무 성과에는 차이를 거의 보이지 않는다.

> **주식형 뮤추얼 펀드 상품 가운데에서도
> 투자를 고려해야 할 것은 노 로드 펀드뿐이다.**

노 로드 뮤추얼 펀드의 제공처에 관한 정보는 인터넷, 금융 관련 정기 간행물, 뮤추얼 펀드 안내서에 삽입된 광고에서 찾을 수 있다. 이 방법을 통해 여러 상품의 정보를 확인하자. 그리고 해당 상품에 투자 중인 사람들에게 문의하며 조언도 얻도록 하자.

사전 조사는 투자에서 가장 중요한 지침에 해당한다. 돈 잃기는 가장 쉽다. 그러나 돈을 벌려면 인내와 불굴의 의지가 필요하며, 방심은 절대 금물이다. 이는 뮤추얼 펀드도 마찬가지다.

주식형 뮤추얼 펀드에 투자하는 시기는 우대금리가 하락할 때이다. 우대금리의 상승과 하락은 경기 확장과 침체, 주식시장의 호황 및 불황과 밀접한 상관관계가 있다. 금리가 낮으면 자본 비용도 낮아진다. 이에 기업에서는 생산 능력과 이윤을 늘리기 위해 투자를 서두른다. 따라서 금리가 높으면 기업에서는 인원과 활동을 감축한다.

주식형 뮤추얼 펀드는 개인 투자자 수천 명의 참여로 이루어진다. 이렇게 모인 자금은 여러 국가의 주요 주식 시장에서 거래되는 다양한 주식에 광범위하게 투자된다. 뮤추얼 펀드는 전문 자산 관리자, 즉 수시로 시장을 지켜보는 사람들이 관리한다. 이들 전문가는 개인 투자자가 접근할 수 없는 대량의 정보를 활용할 수 있다.

뮤추얼 펀드는 다양한 주식에 투자하기 때문에 위험이 분산된다. 그중 관리 상태가 양호한 다수의 뮤추얼 펀드는 시장보다 높은 가치 상승률을 보이기도 한다. 시장의 침체기에도 뮤추얼 펀드는 대부분 시장 평균이나 개별 주식만큼의 하락 폭을 보이지는 않는다. 엄선된 여러 주식을 전문적으로 관리하는 노 로드 뮤추얼 펀드는 당신의 재정적 성장을 위한 최고의 투자 상품이 될 것이다.

마지막으로 노 로드 채권형 뮤추얼 펀드가 있다. 채권형 뮤추얼 펀드에 투자하는 최적의 시기는 금리가 최고점에 도달했다가 하락할 때이다. 이때 해당 펀드에 속한 개별 주식의 가치가 증가한다. 채권형 펀드는 수익률이 고정된 유가증권으로 구성되어 있다. 그러므로 시장의 평균 금리가 하락하면 상대적으로 채권 수익률이 높아진다.

예를 들어 액면가가 1,000달러인 단일 채권을 매수했을 때, 연 이자율이 10%라 가정해 보자. 그렇다면 발생하는 수익은 연 100달러이다. 이제 우대금리가 8%로 떨어졌다고 생각해 보자. 이때부터 사람들이 채권을 매수할 때 8%의 멀티플 multiple, 기업의 주가를 이익이나 자산, 매출 등의 재무 지표로 나눈 값 을 기준으로 삼기 시작한다.

따라서 새로운 채권은 8%의 금리로 발행되므로, 10%의 금리를 지불하는 미수 채권의 가치는 액면가 기준 1,000달러당 약 1,200달러로 증가한다. 채권에 1,200달러를 지불하면 투자자에게 돌아오는 수익은 8%가 된다. 이것이 바로 시장 금리가 하락할 때 채권을 구매하는 이유이다. 우대금리가 하락할 때마다 채권형 펀드의 가치는 10%씩 증가한다. 요컨대 일반인이 돈을 모으기에 가장 적합한 투자 수단은 노 로드 뮤추얼 펀드에 속하는 머니 마켓 펀드와 주식형 펀드, 채권형 펀드이다.

부를 쌓는 법칙

최고의 단일 투자 종목은 무엇일까? 이 질문에 답은 없다. 시기마다 경기와 금리의 변동 양상에 따라 좋은 투자 상품도 달라지기 때문이다. 그러므로 투자 내역을 주의 깊게 관찰하면서 자금 할당과 관련된 모든 결정 사항에 전적으로 책임을 져야 한다. 누구도 당신을 대신하여 결정을 내릴 수 없으니 말이다.

어느 성공한 사업가가 여러 회사를 인수하며 돈을 벌 수 있었던 비결이 무엇이냐는 질문을 받은 적이 있었다. 이에 그 사업가는 단 두 가지 뿐이라고 말했다. 첫 번째는 "돈을 잃지 말라.", 두 번째는 "유혹에 빠지려 할 때마다 첫 번째 규칙을 다시 생각하라."였다.

일본에는 '돈 벌기는 바늘로 땅을 파는 것 같고, 돈 잃기는 땅에 스며드는 물과 같다.'라는 속담이 있다. 그만큼 돈 벌기는 어렵지만 잃기는 쉽다.

정년 전까지 소득의 10% 이상을 저축하여 발생한 이자로도 재정적 독립을 이룰 수 있다. 이자가 쌓인 것만으로도 재정적 독립은 충분히 가능하다. 그러나 돈을 잃어버릴 때는 그 돈을 모으는 데 걸린 시간도 함께 잃는다. 다시 말하면 잃어버린 돈의 액수만큼 인생을 잃는다는 것이다.

우리는 투자한 돈을 조금 잃는 것쯤 대수롭지 않게 여길 정도의 여유가 있다고 생각하는 사람에게서 하나만큼은 확신할 수 있다. 바로 그 사람은 많은 돈을 잃게 될 것이라는 사실이다. 따라서 언제나 돈을 잃지 않겠다는 태도를 지녀야 한다.

미국에서 대규모 자산은 모두 '보수적인' 자산을 뜻한다. 경제학자는 이를 '위험 회피 자금 risk-averse money'이라고 부른다. 거액의 자금을 보유한 사람들은 위험을 굳이 무릅쓰려 하지 않는다. 이에 위험을 최소화하면서 자산을 늘릴 방법을 계속 찾는다. 성공한 사업가는 위험을 감수하지 않는다. 오히려 그들은 위험을 회피한다. 이것이 그들의 성공 비결이다.

투자에서는 최소한 투자금을 벌기 위해 들인 시간만큼의 시장 조사는 기본이다. 이를 대신할 수 있는 것은 아무것도 없다. 다양한 투자 상품을 판매하는 금융 자문가들은 딱히 부유하지도 않으면서 추천하는 상품에 대해 잘 모르는 경우가 흔하기 때문이다. 따라서 투자 결정을 내릴 때, 금융 자문가를 전적으로 믿는 것보다 조사 내용을 바탕으로 투자할 상품을 신중하게 검토해야 한다.

> **투자금을 벌기 위해 들인 시간만큼 시장 조사를 하자.**

일단 돈을 따로 모아 두었다면, 어떤 이유로든 그 돈을 쓰지 않겠다는 태도가 중요하다. 우리가 돈을 모으는 이유는 만일에 대비하기 위함이 아니다. 캠핑카나 보트를 사기 위한 것도 아니다. 당신의 목적이 그 반대라면, 관련 계좌를 따로 만드는 것이 좋다.

우리는 재정적 독립을 이룰 때까지 저축 예금과 투자금을 모으면서 자산을 계속 늘려 가야 한다. 그동안에는 모아 둔 돈에 절대 손을 대서는 안 된다.

미국의 부자들은 부채가 적거나 없다. 그들이 허용하는 부채는 빌린 돈의 액수보다 더 많은 수익을 창출하는 자산에 대한 투자 부채뿐이다. 또한 그들이 소유한 부동산은 대출금을 비롯한 제 비용을 부동산에서 발생하는 임대료로 충당할 수 있는 부동산뿐이다. 부자들이 회사에 투자하기 위해 돈을 빌리는 경우는 상환할 금액보다 더 높은 수익이 확실할 때뿐이다.

마음의 평화를 누리면서 재정적으로 독립하고 싶다면, 오늘부터 주택담

보대출과 자동차 대출금을 제외하고 빚 없이 살 수 있도록 계획을 세우자. 식비, 임대료, 교통비, 의류비 등 주기적으로 반복되는 일상적인 소비를 위해 돈을 빌려선 안 된다. 이에 가치가 점차 떨어지는 자산은 임대해서 쓰는 것이 좋다. 그리고 시간이 지날수록 가치가 대출금액이나 금리를 뛰어넘는 자산에 투자할 때만 돈을 빌려야 한다.

돈은 인생의 흐름을 타고

돈과 관련하여 인생에는 세 차례의 시기가 존재한다. 처음 25년은 배움의 시기이다. 이 시기에는 교육을 통해 돈을 벌 수 있는 기본적인 능력을 학습한다.

다음 40년은 돈을 버는 시기이다. 이때는 가장 열심히 일하면서 가장 많은 수입을 벌어들인다.

마지막 20년은 갈망의 시기이다. 이 시기에는 편안한 노후든, 아니면 재정적인 걱정이 수반되는 노후든, 어떤 식으로라도 노후를 기다린다.

사람들은 대부분 45세 이후 인생에서 가장 많은 돈을 번다. 구체적으로 이 시기가 지나면 대부분 가족을 부양하는 비용이 줄어들기 시작하면서 여태 번 돈보다 가장 많은 돈을 벌게 된다. 이 기간에는 은퇴 전에 저축 및 투자 계좌의 잔액을 최대로 늘리기 위해 수입의 20~40%까지 저축할 수 있다.

10대 후반이나 20대 초반이라도 앞으로의 삶은 물론, 인성과 마음의 평화를 위해 저축을 시작해야 한다. "난 오래 살 생각이 없으니 그냥 즐기다 갈 거야." 같은 어리석은 말을 하는 사람도 있을 것이다. 이는 인생에서 실패를 부르는 태도에 해당한다. 이러한 사람들은 정년이 다가오기도 전에 크나큰 경제적 문제를 겪게 될 것이다.

부란 간단하게 주 수입원이 아닌 '다른 출처에서 나오는 현금 흐름'이라 정의할 수 있다. 현재의 생활 수준을 유지하기 위해 매일 출근할 필요가 없을 정도는 되어야 부유하다고 말할 수 있다. 따라서 부유한 사람들은 일을 그만둬도 기존의 생활 방식에 지장이 생기지 않는다.

우리가 돈을 모으는 기간 동안 주로 해야 하는 일은 추후 직장에서의 소득보다 더 많은 수입을 올릴 수 있는 자산 포트폴리오를 구축하는 것이다. 그 시점에서 투자 관리에 더 많은 시간을 할애하고 싶다면 직장을 그만둘 수도 있다.

본전도 못 찾는 투자 종목

먼저 금과 은 등의 귀금속에는 절대 투자하지 말아야 한다. 특히 금은 수익률을 알 수 없는 비활성 자산이다. 물론 귀금속 판매상은 많은 돈을 번다. 하지만 구매자에게는 큰 이득이 없다.

다음으로 누구나 알 정도로 유명한 회사가 아니라면 전화 상담으로 투자 상품을 구매해서는 안 된다. 오늘날 미국에는 순진한 투자자를 상대로 신뢰를 이용한 투자 사기가 횡행한다. 이들은 모텔이나 무허가 중개소에서 일하는 경우가 많으며, 경찰에 신고가 접수되는 즉시 다른 곳으로 도주한다. 그들이 가장 선호하는 사기 품목은 원자재, 귀금속, 주당 1달러 미만의 투기적 저위주 penny stocks, 한 주에 1달러 미만으로 거래되며 투기적 요소가 강한 주식 등이다.

투자 사기꾼이 당신에게 전화를 걸어 투자를 권유한다면 재빨리 끊어야 한다. 나는 사기에 걸려들어 막대한 돈과 함께 그동안의 노력을 잃어버린 이들을 만난 적이 많다. 참 마음 아픈 경험이었다. 그러니 당신은 피해자가 되지 않기를 바란다.

그다음 당신이 특정 분야의 전문가가 아니라면 골동품이나 동양풍 융단, 동전, 우표 등에 투자할 생각을 버리자. 이들은 어느 날 가치가 오르다가도 갑자기 급락할 수도 있다.

한편 회화나 조각 등 예술 작품 원작의 90%는 첫 거래가만큼의 가격을 회복하지 못한다. 예술 작품은 구입한 시점부터 가치가 80% 이상 감소한다. 이는 부자가 되는 방법을 진지하게 고민하는 사람에게 좋은 투자 대상이 아니다. 당신이 이미 부자일 때나 예술 작품이 주는 아름다움과 즐거움을 위해 구입하는 것은 괜찮다. 그러나 투자 목적으로는 안 된다.

마지막으로 석유, 가스, 광업 관련 주식에도 투자하지 않기를 바란다. 평판이 좋은 원자재 딜러가 투자를 권하더라도 이에 혹해서는 안 된다. 원자재는 모든 투자 품목 가운데 가장 위험성이 높으며, 변동성도 크다. 실제로 일정 기간 동안 원자재에 투자한 사람들은 투자금을 대부분 잃어버리고 말았다.

실천하기

이제 자리에 앉아 돈을 모으기 위한 계획을 세우자. 구체적으로 단계적인 계획을 세우거나 목표를 정하는 것이 좋다.

먼저 수중의 돈을 모두 꺼내 저금통에 넣는 것부터 시작하자.

다음으로 저축 계좌를 개설한 뒤, 월급을 받을 때마다 일정액을 저축하도록 하자.

마지막으로 돈을 쓸 때 예산을 책정하고 지출 계획을 세우자. 이에 매일 지출하는 금액을 기록하는 습관을 들이자. 그리고 소비를 줄이고 저축을 늘리도록 주마다 지출 내역을 검토해 보자.

위의 모든 과정을 습관화하면서 당장의 만족을 절제할 수 있다면, 당신은 재정적 자유와 마음의 평화로 향하는 길에 들어서게 될 것이다.

핵심 포인트

- ✓ 우리에게 가장 중요한 책임은 곧 재정적 독립이다.
- ✓ 당장의 만족을 절제하는 능력이 곧 성공으로 향하는 열쇠이다.
- ✓ 미래를 위해 수입의 일부를 미리 저축한다.
- ✓ 매달 저축해야 할 최소 목표 금액은 순수입의 10%이다.
- ✓ 지출은 소득에 비례하여 증가한다는 파킨슨의 법칙에 맞서자.
- ✓ 재무 계획에서 중요한 세 요소는 저축, 보험, 투자이다.
- ✓ 지출할 때는 반드시 예산을 책정하자.

나가며

진정한 성공으로 향하는 마지막 비결

    이제야 긴 여정을 마무리한다. 그동안 우리는 스스로 삶을 책임지면서 성공의 방법을 탐구했다. 이에 가치관의 중요성에서 목표와 계획을 달성하는 방법으로 시작했다. 그다음 우주의 가장 큰 힘인 초의식으로 자신과 타인의 삶을 풍요롭게 만드는 방법에 대해서도 살펴보았다. 또한 이상적인 직업을 찾고 이를 발전시키는 과정도 확인하였다. 마지막에는 재정적 독립을 달성하는 방법을 소개하였다.

    그 외에도 마지막으로 소개할 것이 하나 남아 있다. 이는 바로 봉사의 중요성이다. 봉사는 한 사람이 위대한 업적을 이루는 데 중추적인 역할을 한다. 이 사실을 마지막까지 남겨둔 이유는 그저 '매우 중요해서'였다.

    살면서 의미와 목적에 대한 열망이 인간의 가장 큰 욕구가 되기도 한다. 우리는 삶의 의미와 목적을 위해 목숨을 바치는 것도 불사한다. 이처럼 급은 보화를 손에 넣는대도 목적의식이 없다면 껍데기뿐인 성취는 우리에게 지속적인 만족감을 주지 못한다.

우리는 초월, 즉 삶의 유형적, 물질적인 요소를 넘어 인생의 의미와 목적을 달성하기 위해 살아간다. 초월이라는 목표를 달성하려면 자신보다 위대하고 고매한 것에 몰두해야 한다. 구체적으로 대의를 위한 봉사에 전념하는 것이 초월로 향하는 유일한 방법이다. 대의는 우리에게 지속하는 동기를 부여하면서 타인의 삶 또한 바꾼다.

인간은 탐욕스럽고 나태하며 교만하다. 또한 이기적이며, 허영심이 많고, 무지한 데다 참을성도 부족하다는 특징이 있다. 여기에는 수많은 진실이 담겨 있다.

반면에 인간은 스스로 사회에 기여하지 못하면 어떤 성취를 이루더라도 진정한 기쁨을 느끼지 못하는 존재이기도 하다. 위대한 사람은 모두 자신의 삶을 인류 전체의 것이라고 여긴다. 그들은 소명 의식이 있었다. 즉 다른 이를 도우며 행복을 주는 특별한 일을 하기 위해 이 세상에 태어났다고 생각하는 것이다.

그동안 나는 주요 목표를 확실하게 정하는 것이 성공의 핵심 요소임을 강조했다. 우리가 선택할 수 있는 목표는 많다. 하지만 그 목표를 이루려면 봉사, 즉 타인을 돕는 과정이 있어야 가능해지리라 믿는다. 이 진리를 당신의 열망과 노력에 접목한다면 반드시 성공할 것이며, 그 성공이 인류를 도울 것이다.